2025

경찰·경비지도사 시험대비

박상민
Justice

범죄학

[심화실전 **모의고사**]

미래인재경찰학원

박영사

차례

	모의고사	정답 및 해설

제1회 범죄학 모의고사	5	134
제2회 범죄학 모의고사	11	137
제3회 범죄학 모의고사	16	140
제4회 범죄학 모의고사	23	144
제5회 범죄학 모의고사	29	148
제6회 범죄학 모의고사	35	150
제7회 범죄학 모의고사	41	154
제8회 범죄학 모의고사	47	157
제9회 범죄학 모의고사	53	160
제10회 범죄학 모의고사	59	164
제11회 범죄학 모의고사	66	167
제12회 범죄학 모의고사	73	170
제13회 범죄학 모의고사	80	173
제14회 범죄학 모의고사	86	176
제15회 범죄학 모의고사	93	179
제16회 범죄학 모의고사	100	182
제17회 범죄학 모의고사	106	186
제18회 범죄학 모의고사	112	189
제19회 범죄학 모의고사	119	192
제20회 범죄학 모의고사	126	195

범죄학 모의고사

나만의 **시험장**

회차	시행일			목표점수			획득점수		
제1회	1차	2차	3차	1차	2차	3차	1차	2차	3차
제2회	1차	2차	3차	1차	2차	3차	1차	2차	3차
제3회	1차	2차	3차	1차	2차	3차	1차	2차	3차
제4회	1차	2차	3차	1차	2차	3차	1차	2차	3차
제5회	1차	2차	3차	1차	2차	3차	1차	2차	3차
제6회	1차	2차	3차	1차	2차	3차	1차	2차	3차
제7회	1차	2차	3차	1차	2차	3차	1차	2차	3차
제8회	1차	2차	3차	1차	2차	3차	1차	2차	3차
제9회	1차	2차	3차	1차	2차	3차	1차	2차	3차
제10회	1차	2차	3차	1차	2차	3차	1차	2차	3차
제11회	1차	2차	3차	1차	2차	3차	1차	2차	3차
제12회	1차	2차	3차	1차	2차	3차	1차	2차	3차
제13회	1차	2차	3차	1차	2차	3차	1차	2차	3차
제14회	1차	2차	3차	1차	2차	3차	1차	2차	3차
제15회	1차	2차	3차	1차	2차	3차	1차	2차	3차
제16회	1차	2차	3차	1차	2차	3차	1차	2차	3차
제17회	1차	2차	3차	1차	2차	3차	1차	2차	3차
제18회	1차	2차	3차	1차	2차	3차	1차	2차	3차
제19회	1차	2차	3차	1차	2차	3차	1차	2차	3차
제20회	1차	2차	3차	1차	2차	3차	1차	2차	3차

제1회 범죄학 모의고사

··· 정답 및 해설 134p

01 초기 생물학적 범죄원인론과 생물사회학적 범죄원인론에 관한 설명으로 가장 옳지 않은 것은?

① 초기 생물학적 범죄원인론(일반적으로 1960년대 또는 1970년대 이전)은 범죄행위의 원인으로서 주로 신체적 특성과 유전에 중점을 두었다.
② 초기 생물학적 범죄원인론은 유전자, 염색체, 식사, 호르몬, 환경오염 등을 포함하여 행동에 대한 다양한 영향요인을 조사하였다.
③ 몇몇 초기 생물학적 범죄원인론은, 범죄성은 가계(family) 내에 있으며 한 세대에서 또 다른 세대로 유전될 수 있다고 제안하였다.
④ 초기 생물학적 범죄원인론은 범죄성의 유의한 근원으로서 얼굴 특성, 체형, 두개골 형태와 같은 신체적 특성을 고려하였다.

02 비범죄화 이론에 관한 설명 중 옳은 것은?

> ㄱ. 비범죄화 이론은 입법자에 의한 법률규정 자체의 폐지만을 말하지 않는다.
> ㄴ. 피해자 없는 범죄와 개인적 법익에 관한 범죄에서 특히 문제된다.
> ㄷ. 검찰의 기소편의주의에 의한 불기소처분은 비범죄화 논의의 대상이 아니다.
> ㄹ. 비범죄화 이론은 형사사법기관의 업무부담을 덜어주는 데 기여한다.

① ㄱ, ㄴ   ② ㄴ, ㄷ   ③ ㄷ, ㄹ   ④ ㄱ, ㄹ

03 다음 중 생활양식이론(life style theory)과 일상활동이론(routine activity theory)과 가장 거리가 먼 것은?

① 범죄는 범죄성의 발현이기보다는 우연히 간헐적으로 발생한다고 보고, 그러한 범죄발생 조건을 밝혀내고자 하는 이론이다.
② 범죄의 발생은 범죄자와 동시에 피해대상의 존재를 필요로 한다고 보는 점에서 범죄기회이론이며, 범죄자의 특성보다도 범죄발생의 특성을 규명하려고 한다는 점에서 환경범죄이론이라고도 한다.
③ 피해자이론으로 분류되기도 하지만 억제이론과 합리적 선택이론의 요소를 동시에 내포하고 있다.
④ 헤이건(Hagan)에 의해 주장되었으나, 코헨(Cohen)과 펠슨(Felson)에 의해 비판되고 있다.

04 범죄학 연구방법에 관한 설명으로 옳지 않은 것은?

① 자기보고식 조사는 경미한 범죄를 조사하는 데 비교적 유용하다.
② 참여관찰방법은 조사자가 참여관찰할 수 있는 범죄유형이 제한적이다.
③ 설문조사는 대규모의 표본에 사용하기 적합하고 연구결과를 일반화하기 쉽다.
④ 피해자조사는 과대 또는 과소 보고의 우려가 없어 암수범죄를 파악하기 쉽다.

05 일탈(deviance)에 관한 설명 중 가장 옳지 않은 것은?

① 일탈은 가치중립적 개념이므로 일탈이라고 하여 모두 형식적 의미의 범죄가 되는 것은 아니다. 다만 형식적 의미의 범죄는 모두 일탈행위에 해당한다.
② 일탈과 실질적 범죄는 사회학적 개념이라는 공통점이 있으나 일탈과 실질적 범죄가 동일한 개념은 아니다.
③ 일탈이란 일반적으로 승인된 보편적 행동방식을 전제로 하므로 행위자의 수를 배제하면 존재 기반을 상실하는 상대적 개념이다.
④ 일탈과 형식적 의미의 범죄의 경계에서 비범죄화의 논의가 시작될 수 있다.

06 억제(제지)이론(Deterrence Theory)에 대한 설명으로 옳지 않은 것은?

① 억제이론의 기초가 되는 것은 인간의 공리주의적 합리성이다.
② 형벌의 특별억제효과란 범죄를 저지른 사람에 대한 처벌이 일반시민들로 하여금 처벌에 대한 두려움을 불러일으켜서 결과적으로 범죄가 억제되는 효과를 말한다.
③ 범죄자에 대한 처벌의 억제효과는 범죄자의 자기통제력 수준에 따라 달라질 수 있다.
④ 처벌의 신속성, 확실성, 엄격성의 효과를 강조한다.

07 이탈리아 실증주의 학파인 가로팔로에 대한 설명으로 옳지 않은 것은?

> ㄱ. 「범죄사회학」(1885)이란 저술에서 범죄원인론에 관한 연구를 하였다.
> ㄴ. 가로팔로가 범죄원인으로 고려한 것은 심리적 상태가 아니라 신체적 특징이었다.
> ㄷ. 모든 사회에서는 자연범이 발생하는데, 자연범은 타인의 재산을 존중하거나 타인에게 고통을 가하지 않으려는 기본적 도덕의식을 위반한 것이다.
> ㄹ. 범죄자를 제거하기 위해서 사형, 부분적 제거, 강제보상의 세 가지 범죄대책을 제시하였다.

① ㄱ, ㄴ   ② ㄴ, ㄷ   ③ ㄷ, ㄹ   ④ ㄱ, ㄹ

08 화이트칼라범죄에 대해 가장 바르게 기술하고 있는 것은?

① 낙태와 같은 범죄는 의사에 의해서 직업적으로 행해지는 행위이지만 화이트칼라범죄는 아니라고 본다.
② 화이트칼라범죄는 범죄로부터 범죄인이 취득하는 이익에 비해 피해자의 피해의식이 크다.
③ 오늘날에는 일반적으로 하층민도 화이트칼라범죄인이 될 수 있다고 본다.
④ 상층민의 범죄행위는 모두 화이트칼라범죄이고, 화이트칼라범죄는 개인적 범죄가 아니라 집단적 범죄이다.

09 성염색체 이상에 대해 잘못 설명한 것을 고르면?

① XYY형은 샌드버그(Sandberg)가 최초로 발견하였고, XYY형 성염색체 이상은 유전성은 없고, 임신 전후의 변이에 의해 소질적 특성이 형성된다고 본다.
② 클라인펠터증후군 성염색체소지자는 여성적 신체징후가 특징이고 반사회적 경향을 띤다.
③ 범죄원인으로 가장 문제시되는 성염색체는 XYY형이다.
④ XYY형 성염색체소지자의 범죄성은 비교적 늦게 나타난다.

10 저지능 내지 정신박약과 범죄와의 상관성을 잘못 지적한 것은?

① 지능은 상황을 파악하고, 경험을 통해 배우고, 문제를 해결하는 등의 능력이다.
② 낮은 지능은 비행 및 범죄와 관련성이 크다는 주장이 오랫동안 제기되고 있다.
③ 성범죄·방화 등에서 정신박약자의 비율이 높고, 정신박약자가 저지르는 재산범죄에서는 절도가 많고 사기·횡령과 같은 범죄와는 관련성이 매우 낮다.
④ 기존 연구들에 대한 메타분석(meta analysis)은 낮은 지능이 비행이나 범죄행위에 큰 영향을 미치며, 저지능과 범죄와의 관련성은 범죄유형에 따라 크게 다르지 않다는 것을 일관되게 확인해 주고 있다.

11 머튼의 아노미이론과 거리가 먼 것은?

① 인간의 욕구는 선천적이고 무한하다고 인식했고, 개인적 적응양식은 개인적 성격에 따른 분류이다.
② 아노미상태는 문화적 목표를 추구할 합법적 기회가 사회구조적으로 제한되었기 때문에 발생한다.
③ 문화적 목표를 지나치게 강조하고 합법적 수단을 경시할수록 아노미상태는 심화된다.
④ 의례형은 범죄관련성이 희박하나, 일탈적 적응유형이라고 볼 수 있다.

12 하위문화이론의 기본입장에 대한 설명으로 옳지 않은 것은?

① 하위문화이론은 서덜랜드(E. H. Sutherland) 학습이론의 영향도 받았다고 평가된다.
② 범죄에 직접적 영향을 미치는 것은 관념 그 자체보다는 사회적 여건이라고 한다.
③ 밀러(M. B. Miller)는 갱단의 비행에 초점을 맞추어 하위문화이론을 전개하였다.
④ 밀러(M. B. Miller) 및 울프강(M. Wolfgang)과 패라쿠티(F. Ferracutti)의 연구는 중류 이상보다는 하류계층의 문화를 주된 대상으로 하였다.

13 범죄행동의 학습은 주로 개인의 행동경향을 높이는 데 주요 원천이 되는 집단에서 시작된다고 강조하면서도, 다른 사람과의 상호작용뿐만이 아니라 비사회적 상황을 통해서도 차별적으로 영향을 받아 학습된다는 원리를 체계화한 이론은?

① 차별적 강화이론(Differential Reinforcement Theory)
② 차별적 기회구조이론(Differential Opportunity Theory)
③ 범죄적 하위문화이론(delinquent subculture theory)
④ 중화기술이론(Techniques of Neutralization Theory)

14 사회계층과 범죄와의 관계에 대한 설명으로 옳지 않은 것은?

① 하류계층은 퇴폐적이고 무질서한 생활습관을 가지고 있고 높은 실업률, 높은 문맹률 등 문화적 약점이 범죄를 쉽게 유발하는 요인이 된다.
② 형사사법기관의 편견과 차별로 인해 상류계층보다는 하류계층에 보다 많은 체포, 구금, 처벌 등이 행해지고, 더 많은 감시의 대상이 되므로 범행이 인지될 확률이 더 높다.
③ 엘리엇(Elliot)은 자기보고식 연구를 분석한 결과 사회경제적 계층과 범죄는 무관하다고 주장하였다.
④ 하류계층과 범죄율 간의 상관관계를 인정하는 주장에 대해 범죄발생에 있어 빈곤의 영향은 하류계층에 국한된 현상이 아니라 어떤 계층이든지 광범위한 사회계층에 작용하는 문제이므로 관련성은 단언할 수 없다는 비판이 있다.

15 허쉬(T. Hirschi)의 사회통제이론에 관한 설명으로 옳지 않은 것은?

① 범죄행위는 인간의 본성에서 비롯된다고 보았다.
② 범행의 동기를 중요시하면서 개인과 사회 간의 애착, 전념, 참여, 믿음의 네 가지 관계를 중요시한다.
③ 개인의 범죄성향을 통제하는 것은 개인과 사회 간의 유대라고 보았다.
④ 비행문화나 불량친구의 영향은 고려되지 않는다.

16 갈등론에 관한 다음의 설명 중 옳지 않은 것은?

① 볼드(Vold) 등의 집단갈등이론에 따르면 범죄란 집단이익의 갈등이나 국가의 권력을 이용하고자 하는 집단 간 투쟁의 산물이라고 하였다.

② 퀴니(Quinney) 등의 급진적 갈등이론에 따르면 자본주의사회의 붕괴와 사회주의 건설을 통해서만 범죄문제를 해결할 수 있다고 하였다.

③ 테일러(Taylor) 등의 신범죄학은 합의론과 갈등론을 조화·통합시켜 비판범죄학을 극복하고자 하였다.

④ 비판범죄학은 연구의 초점을 일탈자 개인으로부터 자본주의체제로 전환시켜 연구의 범위를 확대하였다.

17 암수범죄(숨은 범죄)에 대한 설명으로 옳지 않은 것은?

① 수사기관에 의하여 인지되었으나 해결되지 않은 경우를 상대적 암수범죄라고 한다.

② 케틀레(Quetelet)의 정비례 법칙에 의하면, 공식적 범죄통계상의 범죄현상이 실제 범죄현상을 징표한다고 보기는 어렵다.

③ 피해자가 특정되지 않거나 간접적 피해자만 존재하는 경우, 암수범죄가 발생하기 쉽다.

④ 낙인이론이나 비판범죄학에 의하면, 범죄화의 차별적 선별성을 암수범죄의 원인으로 설명한다.

18 프로이트의 성격발달단계에 대한 설명으로 가장 옳지 않은 것은?

① 구강기는 약 0세부터 2세까지의 기간으로, 이때 유아의 상호작용은 입을 통해 이루어지며, 이 시기에 고착이 일어날 경우 의존 및 공격성 문제가 발생할 수 있다.

② 항문기는 약 2세부터 4세까지의 기간으로, 이 시기의 아동은 성기를 자극함으로써 강한 쾌감을 얻게 된다는 것을 알게 된다.

③ 잠재기는 6세부터 사춘기까지로, 아동의 리비도는 휴지기에 접어들며 성적 욕구는 학교생활, 취미, 친구와의 교제 등으로 승화된다.

④ 생식기는 사춘기 이후의 시기로, 잠재기에 잠복되어 있던 성적 충동이 다시 발현한다. 다만, 성기기와 달리 성적 욕구가 자신 혹은 부모가 아닌 가족 외부의 이성에게 옮겨 간다.

19 회복적 사법(restorative justice)을 지지할 수 있는 이론으로 옳지 않은 것은?

① 코헨과 펠슨(Cohen & Felson)의 일상활동이론(routine activities theory)

② 레머트(Lemert)의 낙인이론(labeling theory)

③ 퀴니와 페핀스키(Quinney & Pepinsky)의 평화구축범죄학(peace-making criminology)

④ 브레이스웨이트(Braithwaite)의 재통합적 수치심부여이론(reintegrative shaming theory)

20 조직범죄에 대한 설명으로 가장 옳지 않은 것은?

① 조직범죄는 계층적으로 조직되어 최소한 세 개 이상의 지위와 상호 밀접한 관계를 갖는 사람을 포함하는 비이념적 범죄이다.

② 조직범죄는 규범적인 사회의 강직성 때문에 합법적인 경로가 막혔다는 점을 깨달은 인종집단을 위해서 출세의 대안을 제공한다.

③ 조직범죄는 아노미이론의 관점에서 쉽게 이해될 수 있다.

④ 종속계승이론에 의하면, 조직범죄의 원인은 이탈리아 시실리안의 마피아 조직이 미국으로 들어옴으로써 생긴 것이라고 본다.

제2회 **범죄학** 모의고사

··· 정답 및 해설 137p

01 범죄학의 연구대상이 되는 범죄개념에 대한 설명으로 옳은 것들은?

> ㄱ. 개별현상으로서 범죄는 개인의 비정상적인 현상으로 이해되나, 집단현상으로서 범죄는 자연스러운 하나의 사회적 현상으로 이해해야 한다.
> ㄴ. 상대적 범죄개념은 타당하지 않으며, 범죄개념은 절대적인 것으로 이해되어야 한다.
> ㄷ. 형식적 범죄개념은 신범죄화와 비범죄화의 실질적 기준을 제시하기 위한 개념이다.
> ㄹ. 형사정책에서 범죄개념은 일탈행위를 포함한다.

① ㄱ, ㄴ   ② ㄴ, ㄷ   ③ ㄷ, ㄹ   ④ ㄱ, ㄹ

02 범죄와 구별되는 개념으로서 일탈(deviance)에 대한 설명으로 적절하지 않은 것은?

① 특정 사회의 집단적 사회규범이나 행동규칙에 위반된 행위라고 정의할 수 있다.
② 비범죄화 정책을 수립할 때 중요한 판단척도가 된다.
③ 낙인이론은 일탈을 정의할 때 규범위반 여부보다 사회적 반응을 중시한다.
④ 법규범은 사회규범의 일부에 불과하므로 일탈이 항상 범죄가 되지는 않는다.

03 범죄피해자와 관련된 설명 중 옳은 것은?

① 「범죄피해자 보호법」에 의하면 재산범죄와 명예범죄의 피해도 구조대상에 포함된다.
② 「특정 강력범죄의 처벌에 관한 특례법」에 의하면 검사는 일정한 경우 증인에 대한 신변안전조치를 관할경찰서장에게 요청하여야 한다.
③ 「범죄피해자 보호법」에 의하면 긴급피난으로 인한 피해는 구조대상에서 제외되며, 범죄피해자가 가해자로부터 배상을 받지 못한 경우 생계유지 곤란 사유가 있어야 구조를 받을 수 있다.
④ 「가정폭력범죄의 처벌 등에 관한 특례법」에 의하면 누구든지 가정폭력범죄를 알게 된 때에는 이를 수사기관에 신고하여야 한다.

04 「범죄분석」과 같이 국가기관에서 매년 발행하는 공식통계자료의 특성으로 볼 수 없는 것은?

① 암수(숨은)범죄를 잘 반영하지 못한다.
② 형사사법기관의 활동에 의해 영향을 받는다.
③ 범죄피해의 구체적 상황과 개인의 특성을 잘 파악할 수 있다.
④ 지역별 범죄발생을 비교할 수 있다.

05 범죄조사의 한 방법으로 피해자조사의 효용성에 관한 설명 중 거리가 먼 것은?

① 공식적 범죄통계를 대체할 수 있다.
② 효율적인 범죄예방 및 대책이 가능하다.
③ 사회 내의 암수범죄의 규모를 추측할 수 있다.
④ 시민과 경찰과의 상호작용관계를 이해할 단서로서 유용하다.

06 다음과 관련 있는 범죄이론은?

- 셀린(Sellin)의 행위규범 갈등
- 코헨(Cohen)의 지위좌절
- 밀러(Miller)의 초점적 관심(focal concerns)

① 갈등이론   ② 차별적 선택이론
③ 환경범죄이론   ④ 하위문화이론

07 페리의 범죄포화의 법칙으로 분석하기 가장 적합하지 않은 범죄는?

① 절도   ② 사기   ③ 장물   살인

08 매스컴과 범죄와의 관계에 대한 설명으로 옳지 않은 것은?

① 매스컴이 직접 범죄를 유발하는 기능이 있다는 견해뿐 아니라, 매스컴은 범죄와 무관하다는 견해도 있다.
② 특히 청소년은 장기적으로 볼 때 매스컴의 부정적 영향을 더 받게 된다는 주장이 있다.
③ 카타르시스효과란 매스컴에 의해 범죄를 모방하고, 직접 범죄를 행함으로 인해 자신의 잠재된 욕구를 분출함을 의미한다.
④ 매스컴이 범죄를 억제하는 기능이 있다고 하는 견해도 있다.

09 XYY염색체의 범죄학적 연구와 관계가 없는 것은?

① 초남성, 성적 조숙
② 가학성
③ 비유전성
④ 범죄성이 늦게 나타남

10 다음 중 심리학적 원인론에 관한 설명으로 타당한 것은?

① 심리학적 원인론은 자유의지론을 기초로 하고 있다.
② 이드(id)는 사람에 따라 차이가 크다고 일반적으로 주장되고 있다.
③ 아이젠크(Eysenck)의 연구에 의하면 내성적인 사람은 자율신경계에서 불안반응을 유발하는 기능이 발달해서 범죄성향이 높고, 외향적인 성격의 사람은 불안반응 유발기능이 발달되어 있고 해제능력은 저조하다.
④ 시들(Siddle)의 연구에 의하면 반사회적 행위를 저지른 사람들은 정상인들에 비해서 피부전도가 회복되는 속도가 현저히 낮았다.

11 집합적 효율성 이론에 대한 설명으로 가장 옳지 않은 것은?

① 지역사회 구조와 범죄 간의 관계에서 샘슨과 그룹스는 지역사회 청소년에 대한 통제능력, 지역사회의 친구관계 혹은 사회적 유대, 지역사회 기관에 대한 참여라는 세 개의 매개요인을 제시하였다.
② 지역의 집합적 효율성은 인종이나 혈연에 의한 사회적 유대와 같이 정적이고 일반화되어 있다.
③ 지역의 사회적 통제노력이 약화될 때 지역의 응집력은 더욱 약해지고 범죄율은 상승한다.
④ 범죄의 주된 원인은 어떤 개인의 특성과 기질이 아니라 지역사회의 질과 주위환경이다. 높은 수준의 사회통제와 집합적 효율성을 가진 지역에서 범죄율은 경제적 상황과 상관없이 감소하는 것으로 나타난다.

12 범죄에 관한 미시환경론 또는 사회과정이론에 대한 설명으로 옳지 않은 것은?

① '사회과정'이란, 개개인의 생물학적 · 심리학적 특성에 따른 인격형성과정을 말한다.
② 우리가 우리 스스로와 사회를 만드는 것의 연계를 탐구하는 데 중점을 두며, 상호작용이론이 대표적이다.
③ 개인이 어떻게 범죄자가 되는지를 해명하기 위해 개인의 사회경험과정에 중점을 둔다.
④ 비슷한 사회구조적 조건을 가진 모든 사람이 모두 같은 방향으로 범죄자가 된다거나, 준법시민으로 반응하지 않는다는 차별적 반응을 해명하기 용이하다.

13 다음 중 학습이론(Social Learning Theory)과 관련된 설명으로서 적절하지 않은 것은?

① 타르드(Tarde)의 모방이론이 학습이론의 출발점을 제공했다고 할 수 있다.
② 학습이론은 사회심리학적 입장에서 범죄의 원인을 해명하는 이론이라고 할 수 있다.
③ 서덜랜드(Sutherland)의 이론은 학습이 이루어지는 과정을 구체화하였다는 평가를 받고 있다.
④ 글래이저(Graser)는 준거집단의 개념을 통해 학습의 대상을 확대하였다는 특징이 있고, 사회 학습이론은 학습환경으로서 사회적 상호작용만을 고려했다는 비판이 있다.

14 부유지역과 빈곤지역에서의 범죄율을 비교하여 상대적 빈곤이 범죄의 원인이라고 주장한 학 자는?

① 서덜랜드(Sutherland)
② 케틀레(Quetelet)
③ 쉐프(Scheff)
④ 랑게(Lange)

15 다음 중 허쉬의 주장과 가장 부합되는 것은?

① 범죄를 범하는 사람은 일반인과는 본질적으로 다르므로 범죄의 동기를 적극적으로 해명하는 것이 범죄학의 과제이다.
② 범죄학자들은 범죄개념을 인도주의적 관점에서 새로운 기준에 의해 정립해야 한다.
③ 모든 사람은 기회가 주어지면 누구나 범죄를 범할 가능성이 충분하다.
④ 강력범죄 해명에 가장 적합한 이론이다.

16 비판범죄학에 대한 설명으로 옳지 않은 것은?

① 급진주의 범죄학이라고도 한다.
② 권력형 범죄의 분석에 무력하다는 비판이 있다.
③ 범죄대책은 자본주의사회의 모순을 극복하기 위해 사회체제를 사회주의로 전환시키는 것이다.
④ 자본주의사회의 모순을 가장 중요한 범죄의 원인으로 보고, 범죄는 왕국에 대한 사회적 약자 의 레지스탕스라고 비유한다.

17 범죄원인에 대한 설명으로 옳은 것은?

① 퀴니(Quinney)는 대항범죄(crime of resistance)의 예로 살인을 들고 있다.
② 레클리스(Reckless)는 범죄를 유발하는 압력요인으로 불안감을 들고 있다.
③ 중화기술이론에서 세상은 모두 타락했고, 경찰도 부패했다고 범죄자가 말하는 것은 책임의 부정에 해당한다.
④ 부모 등 가족구성원이 실망할 것을 우려해서 비행을 그만두는 것은 사회유대의 형성방법으로서 애착(attachment)에 의한 것으로 설명할 수 있다.

18 글룩 부부의 발달범죄학 연구에 대한 설명으로 가장 옳지 않은 것은?

① 글룩 부부의 연구는 범죄경력의 한 조짐으로서 초기 비행의 시작에 집중하였다.
② 글룩 부부의 연구는 서덜랜드(E. Sutherland)와 같은 사회학자에 의해서 많은 비난을 받았다.
③ 글룩 부부는 범죄의 지속과 관련된 많은 개인적·사회적 요인을 확인하였는데, 가장 중요한 요인은 친구관계였다.
④ 글룩 부부는 범죄경력의 시작과 계속은 내적 및 외적 상황·조건·환경에 의해서 영향을 받는 발달적 과정이라고 제안하였다.

19 소년비행에 있어 가정환경의 영향을 설명한 것으로 틀린 것은?

① 최근에는 가정의 영향, 특히 외형적 결함의 중요성이 증대하고 있다.
② 가정의 기능적 결함은 비행유발에 있어 중요한 요인이 될 수 있다.
③ 부모의 일관성 있는 훈육방식이 소년비행의 억제에 있어 중요하다.
④ 갈등가정은 가족 간의 갈등으로 인하여 가출의 원인이 될 수 있다.

20 다음 중 사회 내 처우에 해당하는 것만으로 묶인 것은?

㉠ 사회견학	㉡ 보호관찰	㉢ 보호감호	㉣ 치료감호
㉤ 교정처분	㉥ 갱생보호	㉦ 사회봉사명령	㉧ 귀휴

① ㉠, ㉡, ㉢
② ㉡, ㉢, ㉣
③ ㉢, ㉣, ㉤
④ ㉡, ㉥, ㉦

제**3**회 **범죄학** 모의고사

··· 정답 및 해설 140p

01 강도범죄에 관한 설명으로 옳은 것은?

① 순수한 재산형 범죄이다.
② 폭행 또는 협박을 수단으로 한다.
③ 지인을 범행대상으로 삼지 않는다.
④ 업무상 관계에서는 발생하지 않는다.

02 범죄학의 연구대상에 관한 설명 중 옳은 것들은?

> ㄱ. 범행주체인 범죄자와 범죄는 범죄학의 연구대상이 되며, 범행대상인 피해자는 이에 해당되지 않는다.
> ㄴ. 형식적 의미의 개념은 법적 개념으로, 형사입법을 통해 범죄인지 여부가 정해지게 된다.
> ㄷ. 실질적 의미의 범죄개념은 시간과 장소에 따라 변하지 않는 고정된 범죄개념을 전제로 하지 않는다.
> ㄹ. 집단현상으로서의 범죄는 사회병리적 현상이므로 사회심리학의 관점에서 다루어야 하며, 범죄학의 연구대상이 되지 않는다.

① ㄱ, ㄴ   ② ㄴ, ㄷ   ③ ㄷ, ㄹ   ④ ㄱ, ㄹ

03 환경설계를 통한 범죄예방(CPTED) 원리와 그에 대한 적용을 연결한 것 중에 옳지 않은 것은?

① 자연적 감시 – 조경·가시권의 확대를 위한 건물배치
② 자연적 접근통제 – 출입구의 최소화, 벤치·정자의 위치 및 활용성에 대한 설계
③ 영역성의 강화 – 사적·공적 공간의 구분, 울타리의 설치
④ 활동의 활성화 – 놀이터·공원의 설치, 체육시설의 접근성과 이용의 증대

04 범죄학의 연구방법에 대한 다음 설명 중 가장 적절하지 않은 것은?

① 설문조사를 통한 연구는 두 변수 사이의 관계를 넘어서는 다변량 관계를 살펴볼 수 있다는 장점이 있다.
② 양적 연구는 질적 연구에 비해 연구결과의 외적 타당성을 확보하기 어렵다는 단점이 있다.
③ 실험연구는 연구자가 필요한 조건을 통제함으로써 내적 타당성을 확보하기에 용이하다.
④ 설문조사를 통한 연구는 부정확한 응답의 가능성에 대한 고려가 필요하다.

05 다음 중 경력범연구에 가장 중시하는 연구방법은?

① 종적 연구방법
② 실험법
③ 참여관찰법
④ 수평적 연구방법

06 일상활동이론(routine activity theory)의 내용이라고 볼 수 없는 것은?

① 코헨(LE. Cohen)과 펠슨(Pelson)이 대표적 주장자이며, 피해자이론으로 보기도 한다.
② 범죄인과 비범죄인은 본질적으로 다르다는 입장에서 출발한다.
③ 감시를 중시하는 측면은 억제이론에, 범죄자가 적절한 대상과 감시를 고려하여 범행을 한다는 측면에서는 합리적 선택이론의 요소와 관계가 깊다.
④ 범죄발생요소로 동기화된(잠재적) 범죄자와 적절한 범죄대상, 감시부재를 들 수 있다.

07 범죄학의 지도학파(제도학파)에 관한 설명으로 옳지 않은 것은?

① 사회학적 범죄이론을 개척한 사람은 케틀레(A. Quetele)로, 그는 각종 사회환경적 요인과 범죄발생의 함수관계를 통계를 이용하여 실증적으로 연구하였고, 범죄기온의 법칙을 제기했다.
② 대표자는 프랑스의 게리(Guerry)와 벨기에의 케틀레(Quetelet)로서 도덕적 결핍이 생물학적 특징으로 나타난다고도 주장했는데, 개인문제가 아닌 집단현상으로서의 범죄에 대한 관심을 촉구하는 계기가 되었다.
③ 제도학파라는 명칭은 게리가 프랑스 통계분석을 통하여 「도덕통계분석」을 저술하면서 발생한 범죄의 분포를 지도에 표시하는 독특한 연구방법을 사용한 데서 비롯되었고, 케틀레와 함께 이들을 제도학파라고 부른다.
④ 게리(Guerry)와 케틀레(Quetelet)는 빈민지역의 재산범죄율이 부유한 지역보다 높음을 입증하였다.

08 영화나 TV에서 폭력적인 장면이 시청자의 공격적 성향을 자제 또는 억제시킨다는 매스컴의 범죄순기능을 강조하는 이론과 시청자에게 단기적 또는 장기적 범죄유발요인이 된다는 매스컴의 범죄역기능을 강조하는 이론이 있다. 각 이론에 해당하는 것으로 옳게 묶인 것은?

<u>범죄순기능이론</u>	<u>범죄역기능이론</u>
① 자극성가설 – 범죄학습가설	집단갈등가설 – 습관성가설
② 자극성가설 – 억제가설	카타르시스가설 – 문화갈등가설
③ 카타르시스가설 – 억제가설	자극성가설 – 습관성가설
④ 카타르시스가설 – 집단갈등가설	자극성가설 – 억제가설

09 다음 중 가장 옳지 않은 설명은?

① 최근의 범죄생물학자들은, 범죄자는 신체적 능력이나 지적 능력이 발달되지 못한 열등한 존재이고, 이러한 생물학적 소질이 있으면 범죄를 저지르게 된다는 결정론을 지지하고 있다.
② 남성호르몬인 테스토스테론(testosterone)이 반사회적·공격적 행동과 관련이 있는 것으로 파악하여, 이러한 호르몬의 차이로 남녀 범죄율의 차이를 설명하고자 시도되고 있다.
③ 학습무력증이 소년비행의 중요한 원인이라는 주장도 제기되고 있으나, 학습무력증과 범죄 사이에 인과관계가 있다고 단언하기는 어렵다.
④ 자율신경계의 작용과 범죄발생에 대해서 최초로 연구한 사람은 아이젠크(Eysenck)이다.

10 행동 및 학습이론에 대한 설명으로 타당한 것은?

① 사람들이 일상생활 중에 행하는 현재의 실제행위보다는 초기 아동기에 형성된 무의식적·잠재적 인성특징이나 인지의 발달이 중시된다.
② 행동이론이나 사회학습이론은 범죄자의 행동수정요법에 원용되고 있다.
③ 사람이 어떻게 외부세계의 가치와 규범을 획득하여 인지적으로 내재화하는가가 범죄행위연구의 중요한 연구과제이다.
④ 범죄란 인간의 심리적 틀 내에 존재하는 저변의 갈등이 표출된 것이라고 말하고 있다.

11 머튼(R. Merton)의 아노미이론의 논리를 적용하기 가장 어려운 것은?

① 약물범죄   ② 사기죄   ③ 기업범죄   ④ 반체제 조직범죄

12 증오범죄의 유형에 대한 [보기 1]과 [보기 2]의 내용을 옳게 연결한 것은?

> ㄱ. 소수집단에 대한 편견으로 그들을 괴롭히거나 그들의 재산을 파괴함으로써 소수자들에게 고통을 주며 가학적 스릴을 느끼는 유형
> ㄴ. 자신들의 이익 또는 가치를 훼손하는 집단에 대한 보복으로 피해자를 공격하는 유형
> ㄷ. 외부인들을 공동체에 위협이 되는 자들이라고 인식하여 그들로부터 공동체를 보호하기 위하여 방어적 차원에서 공격한다고 합리화하는 유형
> ㄹ. 피해자에 대한 공격을 악의 제거를 위한 사명감에 따른 것이라거나 종교적 믿음의 구현이라고 인식하는 유형

A. 스릴추구형	B. 방어형	C. 사명형	D. 보복형

	ㄱ	ㄴ	ㄷ	ㄹ		ㄱ	ㄴ	ㄷ	ㄹ
①	C	B	A	D	②	A	D	B	C
③	A	B	D	C	④	D	C	B	A

13 다음 중 옳은 것은?

① 티틀(C. Tittle)은, 일탈가능성은 통제의 불균형 정도에 비례하여 증가한다고 주장한다.
② 글래이저(Glaser)의 차별적 동일시이론은 대인적·직접적 교제를 통한 범죄학습을 강조하는 이론이다.
③ 차별적 강화이론에 의하면 조작적 조건화수단으로서 처벌을 보상보다 행동변화에 효과가 큰 것으로 본다.
④ 서덜랜드(Sutherland)는 개인의 범죄성의 원인을 '차별적 집단조직화'에서 찾고 있다.

14 「스토킹범죄의 처벌 등에 관한 법률」상 '스토킹행위'에 해당하는 것으로만 묶인 것은? (단, 상대방의 의사에 반하여 정당한 이유 없이 행위를 하여 상대방에게 불안감 또는 공포심을 일으키는 것을 전제로 한다)

> ㄱ. 접근하거나 따라다니거나 진로를 막아서는 행위
> ㄴ. 주거, 직장, 학교, 그 밖에 일상적으로 생활하는 장소(이하 "주거등"이라 한다) 또는 그 부근에서 기다리거나 지켜보는 행위
> ㄷ. 직접 또는 제3자를 통하여 물건등을 도달하게 하거나 주거등 또는 그 부근에 물건등을 두는 행위
> ㄹ. 주거등 또는 그 부근에 놓여져 있는 물건을 훼손하는 행위

① ㄱ, ㄴ   ② ㄴ, ㄷ   ③ ㄱ, ㄴ, ㄷ   ④ ㄱ, ㄴ, ㄷ, ㄹ

15 브랜팅햄과 파우스트(Brantingham & Faust)의 범죄예방 구조모델에 관한 설명으로 옳지 않은 것은?

① 1차적 예방은 일반대중을 대상으로 한다.
② 1차적 예방의 예로는 환경설계, 이웃감시 등이 있다.
③ 2차적 예방은 특별예방과 관련이 있다.
④ 3차적 예방은 범죄자를 주요 대상으로 한다.

16 낙인이론과 비판범죄론의 비교에 관한 설명 중 옳지 않은 것은?

> ㉠ 두 이론은 모두 형사사법기관의 편파성을 지적하고, 공식통계를 통해 객관적으로 범죄를 규명해야 한다고 주장한다.
> ㉡ 낙인이론은 범죄의 원인보다는 범죄자에 대한 사회적 반응을 중시하며, 비판범죄론은 범죄의 정치경제성을 강조한다.
> ㉢ 두 이론은 모두 사회적 가치·규범 및 법률에 대한 사회적 합의를 인정하지 않는다는 점에서 유사하다.
> ㉣ 두 이론은 모두 범죄와 범죄통제의 문제를 개인적·사회적 차원에서 미시적으로 분석한다는 점에서 유사하다.
> ㉤ 비판범죄론은 일정한 사람을 범죄자로 규정하는 주체의 정당성을 문제 삼는 점에서 낙인이론과 본질적 차이가 있다.

① ㉠, ㉣   ② ㉡, ㉤   ③ ㉢, ㉣   ④ ㉢, ㉤

17 브레이스웨이트(Braithwaite)의 재통합적 수치심부여이론(reintegrative shaming theory)에 대한 설명으로 옳지 않은 것은?

① 재통합적 수치심 개념은 낙인이론, 하위문화이론, 기회이론, 통제이론, 차별접촉이론, 사회학 습이론 등을 기초로 하고 있다.

② 해체적 수치심(disintegrative shaming)을 이용한다면 범죄자의 재범확률을 낮출 수 있으며, 궁극적으로는 사회의 범죄율을 감소시키는 효과를 기대할 수 있다.

③ 재통합적 수치심의 궁극적인 목표는 범죄자가 자신의 잘못을 진심으로 뉘우치고 사회로 복귀할 수 있도록 그들이 수치심을 느끼게 할 방법을 찾아내는 것이다.

④ 브레이스웨이트는 형사사법기관의 공식적 개입을 지양하며 가족, 사회지도자, 피해자, 피해자 가족 등 지역사회의 공동체 강화를 중시하는 '회복적 사법(restorative justice)'에 영향을 주었다.

18 모피트(Moffitt)의 청소년기 한정형(adolescence-limited) 일탈의 원인으로 옳은 것만을 모두 고르면?

ㄱ. 성숙의 차이(maturity gap)	ㄴ. 신경심리적 결함(neuropsychological deficit)
ㄷ. 사회모방(social mimicry)	ㄹ. 낮은 인지능력(low cognitive ability)

① ㄱ, ㄴ   ② ㄱ, ㄷ   ③ ㄴ, ㄹ   ④ ㄷ, ㄹ

19 연구대상과 연구방법에 대한 설명으로 옳지 않은 것은?

① 범죄학이나 사회학에서 말하는 일탈행위의 개념은 형법에서 말하는 범죄개념보다 더 넓다.

② 사회에 새롭게 등장한 법익침해행위를 형법전에 편입해야 할 필요성을 인정함에 사용되는 범죄개념은 형식적 범죄개념이다.

③ 헌법재판소의 위헌결정으로 폐지된 간통죄와 같이 기존 형법전의 범죄를 삭제해야 할 필요성을 인정함에 사용되는 범죄개념은 실질적 범죄개념이다.

④ 공식적 범죄통계를 이용하는 연구방법은 두 변수 사이의 2차원 관계 수준의 연구를 넘어서기 어렵다는 비판이 가능하다.

20 범죄의 피해자에 대한 설명으로 옳지 않은 것은?

① 「형법」에 의하면 피해의 정도뿐만 아니라 가해자와 피해자의 관계도 양형에 고려된다.

② 피해자는 제2심 공판절차에서는 사건이 계속된 법원에 「소송촉진 등에 관한 특례법」에 따른 피해배상을 신청할 수 없다.

③ 레클리스(Reckless)는 피해자의 도발을 기준으로 '가해자－피해자 모델'과 '피해자－가해자－피해자 모델'로 구분하고 있다.

④ 「범죄피해자보호기금법」에 의하면 형사소송법에 따라 집행된 벌금의 일부도 범죄피해자보호기금에 납입된다.

··· 정답 및 해설 144p

01 새로운 범죄이론 중 해악학(Zemiology)에 대한 설명으로 가장 옳지 않은 것은?

① 해악학(Zemiology)은 국가와 기업 등에 의한 해악보다는 개인에 의해 야기되는 해악에 초점을 맞춘 연구이다.

② 해악학의 연구자인 힐야드(Hillyard) 등은 기존의 전통적인 범죄개념에는 그 개념을 결정짓는 고유한 객관적 범죄실체가 없다고 본다.

③ 전통적인 범죄개념은 차별·불평등·국가의 학대·환경오염 등까지 포함할 수 있는 '사회적 해악(harm)'으로 진화되어야 한다.

④ 사회정책은 '사회적 해악(harm)'의 근본적 감소나 해소가 목표가 되어야 하며, 범죄에 관한 연구는 장기적으로 사회 전체의 해악을 감축하는 데 도움이 되는 해악의 근본원인을 제거하는 새로운 대안 마련을 중심과제로 삼아야 한다.

02 범죄와 구별되는 개념으로서 일탈(deviance)에 대한 설명으로 적절하지 않은 것을 모두 고르면?

> ㄱ. 특정 사회의 집단적 사회규범이나 행동규칙에 위반된 행위라고 정의할 수 있다.
> ㄴ. 비범죄화 정책을 수립할 때 중요한 판단척도가 된다.
> ㄷ. 낙인이론은 일탈을 정의할 때 사회적 반응보다 규범위반 여부를 중시한다.
> ㄹ. 법규범은 사회규범의 일부에 불과하므로 일탈이 항상 범죄가 되지는 않는다.

① ㄱ, ㄴ   ② ㄴ, ㄷ   ③ ㄷ, ㄹ   ④ ㄱ, ㄹ

03 다음 중 「범죄피해자 보호법」에 따른 구조대상이 될 수 있는 자는?

① 재산상의 피해를 입은 자

② 형사사건의 증인으로 보복살인 당한 자

③ 강도에게 경미한 상해를 입은 자

④ 정당방위로 인해 사망한 자 또는 과실범으로 인해 중상해를 입은 자

04 범죄학 연구방법에 관한 설명으로 적절하지 않은 것은?

① 공식범죄통계는 암수범죄를 포함하지 않는다.
② 실험법은 일반적으로 설문지법보다 많은 수를 실험대상으로 한다.
③ 참여관찰은 연구자의 주관성과 윤리성 문제가 제기될 수 있다.
④ 사례연구는 질적으로 깊은 연구가 가능하다.

05 다음 중 자원수형자로서의 범죄연구와 가장 관련이 깊은 연구방법은?

① 대량관찰법   ② 설문조사
③ 표본조사   ④ 참여적 관찰

06 범죄기회이론에 대해 잘못된 설명은?

① 생활양식-노출이론과 일상활동이론이 여기에 속하는데, 범죄발생요소로서 잠재적 범죄자, 범죄에 적합한 대상, 감독의 부재 등을 들고 있다.
② 실증주의이론의 범주에 속한다.
③ 개개인의 일상적인 생활양식 및 생활패턴에 따라 범죄발생 가능성이 달라진다고 한다.
④ 바람직한 형사정책을 범죄인에 대한 교정·교화보다 상황적으로 주어지는 범죄기회를 사전에 차단하는 것에서 찾는다.

07 다음 중 라카사뉴의 범죄이론에 대한 설명으로 잘못된 것은?

① 사회는 범죄의 배양기이고 범죄자는 미생물에 불과하다. 따라서 벌해야 할 것은 사회이지 범죄자가 아니다.
② 범죄원인으로 사회환경을 중시하고 특히 실업 등이 범죄증가의 주요원인이라고 했다.
③ 프랑스학파의 창시자로 「사형과 범죄」를 저술해서 사형은 인도주의에 반하므로 폐지되어야 한다고 주장했다.
④ 사회는 그 각각에 상응하는 범죄를 갖기 마련이다.

08 다음은 어느 신문의 기사내용이다. 영화 등 매스컴이 범죄에 미치는 영향에 관한 이론 중 이 기사내용을 뒷받침하지 않는 것은?

> 경찰에 따르면 A군 등은 지난달 19일 0시 30분경 L주유소에 복면을 하고 들어가 테이프로 직원들의 손발을 묶은 뒤 현금 등 50만 원과 주유권 100장을 빼앗는 등 최근까지 20차례에 걸쳐 3,000여만 원 상당의 금품을 빼앗은 혐의이다. 조사결과 이들은 올해 초 서울의 한 주유소에서 종업원으로 일하면서 알게 된 사이로 김 군이 영화 '주유소 습격사건'을 본 뒤 "영화 속 주인공들이 멋있다"며 이 같은 범행을 계획한 것으로 밝혀졌다.

① 카타르시스가설
② 단기효과이론
③ 직접효과이론
④ 자극성가설

09 현대의 범죄생물학적 이론에 관한 다음 설명 중 옳은 것은?

① 현대 범죄생물학에서는, 일반적으로 유전되는 것은 개인이 환경에 반응하는 방식이 아니라 구체적인 범행이라고 본다.
② 범죄학 분야에서 생물학적 해석이 중시되면서 나타난 경향은 무능력화 등 예방을 강조하는 대책이다.
③ 세로토닌이나 모노아민 산화효소(MAO) 등 신경전달물질의 이상과 범죄의 관련성을 법칙적으로 설명할 수 있는 수준의 발전이 이루어졌다.
④ 저혈당증과 폭력범죄의 관련성은 오늘날 과학적 연구방법의 발달을 통해 그 관련성이 유의미한 정도가 될 수 없다는 것이 밝혀졌다.

10 콜버그(L. Kohlberg)의 도덕발달이론의 도덕적 단계 구분과 가장 거리가 먼 것은?

① 타율적 도덕단계
② 개인주의단계
③ 대인 간 기대단계
④ 초월적 윤리원칙단계

11 "이 일을 평생 해 봐도 남들처럼 강남의 호화아파트에서 살거나 외제승용차를 타거나 가족들과 해외여행 한 번 가 보기는 틀렸다. 하지만 과분한 욕심을 버리자. 알뜰한 아내 덕에 빚 안 지고 이만큼 살아왔는데, 내가 뇌물을 받다가 교도소라도 가는 날이면 이 조그만 행복도 끝장이다"라고 생각하는 경찰공무원은 머튼(R. Merton)의 아노미이론에 제시된 개인의 적응방식 중 어느 유형에 속하는가?

① 동조형
② 혁신형
③ 의례형
④ 도피형

12 다음은 미국범죄사회학에 대한 이론설명이다. 가장 옳지 않은 것은?

① 상징적 상호작용론은 차별적 접촉이론과 아노미이론에 가장 많은 영향을 미쳤다.
② 머튼(Merton)은 일탈적 적응양식이 반드시 범죄와 관련되는 것은 아니라고 보았고, 미시환경
론에서는 상황이나 여건 그 자체가 범죄의 직접적인 원인이 되지 않는다고 본다.
③ 동일한 접촉·교제에 대해서도 개인에 따라 반응이 다른 이유를 동일화과정이 다르기 때문이
라고 설명하는 이론이 차별적 동일시이론이다.
④ 차별적(이질적) 반응의 문제를 해명하기 위한 이론 중에서 범죄자의 개인적 특성에 중점을
둔 이론은 자기관념이론이다.

13 환경과 범죄현상에 대한 설명으로 가장 적절하지 않은 것은?

① 급격한 도시화는 인구의 이동이나 집중으로 인해 그 지역의 사회관계의 혼란을 초래하고, 지
역사회의 연도를 어렵게 하여 범죄의 증가를 초래할 수 있다고 한다.
② 케틀레(A. Quetelet)는 인신범죄는 따뜻한 지방에서, 재산범죄는 추운 지방에서 상대적으로
많이 발생한다고 한다.
③ 경기와 범죄는 상관관계가 없다는 주장도 있지만, 일반적으로 불황기에는 호황기에 비해 재
산범죄가 많이 발생한다고 한다.
④ 전체주의사회에서는 소수집단의 공격성 때문에 다수집단의 구성원이 대량 희생되어 모든 범
죄가 전체적으로 감소하게 된다고 한다.

14 「스토킹범죄의 처벌 등에 관한 법률」상 진행 중인 스토킹행위에 대하여 신고를 받은 사법경
찰관리가 즉시 현장에 나가 하여야 하는 응급조치로서 옳지 않은 것은?

① 스토킹행위의 제지, 향후 스토킹행위의 중단통보
② 스토킹행위자와 피해자의 분리 및 범죄수사
③ 피해자들에 대한 긴급응급조치 및 잠정조치 요청의 절차 등 안내
④ 피해자나 그 주거등으로부터 100미터 이내의 접근금지

15 다음 고전주의 학파와 실증주의 학파에 관한 내용 중 같은 학파에 해당하는 내용만으로 옳게 묶인 것은?

> ㄱ. 인간을 의사자유를 가진 이성적 존재로 보았다.
> ㄴ. 계몽주의, 공리주의에 사상적 기초를 두었다.
> ㄷ. 범죄와 형벌의 균형을 중요시하였다.
> ㄹ. 형벌을 보안처분으로 대체할 것을 주장하였다.
> ㅁ. 인간행위보다 인간 자체에 초점을 두었다.

① ㄱ, ㄴ, ㄷ   ② ㄴ, ㄷ, ㅁ   ③ ㄱ, ㄹ, ㅁ   ④ ㄷ, ㄹ, ㅁ

16 비판범죄학에 관한 설명 중 옳지 않은 것은?

① 사회는 일정한 가치에 동의하는 동질적 집단이 아니라, 서로 다른 가치와 이해관계가 충돌하는 이질적 집단이라고 본다.
② 형법은 국가와 지배계급이 기존의 사회·경제질서를 유지하고 영속화하기 위한 도구라고 보고, 형법의 정당성에 대하여 의문을 제기한다.
③ 범죄원인을 개인의 반사회성에서 찾는 종래의 범죄원인론을 비판한다.
④ 비범죄화와 다이버전을 범죄문제의 궁극적 해결책으로 제시한다.

17 유전적 요인과 범죄의 관계에 대한 연구만으로 옳게 묶인 것은?

① 쌍생아 연구, 범죄인 가계 연구, 양자(養子) 연구
② 쌍생아 연구, 성염색체 연구, 암수범죄 연구
③ 쌍생아 연구, 낙인효과 연구, 체형과 범죄 연구
④ 성염색체 연구, 생래적 범죄인 연구, 생태학적 범죄 연구

18 1999년에 Mullen 등이 캐나다의 스토커 145명을 대상으로 한 정신의학 연구는 5개 유형의 스토커를 확인하였다. 스토커의 유형에 관한 설명으로 가장 옳지 않은 것은?

① 거절된 스토커는 거절을 없던 것으로 하거나 복수하기 위해서 피해자를 따라다닌다.
② 친근함을 찾는 스토커는 피해자와 친근하고 사랑하는 관계를 형성하기를 원한다.
③ 약탈적 스토커는 공격을 준비하기 위해 피해자를 감시하는데, 이것은 그 성격상 금품을 약탈하기 위한 것이다.
④ 유능하지 못한 구혼자는 사회적 기술이 부족한 상황에서도 피해자에 대해 낭만적이거나 성적 흥미를 갖고 있다.

19 「학교폭력예방 및 대책에 관한 법률」상 학교폭력 가해자에 대한 조치로 옳지 않은 것은?

① 피해학생에 대한 서면사과　　　　　② 학내외 전문가에 의한 특별교육이수
③ 학교에서의 봉사　　　　　　　　　　④ 장기보호관찰

20 지역사회교정(community-based corections)에 대한 설명으로 옳지 않은 것은?

① 범죄자에 대한 인도주의적 처우, 사회복귀의 긍정적 효과 그리고 교정경비의 절감과 재소자 관리상 이익의 필요성 등의 요청에 의해 대두되었다.
② 통상의 형사재판절차에 처해질 알코올중독자, 마약사용자, 경범죄자 등의 범죄인에 대한 전환(diversion)방안으로 활용할 수 있다.
③ 범죄자에게 가족, 지역사회, 집단 등과의 유대관계를 유지하게 하여 지역사회 재통합 가능성을 높여줄 수 있다.
④ 사회 내 재범가능자들을 감시하고 지도함으로써 지역사회의 안전과 보호에 기여하고, 사법통제망을 축소시키는 효과를 기대할 수 있다.

제5회 범죄학 모의고사

··· 정답 및 해설 148p

01 범죄학, 형사사법학, 형사정책에 대한 설명으로 가장 옳지 않은 것은?

① 서덜랜드의 범죄학 정의 중에서 법률위반 과정에 대한 연구는 범죄학을 의미한다.

② 범죄학은 형사사법학보다 경찰, 검찰, 법원, 교정기관 등 사회통제기관에 대한 연구에 더 중점을 둔다.

③ 광의의 형사정책에는 형벌과 같은 강제적인 시책뿐만 아니라, 범죄의 사전예방과 관계된 사회복지와 같은 비강제적인 시책을 포함한다.

④ 범죄학은 사회에서 발생하는 범죄의 원인, 정도, 특성을 설명한다.

02 비범죄화에 대한 설명으로 옳지 않은 것은?

① 형사사법기관의 과부하를 방지하고 보다 심각한 범죄에 대한 집중도를 높이기 위해서도 비범죄화가 필요하다.

② 비범죄화는 도덕 또는 윤리에 맡겨도 될 행위에서 특히 문제된다.

③ 비범죄화는 사회가치관의 변화에 따라 입법자뿐만 아니라 수사기관이나 법원에 대해서도 요청된다.

④ 비범죄화는 특히 개인적 법익을 침해하는 범죄에서 많이 주장된다.

03 범죄학이론에 대한 설명으로 옳지 않은 것은?

① 19세기 말 리스트(Liszt)는 '형법에서의 목적사상'을 주장하여 형이상학적 형법학이 아니라 현실과 연계된 새로운 형사정책사상을 강조하였다.

② 형법학과 형사정책학은 상호의존적인 동시에 상호제약적인 성격을 가지며, 리스트(Liszt)는 '형법은 형사정책의 극복할 수 없는 한계'라고 주장하였다.

③ 포이에르바흐(Feuerbach)는 형사정책을 '입법을 지도하는 국가적 예지'로 이해하고, 형사정책은 정책적 목적을 유지하기 위한 형법의 보조수단으로서 의미가 있다고 주장하였다.

④ 공리주의적 형벌목적을 강조한 벤담(Bentham)에 의하면, 형벌은 특별예방목적에 의해 정당화될 수 있고, 사회방위는 형벌의 부수적 목적에 지나지 않는다.

04 범죄학의 연구방법에 관한 설명 중 타당하지 않는 것은?

① 개별사례연구는 정신의학, 생물학, 심리학, 사회학 등의 도움으로 범죄자 개인의 인격이나 환경적 측면을 조사하는 방법이다.
② 계열조사는 범죄의 종류, 수법, 연령, 범죄경력 또는 환경의 공통점 등을 구체적인 집단의 표본조사를 통해 유추하는 방법으로 알아내는 것이다.
③ 개별사례연구의 방법으로는 쌍생아연구, 가계연구 등의 방법이 있다.
④ 참여관찰은 연구자가 일정한 집단에 들어가 함께 활동하는 가운데 자료를 관찰·수집하는 방법이다.

05 다음이 설명하는 범죄학의 연구방법은?

> 특정 범죄자를 대상으로 그들의 성격, 성장배경, 삶의 경험, 사회생활 등의 생애과정을 분석함으로써 범죄행위의 위험요인을 연구하는 방법

① 실험연구　　　　② 사례연구　　　　③ 문헌연구　　　　④ 피해자조사연구

06 현대 고전주의이론과 가장 거리가 먼 것은?

① 일상생활이론, 생활양식 – 노출이론, 합리적 선택이론은 현대 고전주의이론의 범주에 속한다.
② 형사정책적 수단으로서 처우보다는 처벌을 중시하면서도 처벌의 엄격성보다는 확실성을 중시한다.
③ 합리적 선택이론에 의하면 범죄과정에서 개인적 요인과 상황적 요인이 고려되고, 범죄행위를 통해 얻어지는 이익이 크다고 생각될 때 범죄가 선택된다고 한다.
④ 범죄행위가 개인의 자유의사보다 외부적인 여러 요인의 영향을 더 강하게 받는다고 본다.

07 프랑스의 초기 실증주의 범죄학과 관련이 없는 것은?

① 범죄정상설, 범죄기능설　　　　② 모방의 법칙
③ 자연범설　　　　④ 사회환경설

08 다음은 폴락(Otto Pollak)의 여성범죄론이다. 옳지 않은 것은?

① 여성범죄는 독살·학대 등 비신체적 방법으로 자행되는 경우가 많고, 여성범죄는 아동·남편·가족 등 자신과 밀접한 관계가 있는 자를 피해자로 한다.

② 여성범죄는 사기·절도·매춘 등 소규모범죄를 반복하여 행한다.

③ 여성범죄는 범죄현장에 나서기보다는 배후에서 활동하는 수가 많다.

④ 여성범죄는 여자라는 성적 특성 때문에 사회적으로 주목을 받아 매스컴 등에 의한 공개성이 특징이다.

09 인지발달과 범죄에 대한 설명으로 타당성이 가장 낮은 것은?

① 고다드(H. Goddard)의 범죄에 관한 정신박약이론이 과학적 근거가 없다는 평가를 받은 이후 지능지수와 범죄와의 상관관계는 완전히 무시되고 있다.

② 아이젠크(H.Eysenck)는 「범죄와 성격」을 통해 무의식적 학습능력과 범죄적 성향 사이의 관련성을 제기했다.

③ 내성적인 사람은 처벌로 인한 불안감을 크게 느끼고 이를 회피하는 성향이 강하기 때문에 규범에 어긋난 행동을 하는 정도가 약하다고 본다.

④ 레인(A. Raine)은 조건화의 형태로 나타나는 학습장애가 한 방향으로만 작용하지 않는다고 주장하면서, 조건화되기 쉬운 아이들이 반사회성이 강한 하위계층 가정에서 양육된다면 오히려 반사회적 범죄자가 될 가능성이 커질 수 있다고 본다.

10 범죄의 원인 중 사회적 환경을 중시하는 입장과 거리가 먼 것은?

① 부모들의 잘못된 훈육 내지는 불화도 범죄원인의 하나이다.

② 교우관계나 매스컴 등이 중요한 범죄원인이 될 수 있다.

③ 특정 지역에 범죄가 많이 발생한다는 점에서 지역사회의 영향을 중시한다.

④ 범죄인은 정상인의 평균에서 대단히 동떨어진 행동을 하는 사람이다.

11 뒤르켐(Durkheim)의 아노미 개념에 해당하지 않는 것은?

> ㄱ. 대표적인 하위문화이론이다.
> ㄴ. 급격한 사회변동으로 일탈행위가 감소한다.
> ㄷ. 머튼(Merton)의 이론에 영향을 주었다.
> ㄹ. 아노미란 무규범 상태를 말한다.

① ㄱ, ㄴ　　　② ㄴ, ㄷ　　　③ ㄷ, ㄹ　　　④ ㄱ, ㄹ

12 다음과 같은 설명과 연관성이 가장 높은 이론은?

> 범죄를 사회적 상호작용을 통해 학습된 행동으로 파악해야 한다고 주장하면서 사회적 차원에서
> 범죄를 이해할 경우에도 범죄를 사회해체 그 자체의 산물로 보는 거시적 관점에는 반대하여 하
> 위문화뿐만이 아니라 어떠한 문화에서도 일어날 수 있는 일탈적 사회화과정의 결과로 본다.

① 샘슨의 집합효율성이론
② 티틀의 통제균형이론
③ 브레이스웨이트의 재통합적 부끄럼주기이론
④ 서덜랜드의 차별적 교제이론

13 경제환경과 범죄에 관한 설명 중 옳지 않은 것은?

① 글룩(Glueck) 부부는 절대적 빈곤과 범죄가 비례한다고 주장한다.
② 봉거(W. Bonger)는 자본주의의 경쟁적·착취적 특성이 불가피하게 범죄를 야기한다고 한다.
③ 엑스너(F. Exner)는 불경기와 범죄는 상관관계가 없다고 주장한다.
④ 토비(J. Toby)는 자신이 속한 사회에서 스스로 느끼고 경험하는 상대적 결핍감이 범죄원인이
   된다고 한다.

14 맛차(D. Matza)와 사이크스(G. M. Sykes)가 주장한 중화기술이론(techniques of neutrali-
zation theory)에서 중화기술 또는 합리화의 유형이 아닌 것은?

> ㉠ 가해의 부정   ㉡ 책임의 부정   ㉢ 규범의 부정
> ㉣ 피해자의 부정   ㉤ 비난자에 대한 비난   ㉥ 문화갈등

① ㉠, ㉣   ② ㉢, ㉥   ③ ㉡, ㉢   ④ ㉣, ㉤

15 통제이론에 관한 설명으로 옳지 않은 것은?

① 나이(F. Nye)는 직접·간접·내부통제 외의 통제로서 '욕구충족의 대안적 충족에 의한 통제'
   를 통제의 마지막 유형으로 제시했다.
② 라이스(A. Reiss)는 개인의 통제력과 범죄의 관계를 주목하였다.
③ 티틀(C. Tittle)에 따르면 다른 사람을 통제하기보다 다른 사람의 통제를 더 많이 받는 사람은
   범죄를 저지르는 경향이 약하다.
④ 허쉬(T. Hirschi)는 범죄발생의 통제요인으로 개인이 학교, 가족, 이웃 등 일상적인 사회와 맺
   고 있는 유대 또는 연대를 주장하였다.

16 급진적 갈등이론에 대한 설명으로 가장 옳지 않은 것은?

① 급진적 갈등이론은 정치적 무정부주의에서부터 마르크스주의까지, 경제적 물질주의에서부터 가치다양성까지 걸쳐 있다.

② 마르크스는 노동계급에 대한 착취가 계급갈등과 자본주의 체제의 종말을 가져올 것이라고 주장하였다.

③ 마르크스주의에 관심을 가졌던 사회학자는 계급갈등과 범죄를 조장하는 미국의 사회적 조건을 분석하여 비판범죄학을 발전시켰다.

④ 범죄는 법규위반이라기보다는 집단투쟁의 산물이다.

17 다음 형벌과 보안처분의 관계에 대한 설명 중 잘못된 것은?

① 일원주의는 형벌과 보안처분을 동일시한다.

② 대체주의는 형벌과 보안처분을 동시에 선고하되 집행은 순차적이 아니라 형벌 대신에 보안처분으로 대체할 수 있도록 한다.

③ 이원주의는 형벌은 책임을 한계로, 보안처분은 위험성을 근거로 과해진다고 본다.

④ 이원주의는 형벌과 보안처분을 동시에 선고하고 보안처분을 먼저 집행한다.

18 학습이론에 대한 설명으로 옳지 않은 것은?

① 타르드(Tarde)는 인간은 다른 사람들과 접촉하면서 관념을 학습하며, 행위는 자신이 학습한 관념으로부터 유래한다고 주장하였다.

② 서덜랜드(Sutherland)의 차별적 접촉이론(differential association theory)은 범죄자도 정상인과 다름없는 성격과 사고방식을 갖는다고 보는 데에서 출발한다.

③ 글래이저(Glaser)의 차별적 동일시이론(differential identification theory)은 자신과 동일시하려는 대상이나 자신의 행동을 평가하는 준거집단의 성격보다는 직접적인 대면접촉이 범죄학습과정에서 더욱 중요하게 작용한다고 본다.

④ 조작적 조건화의 논리를 반영한 사회적 학습이론은 사회적 상호작용과 더불어 물리적 만족감(굶주림, 갈망, 성적 욕구 등의 해소)과 같은 비사회적 사항에 의해서도 범죄행위가 학습될 수 있다고 본다.

19 다음 ㉠, ㉡에 들어갈 용어가 바르게 연결된 것은?

> • 뒤르켐(Durkheim)에 의하면 (㉠)는 현재의 사회구조가 구성원 개인의 욕구나 욕망에 대한 통제력을 유지할 수 없을 때 발생한다고 보았으며, 머튼(Merton)에 의하면 문화적 목표와 이를 달성하기 위한 제도적 수단 사이에 간극이 있고 구조적 긴장이 생길 경우에 발생한다고 보았다.
> • 밀러(Miller)에 의하면 (㉡)는 중산층과 상관없이 고유의 전통과 역사를 가진 독자적 문화로 보았으며, 코헨(Cohen)에 의하면 중산층의 보편적인 문화에 대항하고 반항하기 위해서 형성되는 것이라고 보았다.

	㉠	㉡		㉠	㉡
①	아노미	저항문화	②	아노미	하위문화
③	사회해체	저항문화	④	사회해체	하위문화

20 지역사회교정의 장점을 기술한 것으로 옳지 않은 것은?

① 새로운 사회통제전략으로서 형사사법망의 확대효과를 가져온다.

② 교정시설 수용에 비해 일반적으로 비용과 재정부담이 감소되고 교도소 과밀수용 문제를 해소할 수 있다.

③ 대상자에게 사회적 관계의 단절을 막고 낙인효과를 최소화하며 보다 인도주의적인 처우가 가능하다.

④ 대상자에게 가족, 지역사회, 집단 등과 유대관계를 유지하게 하여 범죄자의 지역사회 재통합 가능성을 높여 줄 수 있다.

··· 정답 및 해설 150p

제6회 **범죄학** 모의고사

01 범죄학에 관한 설명으로 옳지 않은 것은?

① 종합과학적 성격
② 규범학적 성격
③ 범죄원인 분석
④ 범죄를 사회현상으로 간주하는 지식체계

02 비범죄화의 논거라고 보기 곤란한 것은?

① 사회의 다원화와 가치의 다양화 및 자의적 법집행·법집행기관의 타락 방지
② 낙인효과의 심각성에 대한 인식
③ 법도덕주의의 강조
④ 형벌경제사상 또는 겸억주의

03 고전학파 범죄이론에 대한 설명으로 옳지 않은 것은?

① 사회계약설에 입각한 성문형법전의 제정이 필요하다고 주장하였다.
② 파놉티콘(Panopticon) 교도소를 구상하여 이상적인 교도행정을 추구하였다.
③ 인간의 합리적인 이성을 신뢰하지 않고 범죄원인을 개인의 소질과 환경에 있다고 하는 결정론을 주장하였다.
④ 심리에 미치는 강제로서 형벌을 부과해야 한다고 하는 심리강제설을 주장하였다.

04 범죄학의 연구방법에 대한 설명으로 옳지 않은 것은?

① 공식범죄통계는 범죄현상을 분석하는 데 기본적인 수단으로 활용되고 있으며, 다양한 숨은 범죄를 포함한 객관적인 범죄상황을 정확히 나타내는 장점이 있다.
② (준)실험적 연구는 새로 도입한 형사사법제도의 효과를 검증하는 데 유용하게 활용된다.
③ 표본조사방법은 특정한 범죄자 모집단의 일부를 표본으로 선정하여 그들에 대한 조사결과를 그 표본이 추출된 모집단에 유추적용하는 방법이다.
④ 추행조사방법은 일정한 범죄자 또는 비범죄자들에 대해 시간적 간격을 두고 추적·조사하여 그들의 특성과 사회적 조건의 변화를 관찰함으로써 범죄와의 상호 연결관계를 파악할 수 있다.

05 범죄학의 연구방법에 관해 적절치 못한 연결은?

① 종단적 연구방법 – 경력범 연구가들이 선호
② 질적 연구방법 – 참여적 관찰법
③ 수평적 비교분석법 – 조사연구(Survey)
④ 수직적 비교분석법 – 추행조사방법

06 「스토킹범죄의 처벌 등에 관한 법률」의 내용에 대한 설명으로 옳지 않은 것은?

① 스토킹행위가 지속적 또는 반복적으로 이루어진 경우가 아니라면 스토킹범죄에 해당하지 않는다.
② 법원이 스토킹범죄를 저지른 사람에 대하여 형의 선고를 유예하는 경우에는 200시간의 범위에서 재범예방에 필요한 수강명령을 병과할 수 있다.
③ 상대방의 의사에 반하여 정당한 이유 없이 상대방 또는 그의 동거인 가족을 따라다님으로써 상대방에게 불안감을 일으켰다면 스토킹행위에 해당한다.
④ 법원이 스토킹범죄를 저지른 사람에 대하여 벌금형의 선고와 함께 120시간의 스토킹 치료프로그램 이수를 명한 경우, 그 이수명령은 형 확정일부터 6개월 이내에 집행한다.

07 타르드(Tarde)가 주장한 모방의 법칙에 관한 설명 중 옳지 않은 것은?

① 롬브로조(Lombroso)의 생래적 범죄인설을 부정하고, 범죄행위도 타인의 행위를 모방함으로써 발생한다고 한다.
② 거리의 법칙에 의하면 모방은 시골보다는 도시지역에서 쉽게 발생한다.
③ 방향의 법칙에 의하면 원래 하류계층이 저지르던 범죄를 다른 계층들이 모방함으로써 모든 사회계층으로 전파된다.
④ 삽입의 법칙에 의하면 처음에 단순한 모방이 유행이 되고, 유행은 관습으로 변화·발전되는데, 총기에 의한 살인이 증가하면서 칼을 사용한 살인이 줄어드는 현상은 새로운 유행이 기존의 유행을 대체하는 예로써 볼 수 있다.

08 폴락의 여성범죄의 특징에 관한 기술과 관계없는 것은?

① 자신과 밀접한 관계에 있는 사람을 피해자로 하는 경우가 많다.
② 직접 범죄현장에 나타나지 않고 배후의 활동에 가담하는 경우가 많다.
③ 직접 범죄행위에 가담할 때에는 주로 비신체적인 방법에 의한다.
④ 대부분 도덕적 결함에 의하여 행하여진다.

09 범죄의 개인적 원인에 대한 설명으로 옳지 않은 것은?

① 이탈리아학파는 범죄인의 범인성을 격세유전에 있다고 본다.
② 유전적 결함연구란 선조의 유전조건 중 범죄발현에 불리한 영향을 주는 요인들을 조사하는 방법이다.
③ 범죄상습성은 범인성 유전부인과 관계된다고 보는데 유전적 결함이 부모에게 있는 경우를 직접부인, 조부모에게 있는 경우를 간접부인이라 한다.
④ 정신병 중 범인성 유전부인과 관계되는 것은 외인성 정신병에 국한된다.

10 범죄 및 범죄원인에 대한 설명으로 옳지 않은 것은?

① 합의론은 법률적 질서를 자유의사에 따른 합의의 산물로 보고 법에서 금지하는 행위를 하거나 의무를 태만히 하는 행위 모두를 범죄로 규정하며, 범죄의 원인에 따라 책임소재를 가리고 그에 상응하는 처벌을 부과해야 한다는 견해이다.
② 결정론에 따르면 인간의 사고나 판단은 이미 결정된 행위과정을 표출하는 것에 불과하므로 자신의 사고나 판단에 따라 자유롭게 행위를 선택할 수 없다고 본다.
③ 미시적 환경론과 거시적 환경론은 개인의 소질보다는 각자가 처해 있는 상황을 주요한 범죄 발생원인으로 고려한다는 점에서 유사하다.
④ 갈등이론에 의하면 법률은 사회구성원들이 함께 지니고 있는 가치관이나 규범을 종합한 것으로서 법률의 성립과 존속은 일정한 가치나 규범의 공유를 상징한다.

11 제도적 아노미이론(Institutional AnomieTheory)에 대한 설명으로 옳지 않은 것은?

① 물질적인 성공만을 지나치게 강조하는 미국문화의 문제점을 제시하고 있다.
② 미국사회의 범죄율을 근본적으로 낮추려면, 문화적 수준에서 물질적 성공 이외의 목표에 더 큰 가치와 중요성을 부여해야 한다고 주장한다.
③ 미국사회의 네 가지 핵심적 문화가치관으로 성취지향, 집단주의, 차별주의, 황금숭배주의를 들고 있다.
④ 범죄대책으로는 비경제적 제도에 대한 영향력 강화, 공동체 정신·공공의 의무 강조 등을 들 수 있다.

12 베카리아(C. Beccaria)의 형사사법제도 개혁에 대한 주장으로 옳지 않은 것만을 고른 것은?

> ㉠ 형벌은 성문의 법률에 의해 규정되어야 하고, 법조문은 누구나 알 수 있게 쉬운 말로 작성되어야 한다.
> ㉡ 범죄는 사회에 대한 침해이며, 침해의 정도와 형벌 간에는 적절한 비례관계가 유지되어야 한다.
> ㉢ 처벌의 공정성과 확실성이 요구되며, 범죄행위와 처벌 간의 시간적 근접성은 중요하지 않다.
> ㉣ 형벌의 목적은 범죄예방을 통한 사회안전의 확보가 아니라, 범죄자에 대한 엄중한 처벌에 있다.

① ㉠, ㉡   ② ㉠, ㉣   ③ ㉡, ㉢   ④ ㉢, ㉣

13 티틀이 제시한 비행의 6가지 유형과 그 설명이 올바르게 연결되지 않은 것은?

① 굴종형 – 자신이 행사하는 통제와 비교하여 가장 큰 통제를 받는 사람에게서 발생할 수 있는 유형
② 저항형 – 굴종형보다는 억압의 정도가 약하지만 자신이 행사하는 통제와 비교하여 상당한 통제를 받는 경우에 나타나는 유형
③ 순응형 – 자신이 행사하는 통제가 자신이 받는 통제보다 약간 더 큰 유형
④ 퇴폐형 – 자신이 받는 통제량과 비교하여 자신이 행사하는 통제량이 가장 큰 유형

14 다음 사례에 해당하는 중화의 기술을 옳게 짝지은 것은?

> (가) 친구의 물건을 훔치면서 잠시 빌린 것이라고 주장하는 경우
> (나) 술에 취해서 자기도 모르는 사이에 저지른 범행이라고 주장하는 경우

(가)	(나)
① 가해(손상)의 부정	책임의 부정
② 가해(손상)의 부정	비난자에 대한 비난
③ 책임의 부정	비난자에 대한 비난
④ 피해자의 부정	충성심에 대한 호소

15 허쉬(Hirschi)의 사회유대이론에 대한 설명으로 옳은 것은?

① 형벌에 의한 통제보다 사회유대를 통한 범죄통제가 효과적이다.

② 사소한 규칙위반이나 가벼운 범죄에 대하여도 관용을 베풀지 않는 무관용원칙의 근거를 제시했다.

③ 범죄는 범죄자를 교화·개선함으로써 예방되는 것이 아니라, 범죄가 발생하는 상황적 측면을 개선함으로써 예방된다.

④ 범죄로 인해 얻게 되는 이익이 크다고 판단될 경우에만 범죄를 저지르게 된다.

16 퀴니(R. Quinney)는 범죄를 노동자계급의 범죄와 자본가계급의 범죄로 나누었다. 자본가계급의 범죄 중 '불공정한 형사사법기관의 활동에 의한 범죄'는?

① 적응범죄   ② 대항범죄

③ 정부범죄   ④ 통제범죄

17 보안처분에 대한 설명 중 옳지 않은 것은?

① 보안처분은 형법상의 효과이므로 그 근본목적은 범죄의 일반예방에 있다.

② 형벌을 보완하거나 대체하는 것으로 본다.

③ 사회방위목적을 위한 국가의 처분이다.

④ 치료, 개선, 교육 등의 목적을 위한 처분이다.

18 환경설계를 통한 범죄예방(CPTED)에 대한 설명으로 옳지 않은 것은?

① 자연적 감시(natural surveillance) : 건축물이나 시설을 설계함에 있어서 가시권을 최대한 확보하고, 범죄행동에 대한 감시기능을 확대함으로써 범죄발각 위험을 증가시켜 범죄기회를 감소시키거나 범죄를 포기하도록 하는 원리

② 접근통제(access control) : 일정한 지역에 접근하는 사람들을 정해진 공간으로 유도하거나 외부인의 출입을 통제하도록 설계함으로써 접근에 대한 심리적 부담을 증대시켜 범죄를 예방하는 원리

③ 영역성 강화(territorial reinforcement) : 레크레이션 시설의 설치, 산책길에의 벤치 설치 등 당해 지역에 일반인의 이용을 장려하여 그들에 의한 감시기능을 강화하는 전략

④ 유지·관리(maintenance·management) : 시설물이나 장소를 처음 설계된 대로 지속해서 이용할 수 있도록 관리함으로써 범죄예방 환경설계의 장기적·지속적 효과를 유지

19 사회 · 문화적 환경과 범죄에 대한 설명으로 옳지 않은 것은?

① 체스니-린드(Chesney-Lind)는 여성범죄자가 남성범죄자보다 더 엄격하게 처벌받으며, 특히 성(性)과 관련된 범죄에서는 더욱 그렇다고 주장하였다.

② 스토우퍼(Stouffer), 머튼(Merton) 등은 상대적 빈곤론을 주장하면서 범죄발생에 있어 빈곤의 영향은 단지 빈곤계층에 국한된 현상이 아니라고 지적하였다.

③ 매스컴과 범죄에 대하여 '카타르시스가설'과 '억제가설'은 매스컴의 역기능성을 강조하는 이론이다.

④ 서덜랜드(Sutherland)는 화이트칼라범죄를 직업활동과 관련하여 존경과 높은 지위를 가지고 있는 사람이 저지르는 범죄라고 정의했다.

20 무능력화에 대한 설명으로 옳지 않은 것은?

> ㄱ. 범죄를 방지하고 피해자를 보호하기 위해서 범죄성이 강한 사람을 구금하거나 다른 수단을 사용해야 한다.
>
> ㄴ. 선별적 무능력화는 법률이나 선고패턴의 변화는 위험하다고 판단되는 개인들의 집단을 제거할 수 있다는 것을 의미한다.
>
> ㄷ. 집단적 무능력화에 관한 가장 중요한 연구는 1972년에 볼프강에 의해서 행해진 코호트 연구이다.
>
> ㄹ. 무능력화 연구는 현대적 처우 철학으로서 구금을 필요로 하지 않는 혁신적인 무능력화 방안을 가져왔다.

① ㄱ, ㄴ   ② ㄴ, ㄷ   ③ ㄷ, ㄹ   ④ ㄱ, ㄹ

제7회 범죄학 모의고사

··· 정답 및 해설 154p

01 다음 중 범죄학에 대한 설명으로 잘못된 것은?

① 범죄학은 경험과학의 성질을 가진 독립된 종합과학으로 이해되고 있다.
② 범죄학은 역사적으로 19세기 후반 실증주의가 대두되면서 정립되었다.
③ 19세기 후반에서 20세기 전반 범죄학 연구에서는 피해원인의 연구까지 중시되었다.
④ 가로팔로(R. Grofalo)는 「범죄학」을 저술하여 범죄학이라는 용어를 역사상 최초로 사용했다.

02 비범죄화이론에 관한 설명 중 옳은 것은?

① 비범죄화이론은 입법자에 의한 법률규정 자체의 폐지만을 말한다.
② 피해자 없는 범죄와 개인적 법익에 관한 범죄에서 특히 문제되는데, 경미범죄의 비범죄화는 오히려 형법의 보충성을 약화시킬 우려가 있다.
③ 검찰의 기소편의주의에 의한 불기소처분은 비범죄화 논의의 대상이 아니다.
④ 비범죄화이론은 형사사법기관의 업무부담을 덜어주는 데 기여한다.

03 「스토킹범죄의 처벌 등에 관한 법률」상 진행 중인 스토킹행위에 대하여 신고를 받고 현장에 출동한 사법경찰관리가 취할 수 있는 응급조치로서 옳지 않은 것은?

① 스토킹행위의 제지
② 스토킹행위자와 피해자 등의 분리
③ 범죄수사
④ 국가경찰관서의 유치장 또는 구치소에의 유치

04 범죄학의 연구방법 중 참여적 관찰법에 관한 설명으로 옳지 않은 것은?

① 연구자가 직접 범죄자들과 생활하면서 그들과 같은 조건에서 범죄성의 원인이나 기질을 조사하는 방법이다.

② 서덜랜드(S. H. Sutherland)는 "범죄자에 대한 가장 생생한 자료를 수집하는 최선의 방법"이라고 평가하였다.

③ 범죄통계에 의한 방법보다 타당성 면에서 우수하다.

④ 관찰의 범위가 넓고 연구자의 주관적인 편견이 개입될 소지가 없어 범죄자의 전체적 파악이 용이하다.

05 숨은 범죄에 대한 기술 중 틀린 것은?

① 숨은 범죄란 실제로 범해졌으나, 공식통계에 나타나지 않는 범죄의 총체를 말한다.

② 피해자 없는 범죄는 절대적 암수범죄가 많고, 검거율은 절대적 암수와 반비례관계에 있다.

③ 낙인이론가들은 범죄자의 차별적 취급으로 인한 암수범죄발생을 중시한다.

④ 형사사법의 공정성 제고도 숨은 범죄를 줄이는 데 기여할 수 있다.

06 억제이론(deterrence theory)에 대한 설명으로 옳지 않은 것은?

① 범죄통제수단으로 처우보다는 처벌을 강조하면서 처벌의 엄중성과 확실성을 중점적으로 분석하여 확실성을 강조했다.

② 처벌의 엄격성은 처벌의 양과 강도를 의미한다.

③ 처벌의 신속성은 범죄자가 재사회화되기까지의 시간적 간격을 의미한다.

④ 처벌의 확실성은 처벌의 가능성으로서 검거율과 관련이 깊다.

07 중화의 기법 중 다음 [보기]의 연구와 관련성이 적은 것은?

1971년 메니엘 아미르(Menacherm Amir)는 필라델피아에서 강간범죄 피해자에 대한 연구를 수행하였다. 이 연구에서 아미르는 여성피해자가 흔히 도발적인 복장을 하거나, 외설적인 언어를 사용하거나, 심지어 일부는 마조히즘 성향을 보이며 강간범과 관계를 가지려고 함으로써 공격에 원인을 제공하였다고 주장하였다.

① 책임의 부정

② 가해의 부정

③ 피해자의 부정

④ 비난자에 대한 비난

08 신실증주의 범죄학에 관한 설명 중 옳지 않은 것은?

① 생물학적 실증주의와 심리학적 실증주의는 범죄자의 기질적 특성을 중심으로 범죄원인을 탐구하였다.

② 오늘날 범죄가 생물학적 토대를 갖고 있다고 주장하는 범죄학자도 환경적 조건이 인간행위에 영향을 미친다는 사실을 인정한다.

③ 프랑스 정신의학의 창시자 중 한 사람인 피넬은 일부 사람은 정신질환이 없지만 비정상적으로 행동한다고 주장하였다.

④ 사회구조적 관점에서 서덜랜드는 사람은 나이가 많고 경험이 많은 법위반자로부터 범죄태도를 배운다고 주장하였다.

09 신경생리학과 범죄의 연관성에 관한 다음 설명 중 가장 옳지 않은 것은?

① 자율신경계와 범죄발생에 관한 최초의 연구는 아이젠크(Eysenck)의 성격이론이다.

② 거짓말탐지기는 자율신경조직의 작용측정을 범죄문제에 응용한 대표적 사례이다.

③ 뇌구조, 두뇌화학물, 뇌발달 정도가 범죄행동에 큰 영향력을 행사할 수 있다고 본다.

④ 사이코패스(Psychopath)와 범죄적 성향의 인간은 일반적으로 자극에 지나치게 민감한 것이 큰 특징이다.

10 거시적 환경론과 관계가 없는 것은?

① 하위문화이론　　　② 문화전달이론　　　③ 긴장(압박)이론　　　④ 중화기술이론

11 애그뉴(R. Agnew)의 일반긴장이론(General Strain Theory)에 대한 설명으로 옳은 것만을 모두 고른 것은?

> ⊙ 머튼(R. Merton)의 아노미이론(Anomie Theory)이 하위계층의 비행·범죄에 중점을 두고 있어 중류계층의 범죄를 해명하기 어렵고, 경제적 성공 이외의 다른 다양한 삶의 목표를 경시했고, 압박을 경험한 사람들 중 일부 사람만이 범죄를 행하는 이유 등을 제대로 설명할 수 없다는 비판을 배경으로 제시되었다.
> ⓛ 매스너와 로젠펠드의 제도적 아노미이론은 미시적 범죄이론이나, 애그뉴의 이론은 거시적 수준의 범죄이론으로 분류된다.
> ⓒ 다른 사람과의 부정적 관계로 인하여 생성되는 부정적 감정을 '압박(긴장)'(strain)으로 정의하고, 부정적 관계로 유발된 분노가 범죄를 유발한다고 주장한다.
> ② 애그뉴는 압박으로부터 범죄행위 유발가능성을 낮추는 여러 인지적·감정적·행동적 적응방식을 교육·교화하면 비행이나 범죄를 줄일 수 있다고 주장한다.

① ⊙, ②　　　　② ⊙, ⓛ, ⓒ　　　　③ ⊙, ⓒ, ②　　　　④ ⊙, ⓛ, ⓒ, ②

12 서덜랜드(Sutherland)의 차별적 접촉이론의 내용으로 올바른 기술은?

① 범죄의 원인을 개인의 심리적 특징에서 찾고 있는 점에서 타르드(Tarde)의 모방이론의 영향을 받았다고 볼 수 있고, 상징적 상호작용론에 영향을 미쳤다.

② 범죄행위는 준법행위와 다른 메커니즘에 의해 생성된다.

③ 최근에 교제가 시작된 경우일수록 학습의 정도가 강하다.

④ 학습이론의 입장에서는 범죄가 '정상적인 사람들의 정상적인 학습의 산물'이지, '인격적 결함이나 기능장애의 산물'이 아니라고 본다.

13 약물범죄와 약물치료프로그램에 관한 설명 중 옳지 않은 것은?

> ㉠ 약물로 인한 범죄현상에 대한 연구는 초기에 주로 개인의 심리적 요인만을 중시하였으나 이후 신체적·사회적 요인까지 연구범위가 확대되었다.
> ㉡ 약물범죄를 '피해자 없는 범죄'라고 한다.
> ㉢ 시나논(Synanon)과 같은 프로그램은 약물 없이 치료하는 것을 특징으로 한다.
> ㉣ 형벌과 보안처분을 일원적으로 보는 입장은 약물범죄에 대해서는 형사처벌의 강화를 통한 엄격통제가 필요하다고 본다.

① ㉠, ㉣   ② ㉡, ㉢   ③ ㉢, ㉣   ④ ㉡, ㉣

14 주류범죄학과 갈등범죄학에 관한 설명 중 갈등범죄학에 해당하지 않은 것은?

① 갈등이론, 페미니스트이론, 신비판이론, 급진적 관점 등을 포함한 많은 대안적 접근법을 촉진하고 있다.

② 경쟁적인 집단이 범죄와 비행을 정의할 권력을 위해서 투쟁한다.

③ 기존 사회에 대하여 의심하지 않은 채 수용을 하며, 일탈 개인 및 집단이 사회의 현 상태에 적응하려 하지 않는 이유에 대하여 집중하였다.

④ 범죄는 불가피한 사회적 조건에 대한 합리적인 반응으로 보여질 수 있다.

15 허쉬(T. Hirsch)와 갓프레드슨(M. Gottfredson)의 낮은 자기통제이론에 대한 설명으로 옳지 않은 것은?

① 낮은 자기통제는 개인의 내면적 통제요소로서 모든 범죄의 일반적 원인이라고 주장한다.
② 소질과 환경적 요인이 범죄를 야기한다는 결정론적 범죄원인론에 기반을 두고 있다.
③ 비슷한 수준의 자기통제력을 지닌 경우에도 범죄를 저지르는 정도는 다르게 나타난다고 본다.
④ 자유의사론에 바탕을 둔 고전주의 범죄이론과 결정론에 바탕을 둔 실증주의 범죄이론 사이의 괴리를 채워 주는 이론이라는 평가를 받고 있다.

16 자본주의에 의해 곤경에 빠진 사람들이 다른 사람의 수입과 재산을 탈취함으로써 보상받으려 하거나 또는 자본주의에 의해 피해를 입은 사람들이 무력을 행사하여 다른 사람의 신체를 해하는 유형의 범죄를 적응(화해)범죄(crime of accommodation)라고 칭한 학자는?

① 퀴니(R. Quinney) ② 타르드(G. Tarde)
③ 베커(H. Becker) ④ 탄넨바움(F. Tannenbaum)

17 보안처분에 대한 설명으로 옳지 않은 것은?

① 보안처분의 우선적 목적은 과거의 범죄에 대한 처벌이 아니라 장래의 재범위험을 예방하기 위한 범죄인의 교화·개선에 있다.
② 보안처분의 법적 성격을 이원주의로 인식하는 입장에 대해서는 행위자의 개별책임원칙에 반한다는 비판이 제기되고 있다.
③ 보안처분이 정당성을 갖기 위해서는 비례성원칙이 적용되어야 한다.
④ 우리나라는 헌법에서 보안처분이라는 용어를 사용하고 있다.

18 현대 범죄학 연구에 대한 설명으로 가장 옳지 않은 것은?

① 고전주의 범죄학 이론은 합리적 선택이론과 억제이론으로 발전해 왔다.
② 오늘날 대다수의 범죄학자는 유전적 특성이 행동과정을 결정한다는 것을 인정하고 있다.
③ 오늘날 합리적 선택이론은 범죄자는 합리적이며 범죄가 가치 있는지를 결정하기 위하여 이용 가능한 정보를 사용한다고 주장하며, 억제이론은 이러한 선택이 처벌의 두려움에 의해서 영향을 받는다는 것을 계속 주장하고 있다.
④ 오늘날 사회심리학 이론은 개인의 학습경험과 사회화는 개인의 행동을 직접 통제한다고 제안한다.

19 다음 글에서 설명하는 이론은?

> 공동체의 사회통제에 대한 노력이 무뎌질 때 범죄율은 상승하고 지역의 응집력은 약해진다. 이
> 에 지역사회 범죄를 줄이기 위해서는 이웃 간의 유대강화와 같은 비공식적 사회통제가 중요하
> 며, 특히 주민들의 사회적 참여는 비공식적 사회통제와 밀접하게 관련되어 있다.

① 샘슨(Sampson)의 집합효율성(collective efficacy)
② 쇼(Shaw)와 맥케이(Mckay)의 사회해체(social disorganization)
③ 머튼(Merton)의 긴장(strain)
④ 뒤르켐(Durkheim)의 아노미(anomie)

20 범죄인처우모델에 대한 설명 중 거리가 먼 것은?

① 의료모델이나 치료모델에서는 처벌이 범죄자의 문제를 해결하는 데 도움이 되지 않는다고 주
장한다.
② 공정모델은 자유의사론적 시각에서 정당한 처벌을 통하여 사법정의의 확보와 그에 따른 인권
보호의 차원에서 초점을 맞추고 있다.
③ 의료모델이나 치료모델은 부정기형보다 정기형을 선호한다.
④ 지역사회교정과 관련된 것은 재통합모델이다.

제8회 **범죄학** 모의고사

··· 정답 및 해설 157p

01 범죄와 구별되는 개념으로서 일탈(deviance)에 대한 설명으로 적절하지 않은 것은?

① 특정 사회의 집단적 사회규범이나 행동규칙에 위반된 행위라고 정의할 수 있다.
② 비범죄화 정책을 수립할 때 중요한 판단척도가 된다.
③ 낙인이론은 일탈을 정의할 때 규범위반 여부보다 사회적 반응을 중시한다.
④ 법규범은 사회규범의 일부에 불과하므로 일탈이 항상 범죄가 되지는 않는다.

02 비범죄화에 대해 잘못 설명한 것은?

① 종래 범죄로 처벌되던 행위를 형법적 규제대상에서 제외하는 것을 말한다.
② 형벌법규가 폐지되지 않고는 그 행위가 비범죄화되었다고 할 수 없다.
③ 판례의 변경도 비범죄화이다.
④ 다이버전이 절차적 의미라면 비범죄화는 실체적 의미를 지닌다.

03 낙인이론에 대한 설명으로 옳지 않은 것은?

① 낙인이론에 따르면 범죄자에 대한 국가개입의 축소와 비공식적인 사회 내 처우가 주된 형사정책의 방향으로 제시된다.
② 슈어(Schur)는 이차적 일탈로의 발전은 정형적인 것이 아니며 사회적 반응에 대한 개인의 적응노력에 따라 달라질 수 있다고 주장하였다.
③ 레머트(Lemert)는 일탈행위에 대한 사회적 반응은 크게 사회구성원에 의한 것과 사법기관에 의한 것으로 구분할 수 있고, 현대사회에서는 사회구성원에 의한 것이 가장 권위 있고 광범위한 영향력을 행사하는 것으로 보았다.
④ 베커(Becker)는 일탈자라는 낙인은 그 사람의 지위를 대변하는 주된 지위가 되어 다른 사람들과의 상호작용에 부정적인 영향을 미치는 요인이 되는 것으로 설명하였다.

04 범죄학의 연구방법에 관한 설명 중 틀린 것만을 묶은 것은?

> ㉠ 표본조사는 범죄자의 외형적·1회적 분석으로 범죄 당시의 상황을 파악하는 데 유용하다.
> ㉡ 범죄통계표 분석은 실험집단과 대조집단 간의 차이를 쉽게 파악할 수 있다.
> ㉢ 추행조사가 수평적 비교방법이라면, 표본조사는 수직적 비교방법이라고 할 수 있다.
> ㉣ 사례연구는 연구자가 범죄에 가담해야 하므로 법적 문제와 윤리적 문제가 야기될 수 있다.

① ㉠, ㉡   ② ㉠, ㉡, ㉣   ③ ㉠, ㉢, ㉣   ④ ㉠, ㉡, ㉢, ㉣

05 암수범죄에 대한 설명 중 타당하지 않은 것은?

① 공식적 범죄통계는 암수범죄로 인해 범죄의 실상을 제대로 파악할 수 없고, 암수범죄가 많다는 것은 해당 범죄를 비범죄화하자는 근거로 작용하기도 한다.
② 암수범죄의 존재는 절대적 형벌이론의 정당성에 비판을 가할 수 있는 중요한 근거가 되고 있다.
③ 수사기관의 차별적 선별화 내지 선택적 통제의 문제로 인한 암수문제를 본격적으로 제기 한 것은 낙인이론가와 비판범죄학자이다.
④ 절대적 암수범죄의 발생은 그 나라 수사기관의 검거율과 증거채취력의 정도와 밀접한 관련을 맺게 된다.

06 다음 보기와 가장 가까운 이론은?

> 해체된 지역 및 동기화된 범죄자들이 많이 살고 있고 익명성이 높은 환경이면서 사회의 유대나 경찰력이 약한 장소와 피해자와의 상관성을 강조하는 이론이다. 이 이론의 주요 전제는 피해자가 범죄를 조장하는 것이 아니라는 논리이다.

① 생활양식-노출이론   ② 일탈장소이론
③ 피해자촉진이론   ④ 일상활동이론

07 타르드(G. Tarde)의 범죄이론과 다른 설명은?

① 범죄는 학습된 행위이다.
② 범죄수법은 하층계급에서 중·상류계급으로 확산된다.
③ 사회적 조건들이 범죄의 원인으로 바뀌는 과정을 삽입의 법칙으로 설명했다.
④ 모방의 정도는 거리에 반비례하고 접촉의 밀접도에 비례한다. 따라서 도시에서는 모방이 빈번하나 시골에서는 모방이 적게 나타난다.

08 경제와 범죄의 관계에 관한 설명 중 타당하지 않은 것은?

① 롬브로조(Lombroso)의 생물학적 범죄관도 환경과 범죄의 관계를 적극적으로 이해하는 점에서 차이가 없다.

② 네덜란드의 반 칸(Van Kan)은 자본주의사회를 범죄온상으로 보고 오로지 빈곤의 범죄결정력에 주목하였다.

③ 경제의 여러 조건이 범죄 발생, 종류 및 증감에 미치는 영향에 관하여는 통계학적 연구가 중요시되며, 범죄와 경제조건의 관계를 연구하는 데는 경제발전·경제변동과 범죄의 관계를 고찰하는 간접적 방법이 선호된다.

④ 프랑스의 사회학파(리옹학파)는 경제상태에 대한 범죄의존성을 중시하여 범죄를 경제불황의 산물로 보았다.

09 범죄생물학이론에 관한 설명으로 틀린 것은?

① 범죄원인을 범죄자의 생물학적 특징에서 찾는 이론이고, 범죄인의 DNA연구와 진화범죄론은 생물학적 이론을 새로운 국면에 접어들도록 만들었다.

② 아동기 초기개입 프로그램이나 치료개선모델 확대, 처벌보다 예방과 처우를 중시하는 프로그램 등을 선호한다.

③ 범죄현상 설명의 일관성과 실천학문으로서의 가치가 높은 학문이다.

④ 최근의 생물학적 주장자들은 초기 생물학적 이론가들이 지지했던 신체 침해적·격리적 정책을 전혀 지지하지 않는다.

10 지능적 결함과 범죄에 대한 설명으로 가장 옳지 않은 것은?

① 비네(Binet)는 최초로 실험실 외에서 지능검사를 수행하였고, 이것을 파리학교의 지적장애아동 문제에 적용하였다.

② 고다드(Goddard)는 범죄자 중 평균 64%가 저지능이며 범죄와 비행의 최대 단일원인은 정신박약이라고 하였다.

③ 본성이론은 부모, 친척, 사회적 접촉, 학교, 또래집단 및 수많은 다른 사람으로부터 받은 환경적 자극이 아이의 지능지수를 형성하고, 비행과 범죄행동을 조장하는 환경 또한 낮은 지능지수에 영향을 미친다고 가정한다.

④ 허쉬(Hirschi)와 힌들랑(Hingdelang)은 지능과 범죄의 관계에 관한 기존 연구를 종합·검토한 후에 지능(IQ)은 범죄를 설명해 주는 매우 중요한 변수라고 결론 내렸다.

11 하위문화이론(Subculture Theory)에 대한 설명으로 적절하지 않은 것은?

① 모든 비행하위문화는 주류문화(main stream culture)에 대항하기 위해 형성된 문화로 보고 있다.

② 하위문화를 범죄적 하위문화·갈등적 하위문화·은둔적 하위문화로 구분하기도 하며, 하위문화의 특징으로 집단자율성(group autonomy) 또는 자율성(autonomy)을 지적하기도 한다.

③ 모두 문화적 특성이 비행이나 범죄에 긍정적 또는 부정적 영향을 미친다고 주장하고 있다.

④ 하위문화라고 해서 반드시 비공리적이거나 반항적인 것은 아니다.

12 다음이 설명하는 이론은?

- 지역주민 상호 간의 유대·신뢰
- 아이들의 생활에 개입하려는 의지
- 지역주민들 간의 비공식적 사회통제에 대한 공유된 기대
- 비공식적 사회통제의 강화를 중시
- 지역사회의 구성원이 적극적으로 참여하는 것이 범죄문제 해결의 열쇠
- 시카고학파의 사회해체이론을 현대적으로 계승한 이론으로서 사회자본, 주민 간의 관계망 및 참여 등을 강조

① 일반긴장이론   ② 차별기회이론   ③ 집합효율성이론   ④ 하위문화이론

13 다음은 룬덴(Lunden)의 지역사회와 범죄발생에 대한 설명이다. 가장 옳지 않은 것은?

① 산업사회와 도시는 전통사회와 농촌보다 범죄발생률이 높다. 즉 생활양식이 전통적 농촌사회에서 도시의 산업화적 생활로 변화함으로써 범죄가 증가한다는 것이다.

② 이질적 문화를 가진 사회는 동질적 문화를 가진 사회보다 범죄율이 높다.

③ 심리적 고립감, 무규범의 정도가 높은 사회는 사회적 통합성과 유대가 높은 사회보다 범죄율이 높다.

④ 빈곤한 사회는 풍요로운 사회보다 범죄율이 높다.

14 중화이론에서 "유전무죄, 무전유죄의 이 사회구조 때문에 범죄를 저질렀다. 나도 피해자이다."라고 합리화시키는 유형은 무엇인가?

① 가해의 부정
② 책임의 부정
③ 피해자의 부정
④ 비난자에 대한 비난

15 법률적 통제를 강조하는 이론에 대한 설명으로 가장 옳지 않은 것은?

① 형사제재가 범죄를 제지하는 통제수단으로 가장 유효하다고 본다.
② '제지(deterrence)'에는 일반제지(general deterrence)와 특별제지(specific deterrence)가 있다고 한다.
③ 처벌이 엄중·신속·확실할수록 범죄통제효과가 커진다는 병합적 상승효과가 강조된다.
④ 처벌의 상대적 효과는 엄중성이 가장 높다고 주장한다.

16 제프리(Ray C. Jeffery)가 제시한 범죄대책에 관한 설명으로 옳지 않은 것은?

① 범죄억제모델은 형벌을 수단으로 범죄를 예방하려는 모델로서 처벌의 신속성, 확실성, 엄격성을 요구한다.
② 사회복귀모델은 범죄인의 복지에 대한 관심을 본격적으로 유발한 모델로서 현대 행형에서 강조되고 있다.
③ 범죄통제모델은 롬브로조(C. Lombroso)의 생물학적 결정론과 같은 이론에 근거하는 모델로서 임상적 치료를 통해 개선하는 방법을 이용한다.
④ 환경공학적 범죄통제모델은 궁극적인 범죄방지는 사회환경의 개선을 통해 이루어질 수 있다고 주장한다.

17 다음 개념을 모두 포괄하는 범죄이론은?

- 울프강(Wolfgang)의 폭력사용의 정당화
- 코헨(Cohen)의 지위좌절
- 밀러(Miller)의 주요 관심(focal concerns)

① 갈등이론　　② 환경범죄이론　　③ 하위문화이론　　④ 정신분석이론

18 비판범죄학에 대한 설명으로 옳은 것은?

① 어떤 행위가 범죄로 규정되는 과정보다 범죄행위의 개별적 원인을 규명하는 데 주된 관심이 있다.
② 비판범죄학에는 노동력 착취, 인종차별, 성차별 등과 같이 인권을 침해하는 사회제도가 범죄적이라고 평가하는 인도주의적 입장도 있다.
③ 자본주의 사회의 모순이 범죄원인이라는 관점에서 범죄에 대한 다양하고 구체적인 대책들을 제시하지만, 급진적이라는 비판이 제기된다.
④ 형사사법기관은 행위자의 경제적·사회적 지위에 관계없이 중립적이고 공평하게 법을 집행한다는 것을 전제한다.

19 버나드(Bernard)와 스나입스(Snipes)의 통합모델에 관한 설명으로 가장 옳지 않은 것은?

① 범죄학 이론을 두 가지 유형으로 분류할 수 있다.

② 구조/과정이론과 개인차이론은 상호 배타적이다.

③ 구조이론은 사회의 구조적 조건과 범죄율 및 범죄의 분포를 관련시키는 반면, 과정이론은 왜 그러한 구조적 조건을 경험한 정상인이 범죄행동에 더 잘 가담하게 되는가를 설명한다.

④ 개인차이론은 개인이 범죄를 저지를 개연성을 예측하기 위해 개인의 특성 차이를 원용하는 이론이다.

20 교정처우모델과 관련된 설명으로 옳은 것은?

① 정의모델은 선시제도에 의한 형기단축을 지지한다.

② 삼진아웃과 관련된 것은 의료모델이다.

③ 지역사회교정은 치료모델의 이념에 기초한다.

④ 부정기형제도는 정의모형에서 그 의미가 크다.

제9회 범죄학 모의고사

··· 정답 및 해설 160p

01 다음 설명의 내용과 범죄학의 연구대상이 옳게 짝지어진 것은?

ㄱ. 형법해석과 죄형법정주의에 의한 형법의 보장적 기능의 기준이 된다.
ㄴ. 범죄행위뿐만 아니라 그 자체가 죄로 되지 아니하는 알코올 중독, 자살기도, 가출 등과 같은 행위도 연구의 대상이 된다.
ㄷ. 사회유해성 내지 법익을 침해하는 반사회적 행위를 의미하며, 범죄와 비범죄화의 기준이 된다.
ㄹ. 범죄 가운데 시간과 문화를 초월하여 인정되는 범죄행위가 존재한다고 보고, 이는 형법상 금지 여부와 상관없이 그 자체의 반윤리성·반사회성으로 인해 비난받는 죄행위이다.

A. 실질적 범죄개념   B. 자연적 범죄개념
C. 형식적 범죄개념   D. 사회적 일탈행위

	ㄱ	ㄴ	ㄷ	ㄹ			ㄱ	ㄴ	ㄷ	ㄹ
①	A	B	C	D		②	A	D	C	B
③	C	B	A	D		④	C	D	A	B

02 비범죄화와 관련된 다음 설명 가운데 적절하지 않은 것은?

① 미국에서는 형사사법의 합리화라는 차원에서 논의가 전개되기 시작하였다.
② 형법의 단편적 성격과도 밀접한 관련을 가지는 논의라고 할 수 있고, 피해자 없는 범죄는 형법의 탈윤리화 문제와 밀접한 관련을 가진다.
③ 범죄란 처음부터 실체로서 존재하는 것이라는 전제에서 출발한 논의이다.
④ 사실상의 비범죄화는 입법을 통한 비범죄화의 중요한 계기를 제공한다.

03 쉐이퍼(Schafer)가 제시한 범죄피해자 유형이 아닌 것은?

① 책임 없는 피해자   ② 적극적 범죄유발 피해자
③ 행위촉진적 피해자   ④ 가해자보다 책임이 많은 피해자

04 범죄학연구 중 종단적 연구방법이 아닌 것은?

① 패널연구   ② 추세연구   ③ 코호트연구   ④ 실태연구

05 암수범죄를 경감시키는 방법으로 적절치 못한 것은?

① 공정한 사법제도 확립   ② 기소편의주의의 강화
③ 고소·고발의 활성화   ④ 과학적 범죄수사

06 제지이론(deterrence theory)과 다른 설명은?

① 형벌의 엄격성을 형벌의 신속성·확실성보다 중시한다는 점에서 고전주의이론과 차이가 있다.
② 정의모델(Justice Model)과 맥락을 같이하며, 일반예방 중시경향과 맥락이 유사하다.
③ 합리적 선택이론과 공통된 주장이 많다.
④ 고전주의자인 벤담, 베카리아 등의 주장을 기초로 하고 있다.

07 뒤르켐(E. Durkheim)의 견해에 관한 설명 중 옳은 것은?

① 범죄와 자살은 인간의 왜곡된 이성이 낳은 결과라고 하였다.
② 모든 사회와 시대에서 공통적으로 적용될 수 있는 객관적인 범죄란 존재하지 않으며, 특정 사회에서 형벌의 집행대상으로 정의된 행위가 범죄라고 보았다.
③ 범죄가 사회유지를 위해 중요한 기능은 하지만 정상적인 현상은 아니라고 하였다.
④ 범죄의 본질을 개인감정의 침해로 보고 있고, 자살은 호경기 때보다 불경기 때 가장 높다고 하였다.

08 중추신경조직 장애와 범죄에 대한 설명으로 가장 옳지 않은 것은?

① 뇌파검사기에 기록된 비정상적인 뇌파는 여러 가지 이상행동과 밀접한 연관이 있는 것으로 추정된다.
② 뇌파검사 결과에 의하면 범죄자의 25~50%가량이 비정상적이었으며, 반면에 일반인 중에서 비정상적인 경우는 5~20%에 불과하였다.
③ 메드닉(Mednick) 등은 범죄자나 폭력성향의 사람은 전두엽과 측두엽 부분에서 발생한 뇌기능 장애를 겪고 있는 것을 보여 주었다.
④ 메드닉(Mednick) 등은 뇌파의 활동성과 범죄 간의 관계를 규명하고자 노력했는데, 뇌파의 활동성이 높았던 사람 중에서 범죄를 저지른 비율이 높았다.

09 범죄의 유전적 원인에 관한 기술 중 가장 옳지 않은 것은?

① 일반적 범죄성향이 직접적으로 유전된다고 보는 연구가, 유전적 신체기능의 비정상이 유전된다는 연구보다 신뢰성이 있다.

② 각성이론의 관점에서 보면 비행이나 범행 중에는 자기능력의 스릴 넘치는 과시적 과잉행동의 성격을 지닌 것도 상당히 많고, 이는 범죄로부터의 즉각적인 욕구충족이 범죄의 동기가 될 수 있다는 논거가 될 수 있다.

③ 범죄가계 연구의 가장 큰 문제점은 범죄자가 이미 많이 출현한 가계를 중심으로 통계조사를 한다는 점이다.

④ 쌍둥이 연구는 범죄에서의 유전의 영향을 어느 정도 밝혀 주었지만, 쌍둥이가 대개 같은 환경에서 자란다는 점을 간과하고 있다.

10 다음은 사회해체론(social disorganization theory)과 연관된 설명이다. 가장 옳지 않은 것은?

① 프랑스의 사회학자 타르드는 미국에서 초기의 사회구조적 범죄이론 발달에 광범위한 영향을 미쳤다.

② 20세기 초반 범죄학의 지적 토대로서 사회학적 실증주의가 생물·심리학적 실증주의보다 우월성을 구축하게 한 것은 시카고학파로 불리는 버제스(E. W. Burgess) 등 도시사회학자들이었다.

③ 시카고학파의 생태학적 범죄이론은 전체 사회의 급격한 변동보다는 이웃지역(neighborhood)의 급격한 변동이 범죄에 미치는 영향에 초점을 맞추었다.

④ 생태학적 범죄이론은 개인이 공동체 안에서 생존을 위해 투쟁하는 과정에서 범죄가 발생하게 된다는 설명을 핵심논리로 하며, 이 이론은 쇼(Shaw)와 맥케이(McKay)의 사회해체론으로 형성되었다.

11 에이커스(R.Akers)의 사회학습이론(Social Learmning Theory)에 대해 옳지 않은 설명은?

① 스키너(B.Skinner)의 행동주의심리학의 조작적 조건화원리를 도입하였다.

② 모델링 사회학습원리를 포함시켜 다른 사람의 행동결과를 관찰함으로써 학습되는 경우도 인정한다.

③ 학습이론에 따른 개인의 행동을 설명하기 위하여 차별적 교제(접촉), 동일시, 정의(definition), 차별적 강화 등 네 가지 개념을 사용한다.

④ 사회구조적 요인은 개인의 행동에 간접적인 영향을 미치고, 사회학습변수는 개인의 행동에 직접적인 영향을 미친다고 본다.

12 다음 'ㄱ'에서 'ㄹ'까지의 단계 중 낙인이론에서 말하는 '제1차적 일탈'에 속하는 것은?

> ㄱ. 甲은 유흥비를 마련하기 위해 이웃의 지갑을 훔쳤다.
> ㄴ. 甲은 적발되어 유죄판결을 받고 교도소에 수용되었다.
> ㄷ. 교도소에서 甲은 동료 수형자 乙로부터 교묘한 절도수법을 배웠다.
> ㄹ. 甲은 함께 출소한 乙과 어울려 빈집털이를 하였다.

① ㄱ   ② ㄴ   ③ ㄷ   ④ ㄹ

13 다음은 '범죄통제이론'을 설명한 것이다. 가장 적절하지 않은 것은?

① '억제이론'은 인간의 합리적 판단이 범죄행동에도 적용된다고 보아서 폭력과 같은 충동적 범죄에는 적용에 한계가 있다.
② '치료 및 갱생이론'은 결정론적 인간관에 입각하여 특별예방효과에 중점을 둔다.
③ '일상활동이론'의 범죄발생 3요소는 '동기가 부여된 잠재적 범죄자', '적절한 대상', '범행의 기술'이다.
④ 로버트 샘슨은 지역주민 간의 상호 신뢰 또는 연대감과 범죄에 대한 적극적인 개입을 강조하는 '집합효율성이론'을 주장하였다.

14 아래의 기사에서 피의자 甲이 사용한 범죄의 중화기술은?

> 상습적으로 고급 아동복 등을 훔친 혐의로 甲에 대해 구속영장을 신청하였다. 甲은 어제 백화점의 한 의류 매장에서 아동복을 훔치는 등 지난해 6월부터 최근까지 아동복 50여 점과 아동화 25점 등 2,000만 원어치의 물건을 훔친 혐의를 받고 있다. 甲은 경찰에서 자신의 잘못을 잘 알고 있으며 피해자들에게도 죄송한 마음뿐이지만, 유치원에 다니는 자신의 딸을 다른 아이들처럼 부유하고 깨끗한 모습으로 키우고 싶다는 생각으로 절도를 하게 되었다고 진술하였다.

① 가해의 부정   ② 피해자의 부정
③ 비난자에 대한 비난   ④ 상위가치에의 호소

15 범죄이론에 대한 설명으로 옳지 않은 것은?

① 티틀(C. Tittle)은, 사람들에게 범죄나 비행을 하지 않고 순응하도록 하는 것을 통제 그 자체
가 아니라 통제의 균형이라고 보면서, 가장 많이 통제를 행사하는 사람들과 가장 적게 통제
를 가질 수 있는 사람들이 범죄를 가장 많이 저지르게 된다고 주장한다.

② 브레이스웨이트(J. Braithwaite)의 통합이론의 핵심주장은 재통합적 부끄럼주기는 범죄율을
낮추는 반면, 오명씌우기식 부끄럼주기는 범죄율을 높인다는 것이다.

③ 엘리엇(D. S. Elliott) 등의 통합이론에서는 개인이 단순히 사회와 유대가 강하다는 것이 비행
·범죄를 낮추는 요인이 되는 것이 아니라, 인습적인 집단과의 유대가 강할 때 비행·범죄가
일어날 가능성이 낮아진다고 본다.

④ 손베리(Thornberry)의 상호작용이론은 생애과정 동안 비행의 설명모델들이 어떻게 변하는가를
설명하면서, 초기 소년기에는 비행친구와의 교제가 비행유발에 가장 큰 역할을 한다고 본다.

16 상황적 범죄예방이론에 대한 설명으로 옳지 않은 것은?

① 상황적 범죄예방은 범죄행위에 대한 위험과 어려움을 높여, 범죄기회를 감소시킴으로써 범죄
예방효과를 얻는 방법을 가리킨다.

② 이 이론은 제프리의 범죄예방론과 뉴먼의 방어공간이론 및 코헨과 펠슨의 일상활동이론은 통
섭하여 발전시킨 이론이다.

③ 범죄에 관한 실증주의 패러다임은 상황적 범죄예방론의 바탕이 되고 있다.

④ 이 이론에서는 범죄자의 범죄실행이 어려워지도록 범죄기회의 감시뿐만 아니라, 범죄에 대한
보상축소를 강조한다.

17 범죄경력에 대한 두 개의 관점에 관한 설명으로 가장 옳지 않은 것은?

① 범죄경력에 대한 조사연구가 진화하면서 '생애경로이론'과 '잠재적 속성이론'이라는 2개의 독
특한 관점이 형성되었다.

② 생애경로이론은 범죄성을 다양한 개인적 특성 및 속성, 사회적 경험 등으로부터 영향을 받는
하나의 동적 과정으로 본다.

③ 잠재적 속성이론은, 범죄행위에 영향을 미치는 속성은 생애 초기에 발달하여 생애 동안 역동
적으로 변화한다고 한다.

④ 잠재적 속성이론은 인간의 발달이 출생 시나 출생 직후에 나타나는 개인적 속성 혹은 특징에
따라 통제된다고 한다.

18 범죄예방에 대한 설명으로 옳지 않은 것은?

① 생활양식이론에 의하면, 범죄예방을 위하여 체포가능성의 확대와 처벌의 확실성 확보를 강조한다.

② 브랜팅햄(Brantingham)과 파우스트(Faust)는 질병예방에 관한 보건의료모형을 응용하여 단계화한 범죄예방모델을 제시하였다.

③ 일상활동이론에 의하면, 동기부여된 범죄자와 매력적인 목표물, 보호능력의 부재나 약화라는 범죄의 발생조건의 충족을 제지함으로써 범죄를 예방할 수 있다.

④ 이웃감시는 일반시민을 대상으로 한 1차적 범죄예방모델의 예에 해당한다.

19 사회구조이론에 대한 평가로 옳지 않은 것은?

> ㄱ. 지금까지 대부분의 사회구조이론은 범죄가 사회적 불평등과 억압된 기회를 야기한다고 주장하였다.
> ㄴ. 생태학 이론은 공간적 위치가 범죄와 비행을 결정한다는 개념에 대해 신뢰를 부여하지 않는다.
> ㄷ. 현대 긴장이론은 불일치를 겪고 있는 사람을 발견하지 못하고 있으며, 인간은 원래 낙관적인 경향이 있다고 한다.
> ㄹ. 하류계층의 관심의 초점에 대한 밀러의 모델은 전체 하류계층에 존재하는 것이 아니다.

① ㄱ, ㄴ   ② ㄴ, ㄷ   ③ ㄷ, ㄹ   ④ ㄱ, ㄹ

20 대법원 양형위원회가 작성한 양형기준표에 대한 설명으로 옳지 않은 것은?

① 주요 범죄 대부분에 대하여 공통적, 통일적으로 적용되는 종합적 양형기준이 아닌 범죄유형별로 적용되는 개별적 양형기준을 설정하였다.

② 양형인자는 책임을 증가시키는 가중인자인 특별양형인자와 책임을 감소시키는 감경인자인 일반양형인자로 구분된다.

③ 양형인자 평가결과에 따라 감경영역, 기본영역, 가중영역의 3가지 권고영역 중 하나를 선택하여 권고형량의 범위를 정한다.

④ 양형에 있어서 권고형량범위와 함께 실형선고를 할 것인가, 집행유예를 선고할 것인가를 판단하기 위한 기준을 두고 있다.

제**10**회 **범죄학** 모의고사

··· 정답 및 해설 164p

01 갈등론적 범죄개념에 관한 설명으로 옳지 않은 것은 모두 몇 개인가?

> ㉠ 형사법은 다양한 집단 간 갈등의 산물이다.
> ㉡ 범죄는 부와 권력을 소유한 사람들에 의해 정의된다.
> ㉢ 범죄와 처벌에 대하여 대다수의 합의가 존재한다.
> ㉣ 형사법은 가진 자의 이익을 보호하기 위해 만들어진다.
> ㉤ 법은 지배계층을 보호할 수 있는 도구이고, 부와 권력의 불평등한 분배로 인해 범죄가 발생한다.

① 없음 　　　　　② 1개 　　　　　③ 2개 　　　　　④ 3개

02 쌍생아 연구에 대한 설명으로 가장 옳지 않은 것은?

① 쌍생아 연구는 유전학이나 심리학에서뿐만 아니라 범죄학에서도 유전소질과 환경의 관계를 명확히 하는 데 기여하였다.
② 쌍생아에 대한 뉴먼(Newman) 등의 연구는 범죄성 형성은 유전소질에 의하여 결정적으로 좌우된다는 랑에의 연구를 비판하였다.
③ 크리스찬센은 이란성 쌍생아(DZ)보다는 일란성 쌍생아(MZ)의 경우에 범죄행위 유사성이 더 높은 것을 보여 주었다.
④ 달가드와 크렝클린은 1900년과 1935년 사이에 노르웨이에서 태어난 모든 쌍생아를 연구하여 등록된 범죄에 대한 유전적 요인들의 유의성은 존재하지 않는다고 결론 내렸다.

03 범죄피해자 또는 피해자학과 관련된 기술 중 옳지 않은 것은?

① 「범죄피해자 보호법」의 보상대상에는 강요된 행위, 긴급피난, 과실에 의한 행위의 피해자도 포함된다.

② 마약복용, 매춘 등의 행위는 이른바 피해자 없는 범죄(victimless crime)에 속한다.

③ 현행법상 피해자는 고소권자로서의 권리를 갖거나, 불기소처분에 대하여 항고하거나, 공판절차에서 증인으로서 신문을 받거나, 배상명령절차에 의해 손해배상을 신청하는 등 일정한 범위 내에서 형사절차에 참여할 수 있다.

④ 「성폭력범죄의 처벌 등에 관한 특례법」에 의하면 성폭력피해자에 대한 심리를 비공개로 할 수 있도록 하여 피해자를 보호하고 있다.

04 범죄학의 연구방법에 관한 설명 중 옳은 것은?

① 표본집단조사는 일반적으로 범죄인군에 해당하는 실험집단과 정상인군에 해당하는 대조집단을 선정하여 양 집단을 비교하는 방법을 취한다.

② 경험과학적 연구에서 실험은 가장 효과적인 방법 중의 하나이지만, 암수범죄의 조사에서 실험적 방법은 금지된다.

③ 사례연구는 범죄와 범죄자에 대한 다각적인 분석결과를 집계한 것으로서 범죄현상에 대한 대량적 관찰을 가능하게 한다.

④ 참여적 관찰법에서는 조사가 대규모로 진행되기 때문에 연구결과를 일반화할 수 있다.

05 다음은 암수조사에 대한 설명이다. 잘못된 설명은?

① 피해자조사와 피해통보율조사는 피해자를 대상으로 하는 암수조사이며, 피해자조사는 1996년 미국 대통령자문위원회에서 시작하였고 낙인이론가들이 중시했다.

② 범죄통보율조사 내지 정보제공자조사, 법집행기관의 자의적인 조치에 관한 조사는 제3자를 대상으로 하는 암수조사이고, 자기보고식 조사는 통제이론가들이 사용하기 시작했다.

③ 정보제공조사는 피해자가 조사대상자에 거주하지 않았거나 피해조사에 응답하지 않았기 때문에 누락된 부분이 어느 정도인가를 분석하는 방법으로, 피해자조사를 보충하는 의미가 있다.

④ 암수해명방법으로 가장 신뢰할 수 있어서 현재 가장 많이 활용되는 방법은 자기보고 또는 행위자조사이다.

06 범죄경제학에 대한 설명 중 옳지 않은 것은?

① 범죄경제학은 대체로 고전학파 범죄학의 이론을 근저에 두고 있고, 형벌의 범죄억지력에 대한 연구를 시도하였다.
② 범죄경제학은 이른바 합리적 선택이론의 반격을 받아 쇠퇴하게 되었다.
③ 범죄경제학은 인간이 형벌에 의한 위협을 이해하고 계산할 수 있는 존재라는 것을 전제로 한다.
④ 범죄경제학은 범죄인을 치료한다는 처우효과에 대한 불신을 배경으로 대두되고 발전하였다.

07 뒤르켐(E. Durkheim)의 범죄이론에 대한 설명으로 옳지 않은 것은?

① 범죄발생의 주된 원인으로 사회적 상황을 고려하였으며, 어느 사회든지 일정량의 범죄는 있을 수밖에 없다는 범죄정상설을 주장하였다.
② 모든 사회와 시대에 공통적으로 적용될 수 있는 객관적 범죄가 존재한다고 주장하였다.
③ 사회의 도덕적 권위가 무너져 사회구성원들이 '지향적인 삶의 기준을 상실한 무규범상태'를 아노미라고 불렀다.
④ 뒤르켐은 범죄가 사회적 문제로 일어나는 것임을 강조하였음에도, 그에 대응할 수 있는 사회정책을 제시하지 못했다는 비판을 받기도 하였다.

08 가정적 결함과 범죄의 관계에 대한 내용으로 옳지 않은 것은?

① 결손가정이란 양친 전부 또는 일방이 결손된 가정을 말한다.
② 빈곤가정의 경우, 빈곤 그 자체보다 간접적 원인에 의해 범죄와 친화력이 높을 수 있고, 중·상류가정의 과보호, 과도한 기대의식이 진학과 관련될 때 비행소년이 되는 원인이 될 수 있다.
③ 부도덕가정이란 가족구성원 중에 감정, 이해관계, 가치관 등의 상충이 있어 가족 간 인화가 결여된 가정을 말한다.
④ 시설가정이란 아동양육시설이 가정을 대신하는 경우이다.

09 신경생리학과 범죄에 관한 다음 설명 중 가장 옳지 않은 것은?

① 신경생리학과 범죄의 연관성연구는 자율신경계의 기능과 중추신경조직의 기능이 인간행동이나 범죄행동에 어떠한 영향을 미치는지를 분석하고자 한다.
② 자율신경계의 작용과 범죄발생에 관한 최초의 연구는 아이젠크(Eysenck)의 성격이론이고, 20세기 후반 대표적인 연구는 메드닉(S. A. Mednick)이 하였다.
③ 메드닉은 범죄를 저지르기 쉬운 사람은 각성(arousal)이 빠르거나 자극에 대한 반응이 민감한 자율신경계를 유전적으로 지니고 있는 경우가 많다고 주장한다.
④ 거짓말탐지기(polygraph)는 자율신경계의 작용측정을 형사사법절차에 응용한 대표적 사례이다.

10 사회해체론(social disorganization theory)에 관한 설명으로 옳지 않은 것은?

① 샘슨(J. Sampson)은 빈곤·인종 그 자체는 범죄와 직접 연계되지는 않지만, 거주이동·지역의 가족해체율과 결합되면 폭력범죄와 연계된다고 분석하면서 이러한 범죄현상을 '사회해체'라는 개념으로 설명했다.

② 버식(Bursik)과 웹(Webb)은 사회해체를 '지역사회가 자체의 공동가치를 실현할 수 없는 상태'라고 정의하고, 해체된 지역사회가 스스로의 공동가치를 실현할 수 없는 이유를 '낮은 사회자본'으로 설명한다.

③ 지배적 사회관계가 와해되었지만 아직까지 새로운 관계가 형성되어 있지 않은 틈새지역은 가장 큰 범죄유발환경이 된다.

④ 샘슨은 공동체효능(집합효율성)이론을 통해 지역사회의 구조와 문화가 어떻게 범죄율의 차이를 나타내는지를 탐구하고, '사람이 아니라 장소 바꾸기'의 범죄대책을 권고했다.

11 코헨(A. Cohen)의 비행적 하위문화이론(Delinguent Subculture theory)에서 제시하는 비행 하위문화의 5가지 특징에 해당한다고 보기 어려운 것은?

① 합리적 계산하에 이익을 추구하기보다는 스릴과 흥미 위주로 행동하는 경향이 강하고, 다방면의 재주, 잡기, 혹은 융통성을 중요시한다.

② 자신의 인생이 재수, 팔자소관에 의해 좌우된다는 믿음을 가지고 미래를 위한 현실적인 노력을 기울이지 않는다.

③ 다른 사람에게 불편을 주고 금기시되는 것을 깨뜨리는 행위를 즐긴다.

④ 기존의 지배문화나 인습적 가치에 반대하는 경향으로서 사회의 일반문화와 정반대되는 방향으로 규범을 설정한다.

12 다음 현상을 설명하는 이론은?

- 자신이 존경하는 사람이 그들의 일탈을 보상할 것이라고 기대하면 약물남용 가능성이 커진다.
- 부모가 자녀의 순응행동에 대해 일관되게 긍정적 보상을 하고 잘못된 행동에 대해 적절하게 부정적 제재를 할 때, 자녀는 순응행동을 자주하게 된다.
- 비행집단에 소속된 청소년은 비행모형에 노출되고 비행에 대한 강화를 받기 때문에 비행을 많이 저지르게 된다.

① 사회학습이론　　② 사회유대이론　　③ 자기통제이론　　④ 낙인이론

13 범죄통제이론에 대한 설명 중 가장 적절하지 않은 것은?

① 합리적 선택이론, 일상활동이론, 범죄패턴이론은 사회학적 이론 중 사회발전이론에 속한 내용으로 분류된다.

② 일상활동이론은 범죄의 요소를 동기가 부여된 잠재적 범죄자, 적절한 대상, 보호자(감시자)의 부재 등 3가지로 규정하고 범죄발생의 요소를 고려하여 범죄에 대응하여야 한다는 입장이다.

③ 범죄패턴이론은 범죄에는 여가활동장소, 이동경로, 이동수단 등 일정한 장소적 패턴이 있다고 주장하며 지리적 프로파일링을 통한 범행지역의 예측활성화에 기여해야 한다는 입장이다.

④ 합리적 선택이론은 범죄행위는 비용과 이익을 고려하여 합리적으로 선택하는 것으로, 범죄자의 입장에서 선택할 수 있는 기회를 미리 진단하여 예방하여야 한다는 입장이다.

14 사이크스(sykes)와 맛차(Matza)는 청소년들이 표류상태에 빠지는 과정에서 중화기술을 습득함으로써 자신의 비행을 합리화한다고 하였다. 5가지 중화기술의 유형과 구체적인 사례를 바르게 연결한 것은?

> ⓐ 책임의 부정(denial of responsibility)
> ⓑ 가해의 부정(denial of injury)
> ⓒ 피해자의 부정(denial of the victim)
> ⓓ 비난자에 대한 비난(condemnation of the condemners)
> ⓔ 상위가치에 대한 호소(appeal to higher loyalty)

> ㉠ 경찰, 검사, 판사들은 부패한 공무원들이기 때문에 자신의 가벼운 범행을 비난할 자격이 없다고 합리화한다.
> ㉡ 폭력시위현장에서 화염병을 사용하는 것이 위법행위이기는 하지만 평등한 사회실현을 위해 어쩔 수 없다고 합리화한다.
> ㉢ 절도죄를 범하면서 필요에 의해 물건을 잠시 빌리는 것뿐이라고 합리화한다.
> ㉣ 학생이 선생님을 때리면서 이 선생은 학생들을 공평하게 대하지 않았기 때문에 구타당해 마땅하다고 합리화한다.
> ㉤ 자신이 비행을 범한 것은 열악한 가정환경과 불합리한 사회적 환경 탓이라고 합리화한다.

① ⓐ-㉢, ⓑ-㉤, ⓒ-㉣, ⓓ-㉡, ⓔ-㉠
② ⓐ-㉤, ⓑ-㉢, ⓒ-㉣, ⓓ-㉠, ⓔ-㉡
③ ⓐ-㉣, ⓑ-㉢, ⓒ-㉡, ⓓ-㉠, ⓔ-㉤
④ ⓐ-㉣, ⓑ-㉤, ⓒ-㉢, ⓓ-㉠, ⓔ-㉡

15 심리학적 범죄원인론의 주요 가정에 관한 설명으로 가장 옳지 않은 것은?

① 성격은 욕구와 동기의 근원이기 때문에 개인 내에 있는 주요한 동기요인이다.
② 가족과 같은 집단이 분석의 기본적인 단위이다.
③ 범죄는 성격 내에 있는 비정상적, 역기능적, 부적절한 정신과정에서 발생한다.
④ 정상성은 일반적으로 사회적 합의에 의해서 정의된다. 즉, 어떤 사회적 집단 내에 있는 대다수의 사람이 합의하는 것이 진정한 것이고, 적절하고, 전형적인 것이다.

16 다음 중 초범방지를 위한 대책에 해당되지 않는 것은?

① 형벌
② 지역사회의 조직화
③ 임상적 개선
④ 그룹워크

17 갈등이론에 대한 설명으로 옳지 않은 것은?

① 셀린(Sellin)은 이민집단의 경우처럼 특정 문화집단의 구성원이 다른 문화의 영역으로 이동할 때에 발생할 수 있는 갈등을 이차적 문화갈등으로 보았다.
② 볼드(Vold)는 이해관계의 갈등에 기초한 집단갈등론을 주장하였으며, 특히 집단 간의 이익갈등이 가장 첨예한 상태로 대립하는 영역으로 입법정책 부문을 지적하였다.
③ 터크(Turk)는 사회를 통제할 수 있는 권력 또는 권위의 개념을 범죄원인과 대책 분야에 적용시키고자 하였다.
④ 퀴니(Quinney)는 노동자계급의 범죄를 자본주의체제에 대한 적응범죄와 대항범죄로 구분하였다.

18 범죄측정에 대한 설명으로 옳은 것은?

① 참여관찰연구는 조사자의 주관적 편견이 개입할 수 있고, 시간과 비용이 많이 들며 연구결과의 일반화가 어렵다.
② 인구 대비 범죄발생건수를 의미하는 범죄율(crime rate)은 각 범죄의 가치를 서로 다르게 평가한다.
③ 자기보고식 조사는 경미한 범죄보다는 살인 등 중대한 범죄를 측정하는 데 사용된다.
④ 피해조사는 개인적 보고에 기반하는 점에서 조사의 객관성과 정확성을 확보할 수 있다.

19 쇼버(Shover)는 아마추어 침입절도범과 전문적 침입절도범에 대하여 설명하였는데, 아마추어 침입절도범의 특징에 대한 것으로 가장 옳지 않은 것은?

① 침입하려는 장소 내 또는 침입장소 가까이에 거주하는 경향이 있다.

② 즉각적인 경제적 보상을 추구한다.

③ 범죄행위로 인해 재정적 성공을 갖고 있다.

④ 주택에 들어갈 때 현금이나 장물아비에 의해서 쉽게 처분될 수 있는 보석이나 다른 물품을 찾는다.

20 회복적 사법에 대한 설명으로 옳지 않은 것은?

① 범죄로 인한 피해에는 지역사회가 겪는 피해가 포함된다.

② 시민에게 갈등과 사회문제의 해결에 참여하는 기회를 제공함으로써 공동체의식을 강화하는 것을 목표로 한다.

③ 지역사회 내에서 범죄자와 그 피해자의 재통합을 추구한다.

④ 가해자는 배상과 교화의 대상으로서 책임을 수용하기보다는 비난을 수용하여야 한다.

··· 정답 및 해설 167p

01 범죄학의 연구대상에 관한 설명으로 옳지 않은 것은?

> ㄱ. 범죄구성요건으로 규정된 형식적 의미의 범죄만이 범죄학의 연구대상이고, 반사회적 법익침해행위로서 실질적 의미의 범죄도 연구대상이 아니다.
> ㄴ. 일반적 기대를 벗어나는 일탈행위인 알코올 음용, 자살기도, 가출 등도 연구대상이다.
> ㄷ. 특정 개인에 의한 개별현상으로서의 범죄뿐만 아니라 일정 시기, 일정 사회의 산물인 집단현상으로서의 범죄도 연구대상이다.
> ㄹ. 비법화해야 한다고 보는 범죄로는 교통범죄, 청소년범죄, 가정폭력범죄 등이 거론된다.

① ㄱ, ㄴ   ② ㄴ, ㄷ   ③ ㄷ, ㄹ   ④ ㄱ, ㄹ

02 비범죄화에 대한 설명으로 옳은 것은?

> ㄱ. 제2차 세계대전 후에 영국, 미국, 독일 등에서 가치관의 다양화에 기초한 개방사회의 이념을 배경으로 대두되었다.
> ㄴ. 형벌에 대신하여 과태료 등의 행정법을 과하는 것은 비범죄화에 포함되지 않는다.
> ㄷ. 피해자 없는 범죄의 처벌을 반대하는 입장과도 맥락을 같이 한다.
> ㄹ. 매춘, 낙태, 도박 등의 처벌에 회의적인 입장이라 할 수 있다.

① ㄱ, ㄴ, ㄷ   ② ㄴ, ㄷ, ㄹ   ③ ㄱ, ㄷ, ㄹ   ④ ㄱ, ㄹ

03 「범죄피해자 보호법」상 규정하고 있는 것이 아닌 것은?

① 범죄피해자 보호·지원단체에 대한 지원과 감독
② 지급명령, 배상명령제도
③ 범죄피해자 형사절차 참여 보장
④ 범죄피해자보호위원회의 설치

04 울프강(Wolfgang)과 동료들이 수행한 필라델피아 코호트연구의 대표적인 결과로 옳은 것은?

① 대부분의 범죄자는 청소년기에 비행경력이 없다.
② 연령과 범죄 사이의 관계는 발견되지 않는다.
③ 한 번 범죄를 저지른 사람들은 대부분 오랫동안 지속적으로 범죄를 저지른다.
④ 소수의 만성범죄자가 저지른 범죄가 전체 범죄의 대부분을 차지한다.

05 암수범죄에 관한 설명 중 옳지 않은 것은?

① 암수범죄는 범죄의 미인지, 범죄의 미신고, 수사기관과 법원의 재량적 또는 자의적 사건처리 등으로 인해 발생한다.
② 차별적 기회구조이론은 수사기관이나 사법기관에 의한 범죄자의 차별적 취급이 암수범죄의 가장 큰 원인이라고 주장한다.
③ 암수범죄의 존재는 범죄통계의 한계를 의미하며 공식범죄통계에 바탕을 둔 형사정책의 정당성에 회의를 갖게 하므로, 이를 보완하기 위해 암수범죄의 조사방법으로 범죄피해자조사가 널리 이용되고 있다.
④ 법집행기관이 화이트칼라범죄를 관대하게 취급하기 때문에 이 분야에서 암수범죄율이 높다는 지적도 있다.

06 범죄경제학에 대한 설명으로서 옳지 못한 것은?

① 범죄행위를 비용과 이득의 측면에서 접근하며, 클라크(Clarke)나 코니쉬(Cornish)의 합리적 선택이론도 범죄경제학에 해당된다.
② 고전범죄학이 추구하였던 범죄억제이론에 해당한다.
③ 범죄의 환경적 영향을 강조한다.
④ 심리학적 만족감이나 취향 등도 범죄행위의 이득으로 고려된다.

07 다음 설명에 해당하는 실증주의 사회학자는?

> ㉠ 분업은 사회구성원들의 연대의식과 사회적 통합성을 증대시킨다고 봄
> ㉡ 규범이 붕괴되어 사회통제 또는 조절기능이 상실된 상태를 아노미(Anomie)로 규정함
> ㉢ 범죄는 정상적인(normal) 사회현상이라고 주장함
> ㉣ 머튼(R. Merton)이 주장한 아노미이론의 토대가 됨

① 뒤르켐(E. Durkheim)　　　　② 베카리아(Beccaria)
③ 케틀레(A. Quetelet)　　　　④ 서덜랜드(E. Sutherland)

08 갓프레드슨(Gottfredson)과 허쉬(Hirschi)의 낮은 자기통제(low self-control)에 대한 설명으로 옳지 않은 것은?

① 폭력범죄부터 화이트칼라범죄에 이르기까지 모든 범죄를 낮은 자기통제의 결과로 이해한다.

② 순간적인 쾌락과 즉각적 만족에 대한 욕구가 장기적 관심보다 클 때 범죄가 발생한다.

③ 비효율적 육아와 부적절한 사회화보다는 학습이나 문화전이와 같은 실증적 근원에서 낮은 자기통제의 원인을 찾는다.

④ 자기통제가 결여된 자도 범죄기회가 주어지지 않는 한 범죄를 저지르지 않는다.

09 생물학적 범죄이론에 대한 평가로서 가장 옳지 않은 것은?

① 초기의 생물학적 이론들은 우생학적 정책에 활용되어 범죄감소에 큰 기여를 하였다는 평가를 받고 있다.

② 생물사회학적 이론은 범죄행동이 생물학적 요인과 심리학적·사회학적 요인 간의 상호작용의 결과물이라고 보기 때문에 오늘날 대부분 수긍하고 있다.

③ 생물학적 관점이 강조되면 범죄자를 사회적으로 일반인과 본질적으로 다른 인간으로 차별하는 것을 정당화하는 구실이 될 수도 있다.

④ 오늘날의 생물학적 이론들은 아동기 초기개입 프로그램이나 치료개선모델의 확대, 납 노출 등으로부터의 도시주민들의 보호, 처벌보다는 예방과 처우를 중시하는 프로그램 등을 선호한다.

10 쇼(Shaw)와 맥케이(McKay)가 그의 사회해체론에서 주장한 내용과 다른 것은?

① 범죄율은 그 지역의 민족적 구성이 아닌 사회적 조건과 관련되어 있고, 학교 무단결석율이 높은 지역은 비행과 성인범죄의 비율이 높다.

② 처벌의 강도가 낮은 지역일수록 비행과 성인범죄의 비율이 높다.

③ 범죄율과 비행률은 도시의 중심부에서 가장 높고 외곽으로 갈수록 점차로 감소한다.

④ 비행률이 높은 지역은 사회해체의 지표들인 잦은 인구이동, 낮은 수입, 낮은 주택 소유율, 높은 비율의 외국태생 및 비백인(非白人) 거주자로 특징지어져 있다.

11 코헨(A. Cohen)의 비행적 하위문화이론에 대한 비판으로 보기 어려운 점은?

① 하위문화는 중류계급에 대한 반발로 생성되었다고 보기 어렵고, 비행소년들의 비행행위는 생활의 한 측면일 뿐이지 원칙적인 생활방식은 아니다.
② 특정의 사회구조를 지닌 하나의 지역사회 안에 여러 개의 부차(하위)문화가 존재하는 이유를 분석하기 어렵다.
③ 하류계층의 범죄 중에서도 절도와 같은 공리적인 범죄가 많다.
④ 비행적 부차문화에 의해 사회화된 소년들 중에서도 실제 비행을 저지르지 않는 소년들이 더 많은 이유를 설명하기 어렵다.

12 차별교제이론을 주장한 서덜랜드는 범죄학습이 이루어지는 사회화 심화과정을 다음과 같이 9가지 명제로 요약하였다. 틀린 것은 모두 몇 개인가?

> ㉠ 범죄는 사람들과 단절된 상태에서 생겨나는 것이 아니며 단지 학습될 뿐이다.
> ㉡ 범죄행동은 타인과 상호작용 속에서 의사소통과정을 통해 학습된다.
> ㉢ 범죄학습의 주요 부분은 친밀한 개인집단 안에서 일어난다. 여기서 학습은 주로 매스컴과 같은 매개체에 의한 것이다.
> ㉣ 범죄학습은 다양한 범죄기술뿐만 아니라 동기·충동·합리화·태도 등을 포함한다.
> ㉤ 동기와 충동의 구체적 방향은 법규범에 대한 긍정적·부정적 정의로부터 정해진다.
> ㉥ 어떤 사람이 범죄자가 되는 것은 법률위반에 대한 부정적 정의가 긍정적 정의를 압도하기 때문이다.
> ㉦ 차별접촉은 빈도·기간·순위·강도에 상관없이 일정하게 나타난다.
> ㉧ 범죄자와 접촉을 통하여 범죄를 배우는 과정은 다른 모든 행위의 학습과정과 같다. 범죄자와 비범죄자가 되는 것의 차이는 접촉유형의 차이가 아니라 학습과정의 차이이다.
> ㉨ 범죄행동은 사회의 일반적 욕구와 가치관의 표현이지만 그것만으로 충분히 설명될 수는 없다.

① 1개   ② 2개   ③ 3개   ④ 4개

13 다음의 학자들이 주장한 범죄예방이론에 대한 설명 중 가장 옳지 않은 것은?

① 클락 & 코니쉬의 합리적 선택이론 - 체포의 위험성과 처벌의 확실성을 높여 효과적으로 범죄를 예방할 수 있다.
② 브랜팅햄의 범죄패턴이론 - 범죄에는 일정한 시간적 패턴이 있으므로, 일정 시간대의 집중순찰을 통해 효율적으로 범죄를 예방할 수 있다.
③ 로버트 샘슨의 집합효율성이론 - 지역사회 구성원들이 범죄문제를 해결하기 위해 적극적으로 참여하면 효과적으로 범죄를 예방할 수 있다.
④ 윌슨 & 켈링의 깨진유리창이론 - 경미한 무질서에 대한 무관용원칙과 지역주민 간의 상호협력이 범죄를 예방하는 데 중요한 역할을 한다.

14 A는 보석을 절도하면서 피해자가 부당한 방법으로 모은 재산이기 때문에 보복으로 한 것이라고 자기의 행위를 합리화하였다. 사이크스(G. M. Sykes)와 맛차(D. Matza)의 중화기술의 유형 중 어디에 속하는가?

① 상위가치에 대한 호소　　　　　　② 가해의 부정
③ 피해자의 부정　　　　　　　　　　④ 피해자에 대한 비난

15 범죄자 가계의 연구에 대한 설명으로 가장 옳지 않은 것은?

① 덕데일은 쥬크가에서 많은 범죄자가 나온 것은 유전의 작용으로 해석할 수 있는 것으로 추정하였다.
② 덕데일은 환경은 유전될 수도 있는 습관을 낳는 경향이 있다고 주장하였으며, 공중보건 개선, 유아교육 등을 통해 범죄문제가 해결될 수 있다고 하였다.
③ 고다드는 칼리카크가 연구 등을 통해서 우생학적 관점을 반대하였다.
④ 범죄자 가계에 관한 연구는 범죄성의 형성에서 유전조건이 차지하는 비중이 크다는 것을 보여 주고 있으나, 주로 환경적 요소를 고려하지 못했다.

16 범죄예측에 대한 설명으로 옳지 않은 것을 모두 고른 것은?

㉠ 글룩(Glueck) 부부는 아버지의 훈육, 어머니의 감독, 아버지의 애정, 어머니의 애정, 가족의 결집력 등 다섯 가지 요인으로 구분하여 범죄예측표를 작성하였다.
㉡ 통계적 예측법은 많은 사례를 중심으로 개발된 것이기 때문에 개별 범죄자의 고유한 특성이나 편차를 충분히 반영할 수 있다는 장점이 있다.
㉢ 직관적 예측법은 실무에서 자주 사용되는 방법이지만, 이는 판단자의 주관적 입장에 의존한다는 점에서 비판을 받는다.
㉣ 예방단계의 예측은 소년범죄 예측에 사용되는데 잠재적인 비행소년을 식별함으로써 비행을 미연에 방지하고자 하는 방법이다.
㉤ 재판단계에서 행해지는 예측은 주로 가석방결정에 필요한 예측이다.
㉥ 미국에서는 워너(Warner)의 범죄예측 아이디어를 발전시켜 버제스(Burgess)가 경험표라는 예측표를 만들어 객관적인 범죄예측제도가 활용되기 시작했다.

---

① ㉠, ㉡　　　　② ㉠, ㉣　　　　③ ㉢, ㉥　　　　④ ㉡, ㉤

17 애그뉴(R. Agnew)의 일반긴장이론에 관한 설명으로 옳지 않은 것은?

> ㄱ. 기본적으로 비행을 축적된 스트레스의 결과로 본다.
> ㄴ. 개인이 받는 부정적 압력보다 긍정적 압력을 비행의 원인으로 주목한다.
> ㄷ. 부정적 자극의 소멸은 비행의 가능성을 증가시킨다고 예측한다.
> ㄹ. 부정적 감정이 긴장과 비행을 매개한다고 본다.

① ㄱ, ㄴ　　　　② ㄴ, ㄷ　　　　③ ㄷ, ㄹ　　　　④ ㄱ, ㄹ

18 생화학적 기능장애와 범죄에 대한 설명으로 가장 옳지 않은 것은?

① 인체 내에서 생화학물질을 생성하는 내분비선의 기능장애와 이로 인한 생화학물의 불균형 상태가 신체반응이나 정신활동에 중요한 영향을 미칠 수 있다는 견해가 생물학자나 인체생리학자에 의해 주장되었다.
② 몰리치(Molitch)와 폴리아코프(Poliakoff)는 범죄자가 정상인에 비하여 2~3배 정도 더 많은 내분비선의 기능장애나 생화학물의 불균형 문제가 있다고 주장하였다.
③ 달튼은 월경 전 증후군과 여성의 일탈행위의 관련성에 대한 연구를 최초로 수행하였다.
④ 부스(Booth)와 오스굿(Osgood)은 테스토스테론과 성인범죄 사이에 강한 연관성이 인정된다고 하였다.

19 행태이론(behavior theory)에 대한 설명으로 옳지 않은 것은?

① 버제스(Burgess)와 에이커스(Akers)의 차별적 강화이론에 의하면, 범죄행동은 고전적 조건형성의 원리에 따라 학습된다.
② 범죄행위는 어떤 행위에 대한 보상 혹은 처벌의 경험에 따라 학습된 것이다.
③ 행태이론은 범죄의 원인을 설명하면서 개인의 인지능력을 과소평가한다.
④ 반두라(Bandura)는 직접적인 자극이나 상호작용이 없어도 미디어 등을 통해 간접적으로 범죄학습이 이루어질 수 있다는 이론적 근거를 제시하였다.

20 심리학적 범죄이론에 대한 설명으로 옳지 않은 것은?

① 프로이트(Freud) 이론에 의하면, 성 심리의 단계적 발전 중에 필요한 욕구가 충족되지 못함으로써 야기된 긴장이 사회적으로 수용되지 못할 때 범죄행위를 유발하는 것으로 설명할 수 있다.

② 아이젠크(Eysenck)는 저지능이 저조한 학업성취를 가져오고, 학업에서의 실패와 무능은 비행 및 범죄와 높은 관련성을 갖는다고 하였다.

③ 고다드(Goddard)는 적어도 비행청소년의 50%가 정신적 결함을 갖고 있다고 하였다.

④ 콜버그(Kohlberg)의 도덕발달이론에 의하면, 인간의 도덕발달과정은 전관습적(pre-conventional), 관습적(conventional), 후관습적(post-conventional)이라는 3개의 수준으로 구분되고, 각 수준은 2개의 단계로 나뉜다.

제12회 **범죄학** 모의고사

··· 정답 및 해설 170p

01 범죄학의 연구방법에 관한 설명으로 가장 옳지 않은 것은?

① 일반화란 특정 대상에 관한 연구결과를 그것과 유사한 대상에 적용하는 것을 의미한다.

② 신뢰도란 측정하고자 하는 것을 얼마나 정확하게 측정하고 있느냐의 문제이다.

③ 거시수준은 주로 범죄율을 설명하고자 하고, 미시수준은 개인이 범죄를 저지르는 이유를 설명하고자 한다.

④ 거시수준의 연구결과를 부주의하게 미시수준에서 설명하는 추론상의 오류를 생태학적 오류라고 부른다.

02 성격과 범죄에 대한 설명으로 옳지 않은 것은?

> ㄱ. 글루에크 부부는 비행소년과 정상소년을 비교·연구하여 반사회적 행위를 보이는 개인의 성격적 특성을 제시하였다.
> ㄴ. 아이젱크에 의하면 정신병 성향, 외향성 성향, 신경증 성향 중 정신병 성향이 반사회적 행동과 연관되어 있다.
> ㄷ. 쿠르거 등은 비행행위에 연루되는 청소년들의 성격은 전통적 관례에 대해서 반항적이지 않고, 조심스럽지 못하고 매우 충동적이지 않으며, 다른 사람을 이용하는 경향이 있는 것을 보여 주었다.
> ㄹ. 신경증적이면서 외향적인 사람은 범죄행위를 계속 반복적으로 범하는 유형이다.

① ㄱ, ㄴ   ② ㄴ, ㄷ   ③ ㄷ, ㄹ   ④ ㄱ, ㄹ

03 다음 중 「범죄피해자 보호법」상 형사조정에 대한 설명으로 옳은 것은?

① 형사조정제도는 수사나 처벌 위주로 처리해 오던 사법절차의 관행에서 벗어나 당사자 간의 합의를 통해 피해를 보전해 줌으로써 피해자의 실질적인 권리회복을 추구하는 제도이다.
② 검사는 피고인과 범죄피해자 사이에 형사분쟁을 공정하고 원만하게 해결하여 범죄피해자가 입은 피해를 실질적으로 회복하는 데 필요하다고 인정하면 수사 중인 형사사건을 형사조정에 회부할 수 있다.
③ 형사조정을 담당하기 위해서 법무부에 형사조정위원회를 둘 수 있고, 형사조정위원회는 12명 이상의 조정위원으로 구성한다.
④ 검사는 수사 중인 형사사건을 형사조정에 회부할 경우 피고인과 피해자의 신청이 있거나 당사자의 동의를 받아야 한다.

04 암수범죄(숨은 범죄)에 대한 설명으로 옳지 않은 것은?

① 수사기관에 의하여 인지되었으나 해결되지 않은 경우를 상대적 암수범죄라고 한다.
② 케틀레(Quetelet)의 정비례 법칙에 의하면, 공식적 범죄통계상의 범죄현상이 실제 범죄현상을 징표한다고 보기는 어렵다.
③ 피해자가 특정되지 않거나 간접적 피해자만 존재하는 경우, 암수범죄가 발생하기 쉽다.
④ 낙인이론이나 비판범죄학에 의하면, 범죄화의 차별적 선별성을 암수범죄의 원인으로 설명한다.

05 자기보고식 조사와 피해자조사에 관해 잘못된 기술은?

① 강력범죄의 실태를 파악하는 데 적합하다.
② 설문조사나 면접을 주로 이용한다.
③ 표본조사나 집단조사방법이 주로 사용되고 있다.
④ 응답자의 태도에 따라 조사결과의 신뢰성이 달라질 수 있다.

06 합리적 선택이론의 특징에 관한 다음의 기술 중 틀린 것은?

① 사람들이 다른 행위들을 할 때에 생각하는 과정과 범죄행위를 할 때에 생각하는 과정이 본질적으로 동일하다고 본다.
② 범행요인에는 상황적 요소와 개인적 요소가 있는데, 행위자는 양 요소를 모두 고려한다.
③ 범죄를 결행하는 범죄자의 의사결정과정에서 고려되는 요인들로 범죄행위를 설명하면서, 범죄자는 매력적이고 보호능력이 떨어지는 표적을 선택한다고 본다.
④ 기본적으로 범죄경제학과는 취지가 다른 견해이다.

07 뒤르켐(E. Durkheim)의 주장과 가장 일치하는 설명은?

① 각 시대에 공통적으로 존재하는 범죄유형과 범죄이론의 존재를 주장했다.

② 자본주의 사회구조의 결함과 범죄의 관련을 강조했다.

③ 기계적 연대사회에서 유기적 연대사회로 발전하면 범죄율도 낮아진다고 보았고, 경제적 불황은 아노미와 관련이 깊으나 호황은 아노미와 무관하다고 주장했다.

④ 형벌의 기능은 범죄자에 대한 비난보다는 치료 및 지도·상담을 통한 재사회화에 중점을 두어야 한다고 주장했다.

08 다음 중 생물학적 범죄원인론의 가설로 보기 어려운 것은?

① 범죄자들의 두개골 모양과 체형은 범죄유형과 상관관계가 있다.

② 특정한 가계(家系) 출신에 범죄자가 많으므로 범죄성은 유전된다고 주장할 수 있다.

③ 일란성 쌍둥이 사이의 범죄양상이 이란성 쌍둥이 사이의 범죄양상보다 유사하므로 범죄성은 유전된다고 볼 수 있다.

④ 양부의 범죄성이 실부의 범죄성보다 높은 경우, 양자가 범죄자가 되기 쉬우므로 범죄성은 유전된다고 볼 수 있다.

09 심리학적 범죄원인론에 대한 설명으로 옳지 않은 것은?

① 개인의 속성을 중추신경조직의 기능, 신체의 생화학적 특성의 측면에서 찾는다는 특징이 있다.

② 개인의 정신작용의 특이성 때문에 범죄가 발생하는 것으로 본다.

③ 범죄의 심리학적 분석은 범죄자에 대한 개별처우 이념과 부합한다.

④ 인격적 특성에서 범죄의 원인을 찾는 인성이론은 사람의 성격을 다양한 기준으로 분류하여 연구한다.

10 시카고학파의 이론에 관한 설명 중 타당한 것은?

① 사회적 상황 자체가 범죄를 유발시킨다는 거시환경론에 속한다.

② 중심상업지역이 범죄발생률이 가장 낮다고 분석했고, 도시 중심부에서 멀어질수록 범죄율이 높다고 한다.

③ 버제스(Burgess)는 시카고학파의 주장을 검증하고 사회해체론을 제시했다.

④ 사회해체론자들은 공식적인 사회통제조직의 기능상실을 범죄의 주된 원인으로 본다.

11 코헨(Cohen)의 비행적 하위문화이론(Theory of Delinquent Subculture)에 어긋나는 설명은?

① 하류계층의 절도범죄와 같은 공리적 성격의 범죄를 설명할 수 없고, 중류계층의 범죄설명에 도 적합하지 않다.

② 최근에 많이 나타나는 소년비행의 집단화경향을 설명하기 어렵다.

③ 하류계층은 다른 사람에게 불편을 주고 금기시하는 것을 깨뜨리는 재미로 행동하는 경향이 있다.

④ 하류계층은 사회의 일반적 문화와 정반대되는 방향으로 가치를 형성한다.

12 서덜랜드(E. H. Sutherland)의 차별적 접촉이론(differential association theory)에 관한 설명 중 옳지 않은 것은?

① 사람이 범행을 학습하는 과정에서 관념의 학습보다는 구체적인 행위양태의 학습이 더 큰 영향을 미친다.

② 범죄행위 학습의 중요한 부분들은 친밀한 관계를 맺고 있는 집단들에서 일어난다.

③ 범죄행위는 일반적 욕구나 가치관의 표현이지만, 일반적 욕구나 가치관으로만 범죄행위를 설명할 수 없다.

④ 범죄행위를 학습할 때에 학습되는 내용은 범죄기술, 범죄행위에 유리한 동기, 충동, 합리화방법, 태도 등이다.

13 다음 중 범죄생물학적 이론에 대한 설명으로 타당하지 않은 것은?

① 범죄원인에 대한 설명과 더불어 대응방안을 제시해 주는 실천학문으로서 가치가 있다.

② 양자연구, 가계연구 등을 통해 범죄와의 상관성을 입증하려고 하였다.

③ 테스토스테론 수준이 높을수록 폭력범죄 가능성이 높다.

④ 웨스트와 패링턴은 부모의 범죄행위는 그의 자녀들에 의해 답습될 수 있다는 점을 주장하였다.

14 중화기술(Techniques of Neutralization)에 대한 적절하지 못한 예시는?

> ㉠ 피해의 부정 - 여성이 자극적으로 노출을 심하게 하였기 때문에 성폭력을 당했다고 주장하는 성범죄인
> ㉡ 비난자에 대한 비난 - 검찰은 더 많은 뇌물을 받고 있으므로 자신을 단죄할 수 없다고 항변하는 하위직 수뢰공무원
> ㉢ 가해의 부정 - 훔친 것이 아니라 잠시 빌렸다고 주장하는 자동차 절도범
> ㉣ 고도의 충성심에의 호소 - 친구와의 의리 때문에 범행에 가담했으므로 도덕적으로는 정당하다고 주장하는 비행청소년
> ㉤ 피해자의 부정 - 나의 절취행위는 부도덕한 부자에 대한 정의의 실현이었다고 주장하는 임꺽정

① ㉠　　　　　② ㉢　　　　　③ ㉠, ㉤　　　　　④ ㉡, ㉣

15 콜버그(Kohlberg)의 도덕발달이론에 관한 설명으로 가장 옳지 않은 것은?

① 피아제의 입장을 수정하여 도덕 수준은 [관습 이전 단계 → 관습 단계 → 관습 이후 단계]와 같은 연속적인 과정을 거치면서 단계별로 발전한다.
② 도덕 수준이 단계별로 발전하지 못한 사람은 비행자가 될 가능성이 높다.
③ 개인이 어떤 특정 상황에서 옳다고 판단하는 평가기준은 인지발달 수준 및 도덕적 추론능력에 따라 변경되지 않는다.
④ 개인의 도덕성 발달단계에서 어느 단계 이상 발달하지 못하고 발달을 멈추는 사람은 범죄자가 되는 경우가 많다.

16 범죄예측에 관한 설명으로 옳은 것은 몇 개인가?

> ㉠ 통계적 예측방법은 개별 범죄자의 모든 개인적 편차를 반영하여 재범가능성을 판단한다.
> ㉡ 임상적 예측방법은 전문가의 개인적 판단을 배제할 수 있는 장점이 있다.
> ㉢ 재판 시 피고인에 대한 재범가능성 예측은 법관의 예단을 배제한다.
> ㉣ 성별이나 신분을 나타내는 예측항목에 의한 평가는 공평한 사법처리를 위한 전제조건이다.
> ㉤ 수사단계에서의 범죄예측은 수사를 종결하면서 범죄자의 처리나 처분을 결정할 때 사용된다.

① 1개　　　　　② 2개　　　　　③ 3개　　　　　④ 4개

17 크롬웰(Cromwell)의 장물아비 유형에 대한 설명으로 가장 옳지 않은 것은?

① 전문 장물아비는 재판매를 위해 정규적으로 훔친 물건을 사는 사람이다.
② 부업 장물아비는 주된 사업활동에 부차적으로, 그렇지만 주로 주된 사업활동과 관련되어 훔친 물품을 임시적으로 구입하는 유형이다.
③ 훔친 물품을 처분하기 위해 주거 침입절도범은 흔히 전문적 장물아비를 활용한다.
④ 아마추어 장물아비는 주로 비교적 작은 규모로 훔친 물품을 구입하지만, 개인적 소비를 위해서도 구입하는 사람이다.

18 범죄사회학의 주요이론에 대한 설명으로 옳지 않은 것은?

① 머튼(R. Merton)의 아노미이론은 기회구조가 차단된 하류계층의 범죄를 설명하는 데에는 유용하지만 최근 증가하는 중산층 범죄나 상류층 범죄를 설명하는 데에는 한계가 있다.
② 클로워드와 올린(R. Cloward &L. Ohlin)의 차별적 기회구조이론은 성공하기 위하여 합법적인 수단을 사용할 수 없는 사람들은 비합법적 수단을 사용한다는 머튼의 가정에 동조하지 않는다.
③ 쇼와 맥케이(C. Shaw &H. McKay)의 사회해체이론은 지역사회에 새로운 거주자들이 증가하면 과거 이 지역을 지배하였던 여러 사회적 관계가 와해되고 시간이 흐르면서 새로운 관계가 형성되는 생태학적 과정을 거친다고 주장한다.
④ 레머트(E. Lemert)의 낙인이론은 일차적 일탈자가 이차적 일탈자로 발전하는 데에 일상생활에서 행해지는 비공식적 반응이 공식적 반응보다 더욱 심각한 낙인효과를 끼친다고 주장한다.

19 다음에서 설명하는 범죄학 이론을 주창한 이론가는?

반사회적 범죄자를 두 가지 발달경로로 분류하여 설명한 이론으로, 청소년 범죄를 청소년기 한정형(adolescence−limited)과 생애과정 지속형(life course−persistent)으로 구분하여 설명하였다. 청소년기 한정형은 늦게 비행을 시작해서 청소년기에 비행이 한정되는 유형을 의미하며, 생애과정 지속형은 오랜 기간에 걸쳐 비행행위가 지속된다는 것을 의미하고 있어 지속 또는 변화를 설명하는 대표적인 이론이라고 할 수 있다.

① 손베리(T. Thornberry)   ② 라이스(A. Reiss)
③ 샘슨과 라웁(R. Sampson & J. Laub)   ④ 모피트(T. Moffitt)

20 갓프레드슨(Gottfredson)과 허쉬(Hirschi)의 낮은 자기통제(low self-control)에 대한 설명으로 옳지 않은 것은?

① 폭력범죄부터 화이트칼라범죄에 이르기까지 모든 범죄를 낮은 자기통제의 결과로 이해한다.

② 순간적인 쾌락과 즉각적 만족에 대한 욕구가 장기적 관심보다 클 때 범죄가 발생한다.

③ 비효율적 육아와 부적절한 사회화보다는 학습이나 문화전이와 같은 실증적 근원에서 낮은 자기통제의 원인을 찾는다.

④ 자기통제가 결여된 자도 범죄기회가 주어지지 않는 한 범죄를 저지르지 않는다.

··· 정답 및 해설 173p

01 범죄와 일탈에 관한 설명으로 옳지 않은 것은 모두 몇 개인가?

> ㉠ 실질적 의미의 범죄는 범죄의 실질을 가지는 반사회적 행위이다.
> ㉡ 형식적 의미의 범죄는 「형법」상 범죄구성요건으로 규정된 행위이다.
> ㉢ 범죄에 관한 규정은 시간과 공간에 따라 변할 수 있다.
> ㉣ 일탈의 범주 안에 범죄가 포함되지만, 범죄의 범주 안에 일탈은 포함되지 않는다.
> ㉤ 일탈행위는 사회적 규범에서 벗어난 행위이다.
> ㉥ 일탈행위가 모두 범죄인 것은 아니다.
> ㉦ 한 사회에서 일탈행위는 다른 사회에서도 일탈행위이다.

① 0개 　　　　② 1개 　　　　③ 2개 　　　　④ 3개

02 다음 중 롬브로조(Lombroso)가 분류한 범죄인 유형에 속하지 않는 것은?

① 타고난(생래적) 범죄인 　　　　② 격정 범죄인
③ 비자발적 범죄인 　　　　　　　④ 정신이상 범죄인

03 「범죄피해자 보호법」에 따른 형사조정사건에서 검사가 형사조정에 회부할 수 있는 것은?

① 공소시효의 완성이 임박한 경우
② 기소유예처분의 사유에 해당하는 경우
③ 피의자가 증거를 인멸할 염려가 있는 경우
④ 피의자가 도주할 염려가 있는 경우

04 범죄경력 연구에 관한 설명으로 가장 옳지 않은 것은?

① 「필라델피아 코호트 조사연구」에서 볼프강(Wolfgang)은 소수의 만성 범죄자는 범죄행위를 자주 반복할 뿐만 아니라, 평생 지속적으로 범죄를 저지른다는 사실을 발견하였다.

② 뢰버(Loeber) 등은 세 가지 범죄 및 일탈경로를 구분했는데, 그중에서 권위갈등경로에 있는 소년은 15세 이전에 범죄행동을 시작하는데, 사소하고 비밀스러운 행위로 시작해서 재산범죄로 이어진다.

③ 장래에 심각한 범죄자가 될 아이일수록 범죄경력을 아주 빠른 나이(취학 이전)에 시작한다.

④ 범죄의 중단자는 장기간의 인지적 변화를 겪게 되는데, 그 과정에서 자신을 새로운 사람으로 보기 시작하거나 인생에 대해 새로운 희망을 갖기 시작한다.

05 자연주의 범죄패러다임에 바탕을 둔 고전주의 범죄이론과 실증주의 범죄이론에 관한 설명 중 옳지 않은 것은?

① 고전주의가 사회계약론·계몽주의의 영향을 받았다면, 실증주의는 과학주의의 영향을 받았다고 할 수 있다.

② 고전주의가 인간행동에 대해 자유의사론을 강조하는 입장이라면, 실증주의는 결정론적 입장에 가깝다.

③ 실증주의가 범죄에 대한 대응으로 교정교화를 위한 처우를 중시한다면, 고전주의는 범죄피해에 비례하는 처벌을 강조한다.

④ 실증주의는 범죄에 대한 책임을 형벌부과의 기준으로 삼지만, 고전주의는 범죄자의 위험성을 형벌부과의 기준으로 삼는다.

06 다음 중 제지이론(deterrence theory)에 관하여 적절치 못한 설명을 고르면?

① 사회통제수단으로서 국가의 처벌을 중요시했다.

② 고전학파의 이론을 현대적으로 계승·발전시켰다.

③ 처벌의 엄격성은 처벌의 강도와 관계가 깊다.

④ 현대 고전주의이론으로 교정주의를 강화했다.

07 뒤르켐(Durkheim)에 대해 잘못된 설명은?

① 인간은 끊임없이 욕구를 추구하는 존재이다.

② 범죄는 필요하고 정상적인 현상이므로 형벌은 무용하다고 하였다.

③ 유기적 사회에서도 사회가 급격하게 변화하는 동안에는 범죄가 급증할 수 있다.

④ 범죄는 사회의 결속을 위해 상대적으로 정해지는 개념이다.

08 생물학적 범죄원인론에 대한 설명으로 적합하지 않은 것은?

① 초기 실증주의자들은 범죄원인을 범죄자의 신체적 구성에 초점을 맞추어 찾으려고 하였다.

② 현대의 생물학적 이론은 다양한 생물학적 요소들 이외에 환경적 요소들과의 상호작용까지도 가정하기 때문에 더욱 다양한 이론을 전개한다.

③ 후튼(E. Hooton)은 미국에서 수형자와 일반인을 비교한 결과 범죄자는 생물학적으로 열등하다고 할 수 없다는 결론을 내리고 롬브로조를 비판했다.

④ 유전과 범죄의 관계를 규명하기 위한 방법으로는 유전적 결함(유전부인)의 연구, 범죄자가계 연구, 쌍생아 연구, 입양아 연구, 이상염색체 연구, 범죄인과 원시인의 비교연구 등이 있다.

09 심리학적 범죄원인론에 대한 설명으로 타당하지 않은 것은?

① 타르드(Tarde)와 가로팔로(Garofalo) 등도 심리학적 요소를 중시했다.

② 교정론보다 원인론 분야에 특히 많이 활용되고 있다.

③ 범죄방지수단으로 인지행동프로그램, 행동수정프로그램 등 처우의 개별화를 강조한다.

④ 이유 없는 범행의 원인해명에 유용한 이론이다.

10 다음에서 사회해체론 또는 문화전달이론에 대한 기술로 적절치 않은 것은?

① 특정 지역에 범죄가 집중되는 이유를 규명하기 위한 이론으로, 사회해체이론도 사회과정을 중심으로 하는 이론이라고 할 수 있다.

② 생태학적 범죄이론에 바탕을 둔 이론이다.

③ 미국범죄사회학이론 중에서 초기의 기본이 되는 이론이다.

④ 학습이론은 미시적 이론이나, 문화전달이론은 거시적 이론이다.

11 사회구조이론에 관한 설명으로 옳지 않은 것은?

> ㄱ. 특정 집단의 낮은 사회경제적 지위를 야기하는 사회 내 제도를 범죄의 원인으로 강조한다.
> ㄴ. 범죄는 개인의 특성이나 개별적 선택의 결과이다.
> ㄷ. 사회구조이론은 사회적 집단 간의 공식적·비공식적 제도를 범죄 및 일탈의 근본원인으로 바라보지는 않는다.
> ㄹ. 가정해체, 사회 내 빈곤 또는 수입불평등, 교육과정에서의 성공부족으로 인한 불리함과 같은 사회구조의 부정적 측면은 범죄행동을 야기한다.

① ㄱ, ㄴ   ② ㄴ, ㄷ   ③ ㄷ, ㄹ   ④ ㄱ, ㄹ

12 다음의 설명과 관련 있는 범죄이론가는?

> - 화이트칼라범죄에 대해서도 설명할 수 있다.
> - 범죄학습에서 중요한 사항은 친밀한 사적 집단 사이에서 이루어진다.
> - 차별적 교제의 결과는 빈도, 지속성, 우선성, 강도의 측면에서 다양하다.
> - 범죄는 의사소통을 통한 타인과의 상호작용과정에서 학습된다.

① 모피트(Moffitt) 　　　　　　　　② 윌슨(J. Wilson)과 켈링(G. Kelling)

③ 서덜랜드(E. Sutherland) 　　　　　④ 레머트(E. Lemert)

13 다음의 범죄원인 중 페리가 가장 중요시한 것은?

① 생산과 분배 　　　② 교육 정도 　　　③ 계절 　　　④ 성별

14 상점주인 A는 근처에 다른 마트가 없음을 이용하여 그 지역 사람들에게 폭리를 취했다. A의 행동을 괘씸하게 여긴 B는 A의 가게에서 물건을 훔치면서 자신의 행동이 정당하다고 생각하였다. 사이크스(Sykes)와 맛차(Matza)의 중화기술이론에 따르면 이러한 행동은 어느 유형에 속하는가?

① 책임의 부정(denial of responsibility)
② 보다 높은 충성심에의 호소(appeal to higher loyalties)
③ 피해자의 부정(denial of victim)
④ 비난자에 대한 비난(condemnation of condemners)

15 낙인이론(labeling theory)에 관한 설명 중 옳지 않은 것은?

① 범죄는 일정한 행위속성의 결과가 아니라 통제기관에 의해 범죄로 규정된다고 한다.
② 탄넨바움(F. Tannenbaum)은 일탈행위를 1차적 일탈과 2차적 일탈로 구분한다.
③ 베커(H. Becker)는 낙인이 그 사람의 지위를 대변하는 주지위(master status)가 되므로 다른 사람들과의 원활한 상호작용에 부정적인 영향을 미치는 장애요인이 된다고 한다.
④ 슈어(E. Schur)는 사회적 낙인보다 스스로 일탈자라고 규정함으로써 2차적 일탈에 이르는 경우도 있다는 점을 강조한다.

16 범죄예측에 관한 설명으로 옳지 않은 것은?

① 범죄예측이란 예방·수사·재판·교정의 각 단계에서 개개의 사례를 통해서 잠재적 범죄자의 범행가능성이나 범죄자의 재범가능성을 판단하는 것이다.
② 통계적 예측방법은 임상적 지식이나 경험이 없는 비전문가에 의해서도 행해질 수 있다.
③ 임상적 예측방법은 의학·심리학 등을 바탕으로 대상자를 조사하고 관찰하여 범죄를 예측하기 때문에 조사자의 주관이 개입될 여지가 없다.
④ 예방단계에서의 조기예측은 주로 성인범죄보다는 소년범죄의 예측에 사용되고 있다.

17 「보호관찰 등에 관한 법률」상 보호관찰 대상자의 일반적인 준수사항에 해당하는 것만을 모두 고른 것은?

> ㉠ 주거지에 상주(常住)하고 생업에 종사할 것
> ㉡ 범죄행위로 인한 손해를 회복하기 위하여 노력할 것
> ㉢ 범죄로 이어지기 쉬운 나쁜 습관을 버리고 선행(善行)을 하며 범죄를 저지를 염려가 있는 사람들과 교제하거나 어울리지 말 것
> ㉣ 보호관찰관의 지도·감독에 따르고 방문하면 응대할 것
> ㉤ 주거를 이전(移轉)하거나 1개월 이상 국내외여행을 할 때에는 미리 보호관찰관에게 신고할 것
> ㉥ 일정량 이상의 음주를 하지 말 것

① ㉠, ㉡, ㉢, ㉣
② ㉠, ㉢, ㉣, ㉤
③ ㉡, ㉢, ㉣, ㉤, ㉥
④ ㉠, ㉡, ㉢, ㉣, ㉤, ㉥

18 사회과정이론의 기본원칙에 관한 설명으로 옳지 않은 것은?

> ㄱ. 범죄행위는 다른 사람과의 상호작용을 통해 학습된다.
> ㄴ. 잘 순응하지 못한 개인은 범죄를 유발하는 사회화 과정 및 우발적 경험에 의해서 더 영향을 받기 쉬우며, 범죄선택은 지속되는 경향이 있다.
> ㄷ. 범죄성이 획득되고, 일탈적 자아개념이 형성되고, 범죄행위가 발생하는 과정은 삶의 특정 시점에 고정되어 있다.
> ㄹ. 사회화 과정에 영향을 미치는 가장 중요한 집단 중에는 가족, 동료, 업무집단, 자신과 동일시하지 않는 대조집단이 있다.

① ㄱ, ㄴ
② ㄴ, ㄷ
③ ㄷ, ㄹ
④ ㄱ, ㄹ

19 사이코패스에 대한 설명으로 옳지 않은 것은?

① 감정, 정서적 측면에서 타인에 대한 공감능력이 부족하며 죄의식이나 후회의 감정이 결여되어 있다.

② 헤어(Hare)의 사이코패스 체크리스트 수정본(PCL−R)은 0~2점의 3점 척도로 평가되는 총 25개 문항으로 구성된다.

③ 모든 사이코패스가 형사사법제도 안에서 범죄행위가 드러나는 형태로 걸러지는 것은 아니다.

④ 공감, 양심, 대인관계의 능력 등에 대한 전통적 치료프로그램의 효과를 거의 기대하기 어렵다.

20 맥과이어(Maguire)가 제시한 세 가지 수준의 침입절도범에 대한 설명으로 가장 옳지 않은 것은?

① 주로 청소년인 낮은 수준의 침입절도범은 종종 순간의 충동으로 범죄를 범하고, 보안장치에 의해서 쉽게 단념하게 된다.

② 중간 수준의 침입절도범은 조직화된 멤버들과 함께 활동하고 목표대상에 대하여 믿을 수 있는 정보를 제공해 주는 출처와 연결되어 있다.

③ 높은 수준의 침입절도범의 범죄는 목표대상을 포함해서 주의 깊게 기획되고 일반적으로 외부 지원을 받는다.

④ 낮은 수준의 침입절도범의 경우, 범죄로부터 얻는 보상은 일반적으로 중요하지 않으며, 나이가 들어감에 따라서 절도범죄를 중지하게 된다.

제**14**회 **범죄학** 모의고사

··· 정답 및 해설 176p

01 사회적 일탈(social deviance)에 대한 설명으로 옳지 않은 것은?

① 일탈은 사회에서 긍정적인 기능을 수행하지 못한다.
② 통계적으로 평균에서 벗어난 행위특성이다.
③ 일탈에 대한 규정은 시간적·공간적으로 상대적이다.
④ 일탈에 대한 과도한 억압과 제재 또는 과잉범죄화는 사회적으로 부정적인 영향을 미칠 수 있다.

02 가로팔로에 의하면 범죄인을 자연범, 법정범, 과실범으로 분류했다. 이 중 법정범에 대한 방지대책은?

① 사형　　　　② 무기유형　　　　③ 부정기유형　　　　④ 정기구금

03 형사제재로서 원상회복제도의 형사정책적 의의와 맞지 않는 것은?

① 원상회복이란 사법상(私法上)의 구제를 형사절차에서 실현시키는 제도인데, 오늘날에는 회복적 사법주의와 관련해서도 강조되고 있다.
② 피해자 보호이념을 실현하기 위해서는 피해자가 입은 손해에 대한 원상회복을 형법상 제재로 도입할 필요가 있다.
③ 형법의 자유화, 인간화 및 적극적 일반예방을 실현하는 데 도움이 된다.
④ 미국에서는 다이버전(Diversion)의 일환으로 고려되고 있고, 영국에서는 형벌의 하나로서 독립된 제재로 인정하고 있으며, 우리나라는 이미 형사소송법에 배상명령제도가 제도화되어 있다.

04 범죄학에서 현장조사연구방법에 해당되지 않는 것은?

① 실험연구　　　　② 민속방법론　　　　③ 현지사례연구　　　　④ 참여관찰법

05 범죄학 패러다임에서 고전주의 범죄이론과 실증주의 범죄이론에 관한 설명으로 옳지 않은 것은?

① 고전주의 범죄이론은 사변적 연구로서 초자연주의적 이론에 속하지만, 실증주의 범죄이론은 과학발전의 영향을 받아 자연주의적 이론으로 발전하였다.

② 고전주의가 인간행동에 대하여 자유의지를 강조하는 입장이라면, 실증주의는 결정론적 입장에 가깝다.

③ 고전주의가 양형과정에서 범죄행위에 초점을 둔다면, 실증주의는 양형과정에서 범죄인에 초점을 둔다.

④ 고전주의는 범죄인과 비(非)범죄인은 본질적으로 다른 존재라고 전제하지 않지만, 실증주의는 범죄인은 일반인과 본질적으로 다른 특성을 지녔다고 본다.

06 대부분의 국가통계를 분석해 보면, 젊은 사람·남자·미혼자·소수집단·저소득층·저학력층이 늙은 사람·여자·기혼자·주류집단·고소득층·고학력층보다 범죄피해율이 높다. 이러한 현상을 설명하기에 가장 적합한 이론은?

① 피해촉발이론   ② 깨진유리창이론
③ 일탈장소이론   ④ 생활양식이론

07 뒤르켐(Durkheim)의 주장과 거리가 먼 것은?

① 범죄는 진보의 가능성을 위해 사회가 치르는 대가이다.

② 「사회분업론」에서 '아노미(Anomie)'라는 사회학적 개념을 제창했고, 머튼(R. Merton)은 뒤르켐의 아노미이론을 응용하여 미국사회의 높은 범죄율을 설명하는 사회구조적 압박(긴장)이론(Strain Theory)으로 계승·발전시켰다.

③ 범죄의 발생은 사회연대성의 강도에 의해 영향을 받는다는 관점에서 아노미이론을 제창하였다.

④ 기계적 연대사회에서 유기적 연대사회로 발전하면 범죄율도 낮아질 것이라고 주장했다.

08 범죄원인론에 관한 설명 중 괄호 안에 들어갈 이름으로 옳은 것은?

- (A)은(는) 범죄통계적 분석에 기초하여 운동형(투사형), 세장형, 비만형 등으로 구분하고 체형에 따른 범죄특성을 설명하였다.
- (B)은(는) 정신병원에 수용된 환자들을 연구대상으로 하여 이들의 염색체를 조사한 결과 XYY형은 다른 정상인들에 비하여 수용시설에 구금되는 정도가 높다고 하였다.
- (C)은(는) 부모의 범죄성과 자식의 범죄성이 관련이 있다는 통계방법에 의한 연구결과에 근거하여 범죄성은 유전에 의해 전수되는 것으로 보았다.
- (D)은(는) 크레펠린(E. Kraepelin)의 정신병질자 분류유형보다 더 세분된 10가지 유형으로 정신병질적 성격유형을 구분하였다.
- (E)은(는) 사회생물학적 관점에서 어떤 생물학적 요소가 물리적·사회적 환경과 상호작용하면서 범행에 영향을 미친다고 보았다.

㉠ 제이콥스(P. Jacobs)	㉡ 크레취머(E. Kretschemer)
㉢ 셀던(W. H. Sheldon)	㉣ 고링(C. Goring)
㉤ 슈나이더(K. Schneider)	㉥ 윌슨(E. O. Wilson)

	A	B	C	D	E			A	B	C	D	E
①	㉠	㉢	㉤	㉣	㉡		②	㉡	㉠	㉣	㉤	㉥
③	㉢	㉠	㉣	㉤	㉣		④	㉢	㉢	㉣	㉤	㉠

09 정신분석학적 범죄원인접근법에 대한 적절치 못한 기술은?

① 개인의 성장과정이나 생활과정을 중심으로 정신심리상의 특징을 해명하고자 한다.
② 잠재의식의 측면에서 범죄행위를 설명한다.
③ 슈퍼에고(Superego)란, 자아비판력·양심·의무감 등으로 구성되므로 슈퍼에고가 발달할수록 범죄가 억제된다고 한다.
④ 에고(Ego)나 슈퍼에고가 제대로 형성되지 않았거나 적절히 작동하지 않기 때문에 범죄가 발생한다고 본다.

10 사회통제를 범죄의 원인으로 주목한 이론이 아닌 것은 모두 몇 개인가?

㉠ 아노미이론(anomie theory)	㉡ 생활양식이론(lifestyle theory)
㉢ 봉쇄이론(containment theory)	㉣ 억제이론(deterrence theory)
㉤ 사회유대이론(social bonding theory)	

① 없음   ② 1개   ③ 2개   ④ 3개

11 잠재적 속성이론에 관한 설명으로 가장 옳지 않은 것은?

① 범죄경향성(crime proneness)이라는 잠재적 속성이 생애에 걸쳐 범죄행위에 영향을 미친다.
② 허쉬와 갓프레드슨의 범죄 일반이론과는 달리 잠재적 속성이론은 범죄문제를 이해하는 데 범죄자 경력 연구의 중요성을 간과한다.
③ 잠재적 속성은 출생 시 나타나거나 삶의 초기단계에서 형성될 수 있으며, 오랜 기간 안정적으로 남아 있을 수 있다.
④ 잠재적 속성은 생애에 걸쳐 안정적으로 유지되기 때문에 청소년기에 반사회적이었던 사람은 범죄를 지속적으로 저지르기 쉽다.

12 머튼(R. Merton)의 긴장이론에서 적응양식이 잘못 연결된 것은 모두 몇 개인가?

> ㉠ 일반적인 절도범의 적응양식 － 혁신형
> ㉡ 마약중독자 또는 알코올중독자 등에게서 볼 수 있는 적응양식 － 도피형
> ㉢ 피해자 없는 범죄와 관련이 있는 적응양식 － 도피형
> ㉣ 문화적 목표는 부인하면서 제도적 수단은 용인하는 중·하층 관료 등의 적응형태 － 의례형
> ㉤ 문화적으로 승인된 목표와 사회적으로 받아들여질 수 있는 수단을 모두 거부하는 적응유형 － 도피형

① 없음　　　　② 1개　　　　③ 2개　　　　④ 3개

13 범죄의 유전적 원인에 관한 기술 중 올바르지 않은 것은?

① 유전적 신체기능의 비정상이 범죄원인이 될 수 있다는 연구가 일반적 범죄성향이 유전된다는 연구보다 설득력이 높은 연구로 평가된다.
② 페리는 범죄인의 범죄성이 격세유전의 특성을 보인다고 주장하였다.
③ 범죄가계 연구의 가장 큰 문제점은 범죄자가 이미 많이 출현한 가계를 중심으로 통계조사를 한다는 점이다.
④ 쌍생아 연구는 범죄에서 유전의 영향을 어느 정도 밝혀 주었지만, 쌍생아가 대부분 같은 환경에서 자란다는 점을 간과하고 있다.

14 표류이론(draft theory)이 소년비행을 설명하는 방식에 대한 사례로서 가장 타당한 것은?

① 비행소년은 자신에 대한 부정적인 관념을 가짐으로써 또래집단들의 나쁜 영향을 받게 된다.
② 소년들은 주변환경에 대한 사회의 통제가 약화되었을 때 비행이 빠지기 쉽다.
③ 일반소년이 정당하지 못한 수단에 접근할 수 있는 기회가 생김으로써 비행으로 나간다.
④ 소년들이 하층계급에 존재하는 가치질서를 추종하는 과정에서 비행이 발생한다.

15 낙인이론에 관한 설명 중 옳지 않은 것은?

① 다이버전(diversion)의 확대나 비범죄화 등 인도주의적 형사정책을 주장하는 근거가 된다.
② 범죄행위보다는 범죄행위에 대한 통제기관의 반작용에 관심을 가진다.
③ 레머트(Lemert)에 의하면 이차적 일탈은 일반적으로 오래 지속되며, 행위자의 정체성이나 사회적 역할들의 수행에 중요한 영향을 미친다.
④ 범죄의 원인을 범죄자의 개인적 특징에서 찾는다.

16 사회해체이론에 대한 설명으로 옳지 않은 것은?

> ㄱ. 사회해체이론의 중요한 업적은 행위자 개인의 특성이 아니라 도시의 생태를 범죄나 비행의 발생원인으로 파악한 것이다.
> ㄴ. 비행이 사회해체에서 기인하기 때문에 비행예방을 위해서는 개별 비행자의 처우보다 도시생활환경에 영향을 미치는 사회의 조직화가 필요하다고 본다.
> ㄷ. 사회해체이론은 주로 경찰이나 법원의 공식기록에 의존하였기 때문에 그 연구결과의 정확성은 문제되지 않는다.
> ㄹ. 사회통제이론, 아노미이론, 차별적 접촉이론, 문화적 갈등이론 등을 기반으로 이론이 성립되었다고 본다.

① ㄱ, ㄴ   ② ㄴ, ㄷ   ③ ㄷ, ㄹ   ④ ㄱ, ㄹ

17 재범예방대책에 관한 [보기 1]과 [보기 2]의 내용을 옳게 연결한 것으로 짝지어진 것은?

> ㄱ. 기계적 개선법   ㄴ. 임상적 개선법
> ㄷ. 집단관계 개선법   ㄹ. 전문기술 적용 개선법

> A. 수형자의 대인관계를 개선함으로써 재범가능성을 감소시키는 방법이다.
> B. 범죄인에게 존재하는 생물학적·정신의학적·심리학적 이상·결함을 발견하여 치료하는 것을 말한다.
> C. 수형기간 동안 강제적 방법으로 직업교육과 준법생활을 하도록 함으로써 도덕심을 함양하고 사회에 대한 적응능력을 높이는 것이다.
> D. 대상 범죄자의 능력을 발견하고 발전시켜서 사회적 자원을 활용하여 범죄자 스스로 당면한 문제를 해결하고 사회에 대한 적응능력을 높일 수 있도록 도와주는 것이다.

	ㄱ	ㄴ	ㄷ	ㄹ			ㄱ	ㄴ	ㄷ	ㄹ
①	C	B	A	D		②	B	C	D	A
③	C	B	D	A		④	A	D	C	B

18 범죄학자들과 그 주장내용을 연결한 것으로 옳지 않은 것은?

① 코헨(A. Cohen) - 빈곤계층 청소년들은 중산층의 가치나 규범을 중심으로 형성된 사회의 중심문화와 자신들의 익숙한 생활 사이에서 긴장이나 갈등을 겪게 되고, 이러한 긴장관계를 해소하려는 시도에서 비행적 대체문화가 형성된다.

② 리스트(F. Liszt) - 범죄는 범죄자의 타고난 특성과 범행 당시 그를 둘러싼 사회적 환경의 산물이다.

③ 라카사뉴(A. Lacassagne) - 사회환경은 범죄의 배양기이며, 범죄자는 미생물에 불과하므로 범죄자가 아닌 사회를 벌해야 한다.

④ 뒤르켐(E. Durkheim) - 범죄는 범죄자의 비인간성이나 성격적 불안정성에서 기인한다.

19 브랜팅햄 부부(P. Brantingham & P. Brantingham)의 범죄패턴이론에 대한 설명으로 옳은 것만을 모두 고르면?

> ㄱ. 개인은 의사결정을 통해 일련의 행동을 하게 되는데, 활동들이 반복되는 경우 의사결정과정 은 규칙화된다.
> ㄴ. 범죄자들은 평범한 일상생활 속에서 범행기회와 조우하게 된다.
> ㄷ. 범죄자는 일반인과 같은 정상적인 시공간적 행동패턴을 갖지 못한다.
> ㄹ. 잠재적 피해자는 잠재적 범죄자의 활동공간과 교차하는 활동공간이나 위치를 갖는다.
> ㅁ. 사람들이 활동하기 위해 움직이고 이동하는 것과 관련하여 축(교차점, nodes), 통로(경로, paths), 가장자리(edges)의 세 가지 개념을 제시한다.

① ㄱ, ㅁ
② ㄴ, ㄷ
③ ㄱ, ㄴ, ㄹ
④ ㄱ, ㄴ, ㄹ, ㅁ

20 구금방법에 대한 설명으로 옳지 않은 것은?

① 펜실베니아시스템(Pennsylvania System)은 독거생활을 통한 반성과 참회를 강조한다.
② 오번시스템(Auburn System)은 도덕적 개선보다 노동습관의 형성을 더 중요시한다.
③ 펜실베니아시스템은 윌리엄 펜(William Penn)의 참회사상에 기초하여 창안되었으며 침묵제 또는 교담금지제로 불린다.
④ 오번시스템은 엘람 린즈(Elam Lynds)가 창안하였으며 반독거제 또는 완화독거제로 불린다.

제15회 범죄학 모의고사

··· 정답 및 해설 179p

01 범죄자의 특성으로 가장 적절하지 않은 것은?

① 남성이 여성보다 더 폭력범죄를 저지른다.
② 노인일수록 더 폭력범죄를 저지른다.
③ 하류계층일수록 폭력범죄를 더 저지를 가능성이 높다.
④ 미혼일수록 범죄를 저지를 가능성이 높다.

02 다음 중 리스트의 범죄인 분류에 대한 설명으로 옳지 않은 것은?

① 목적형 사상의 입장에서 범죄인을 분류하였다.
② 형벌은 행위자에 대한 것이므로 행위자의 유형에 따라 범죄인 분류가 이루어져야 한다고 보았다.
③ 범죄성향은 있으나 개선 가능한 자에게는 개선을 위한 형벌의 필요성이 인정된다고 보았고, 개선불가능자에게는 무해화(무능력화) 조치가 필요하다고 하였다.
④ 기회범에게는 단기자유형으로 충격을 주는 것이 효과적이라고 하였다.

03 범죄학의 연구방법을 양적 연구방법과 질적 연구방법으로 구분할 때 질적 연구방법에 대한 설명으로 옳은 것은?

① 표본조사방법은 대상집단과 통제집단을 조사·비교하는 방법으로서 범죄현상의 내재적 인과관계를 밝히는 데 효과적이다.
② 서덜랜드의 '전문절도범 연구'의 주된 연구방법으로 활용된 사례연구는 범죄에 대한 인과관계를 밝힐 수 있는 질적 연구방법이다.
③ 참여적 관찰법은 일정 수의 범죄자를 일정 시간 동안 추적하면서 연구하는 방법이다.
④ 추적조사(추행조사)는 체포되지 않은 범죄자들의 뒤를 추적하여 연구하는 방법이다.

제15회 범죄학 모의고사 **93**

04 다음이 설명하는 범죄학의 연구방법은?

> 특정 범죄자를 대상으로 그들의 성격, 성장배경, 삶의 경험, 사회생활 등의 생애과정을 분석함으로써 범죄행위의 위험요인을 연구하는 방법

① 실험연구 ② 사례연구 ③ 문헌연구 ④ 피해자조사연구

05 범죄원인론 중 고전주의학파에 대한 설명으로 옳은 것만을 모두 고르면?

> ㉠ 인간은 자유의사를 가진 합리적인 존재이다.
> ㉡ 인간은 처벌에 대한 두려움 때문에 범죄를 선택하는 것이 억제된다.
> ㉢ 범죄는 주로 생물학적·심리학적·환경적 원인에 의해 일어난다.
> ㉣ 범죄를 효과적으로 제지하기 위해서는 처벌이 엄격·확실하고, 집행이 신속해야 한다.
> ㉤ 인간에 대한 과학적 분석을 통해 범죄원인을 규명하고자 하였다.

① ㉠, ㉡, ㉢ ② ㉠, ㉡, ㉣ ③ ㉡, ㉢, ㉣ ④ ㉢, ㉣, ㉤

06 상황적 요인(situational context)으로 범죄를 설명하려는 견해에 대한 설명으로 적절치 않은 것은?

① 우리 주변에는 기회가 주어지면 범죄를 저지르려는 잠재적 범죄자가 항상 존재한다고 가정하며, 범죄생태학적 이론도 이러한 이론에 속한다고 할 수 있다.
② 잠재적 범죄자들이 범죄동기를 갖게 되는 원인규명에 초점을 두고 있다.
③ 범죄행위를 하려는 사람들이 범행기회를 발견하게 되는 상황과 환경에 대해 주로 논의한다.
④ 상황중시이론들을 범죄의 "기회이론(opportunity theories)"이라고 부르기도 한다.

07 자율신경조직 장애와 범죄에 대한 설명으로 가장 옳지 않은 것은?

① 처벌을 예견할 때 느끼는 불안반응은 사람이 사회규범을 배우는 데 있어서 매우 중요한 역할을 한다.
② 아이젠크(Eysenck)에 의하면, 내향적인 사람은 규범에 어긋나는 행동을 하는 정도가 강하다.
③ 아이젠크(Eysenck)에 의하면, 외향적인 사람은 자율신경계의 불안반응 유발기능이 낮은 수준이나 이를 제거하는 기능은 발달하였다.
④ 시들(Siddle)의 연구결과는 반사회적 행위를 저지른 피실험자(정신병자, 성인범죄자, 비행소년)들은 정상인에 비해서 피부전도가 회복되는 속도가 현저히 낮다는 것을 보여 주었다.

08 생물학적 범죄원인론에 관한 설명 중 괄호 안에 들어갈 학자의 이름이 옳게 묶인 것은?

(A)은(는) 범죄자들 가운데 일부는 선천적 기질로 인해 범죄를 저지르며, 그들은 진화론적으로 퇴행한 것으로서 격세유전을 통해 야만적 속성이 유전된 돌연변이적 정형화된 존재라고 하였다. 그러나 (B)은(는) 범죄는 신체적인 변이와 관련된 것이 아니라 유전학적 열등성에 기인한 것이라고 주장함으로써 (A)을(를) 비판하였다. 한편 (C)은(는) 범죄인은 일반인과 사회학적·계량적·형태학적 특성 면에서 구분되며, 그것은 범죄인의 유기체적 특징으로 나타날 것이라고 주장하여 (A)의 이론을 한 단계 발전시켰다.

ⓐ 롬브로조(Lombroso)　　　　ⓑ 고링(Goring)
ⓒ 고다드(Goddard)　　　　　　ⓓ 후튼(Hooton)
ⓔ 셸던(Sheldon)　　　　　　　ⓕ 크레취머(Kretschmer)

	A	B	C			A	B	C
①	ⓐ	ⓑ	ⓓ		②	ⓐ	ⓑ	ⓕ
③	ⓐ	ⓒ	ⓔ		④	ⓐ	ⓓ	ⓕ

09 여성은 심리적 형성과정에서 남성에 대한 열등감, 시기심 등의 경향을 가지게 되고, 이를 극복하지 못하면 극단적인 경우 공격적인 성향을 갖게 되어 범죄의 원인이 된다고 주장한 학자는?

① 아이젠크
② 헤어
③ 프로이트
④ 뒤르켐

10 버식(Bursik)과 웹(Webb)의 사회해체이론과 관련하여 부적절한 것은?

① 지역사회의 통제력 약화는 반사회적 하위문화를 배양하지만, 주거민이 변하면 범죄발생률은 달라지게 된다고 주장한다.
② 사회해체원인으로 '주민이동성'과 '주민이질성'의 두 요소를 중시한다.
③ 사회해체지역에서 범죄가 많은 까닭은 크게 사회통제능력 및 사회화능력의 부족에 있다고 보았다.
④ 사회통제능력 약화의 원인으로는 비공식적 감시기능의 약화, 활동조절규칙의 결여, 직접통제의 부재 등이 중요시된다.

11 클로워드(Cloward)와 올린(Ohlin)의 차별적 기회구조이론의 내용으로 옳은 것을 모두 고르면?

> ㉠ 아노미현상을 비행적 하위문화의 촉발요인으로 본다는 점에서 머튼(Merton)의 영향을 받았다.
> ㉡ 성공이나 출세를 위하여 합법적 수단을 사용할 수 없는 사람들은 바로 비합법적 수단을 사용할 것이라는 머튼(Merton)의 가정에 동의하지 않는다.
> ㉢ 범죄적 하위문화는 청소년범죄자에게 성공적인 역할모형이 될 수 있는 조직화된 성인범죄자들의 활동이 존재하는 지역에서 나타난다.
> ㉣ 성인들의 범죄가 조직화되지 않아 청소년들이 비합법적 수단에 접근할 수 없는 지역에서는 갈등적 하위문화가 형성되는데, 범죄기술을 전수할 기회가 없기 때문에 이 지역의 청소년들은 비폭력적이며 절도와 같은 재산범죄를 주로 저지른다.
> ㉤ 문화적 목표를 추구하는 데 필요한 합법적인 수단을 이용하기도 어렵고 비합법적인 기회도 결여된 사람들은 이중실패자로 분류되며, 이들은 주로 마약과 음주 등을 통하여 도피적인 생활양식에 빠져든다.

① ㉠, ㉡, ㉢, ㉣
② ㉡, ㉢, ㉣, ㉤
③ ㉠, ㉢, ㉣, ㉤
④ ㉠, ㉡, ㉢, ㉤

12 범죄에 대한 세 가지 사회학적 설명으로 가장 옳지 않은 것은?

① 사회구조이론 – 범죄는 사회구조 내에서 개인 위치의 결과이다. 이 접근법은 생활의 사회적·경제적 조건에 중점을 둔다.
② 사회과정이론 – 범죄는 계층갈등의 산출물이다.
③ 사회구조이론 – 사회적·경제적 조건은 빈곤, 소외, 사회해체, 약한 사회통제, 개인적 좌절, 상대적 박탈감, 차별적 기회, 성공에 대한 대안적 수단, 일탈적 하위문화, 전통적 가치와 갈등하는 하위문화 가치 등을 포함한다.
④ 사회갈등이론 – 사회적 집단 간 기존의 권력관계, 사회 내부의 분배, 생산수단의 소유권, 사회의 경제적·사회적 구조를 강조한다.

13 고다드(H. Goddard)의 범죄연구에 대한 설명으로 옳은 것은?

① 매스컴과 범죄의 무관성을 주장하였다.
② 인신범죄는 따뜻한 지방에서, 재산범죄는 추운지방에서 보다 많이 발생한다고 하였다.
③ 범죄자의 정신박약이나 지능과의 관계에 대하여 연구하였다.
④ 상습범죄자에 대한 조사에서 비행소년의 학업태만 등은 '범죄의 유치원'이라고 하였다.

14 맛차(D. Matza)의 표류이론에 관한 설명으로 옳지 않은 것은?

① 비행소년과 일반소년의 차별화이론이다.
② 표류란 합법과 위법의 중간단계에 있는 상태를 의미한다.
③ 청소년에 대한 사회통제의 약화가 비행증가의 원인이지만, 비행의 직접적 유발요인에 대한 사전예측이 어렵다고 본다.
④ 범죄행위를 합리화하는 중화기술을 주장한다.

15 낙인이론에 대한 설명으로 옳지 않은 것은?

① 탄넨바움(F. Tannenbaum)은 공공에 의해 부여된 범죄자라는 꼬리표에 비행소년 스스로가 자신을 동일시하고 그에 부합하는 역할을 수행하게 되는 과정을 '악의 극화(dramatization of evil)'라고 하였다.
② 슈어(E. Schur)는 사람에게 범죄적 낙인이 일단 적용되면, 그 낙인이 다른 사회적 지위나 신분을 압도하게 되므로 일탈자로서의 신분이 그 사람의 '주지위(master status)'로 인식된다고 하였다.
③ 레머트(E. Lemert)는 1차적 일탈에 대하여 부여된 사회적 낙인으로 인해 일탈적 자아개념이 형성되고, 이 자아개념이 직접 범죄를 유발하는 요인으로 작용하여 2차적 일탈이 발생된다고 하였다.
④ 베커(H. Becker)는 금지된 행동에 대한 사회적 반응이 2차적 일탈을 부추길 뿐 아니라 사회집단이 만든 규율을 특정인이 위반한 경우 '이방인(outsider)'으로 낙인찍음으로써 일탈을 창조한다고 하였다.

16 제도적 아노미이론(institutional anomie theory)이 지적하는 현대사회의 문제점으로 옳지 않은 것은?

ㄱ. 경제적 제도 기능의 가치가 절하된다.
ㄴ. 비경제적 제도가 경제적 제도의 요구사항을 과다하게 수용한다.
ㄷ. 경제적 규범이 비경제적 제도 사이로 침투한다.
ㄹ. 비경제적 제도가 우월적 위치를 차지한다.

① ㄱ, ㄴ　　② ㄴ, ㄷ　　③ ㄷ, ㄹ　　④ ㄱ, ㄹ

17 쇼(Shaw)와 맥케이(Mckay)의 시카고시 범죄분석의 내용으로 옳은 것은?

> ㄱ. 범죄율은 도심에서 멀어질수록 상대적으로 낮아진다.
> ㄴ. 거주민의 인종 또는 국적과 범죄율의 상관관계는 비교적 높다.
> ㄷ. 범죄율이 높은 지역은 거주민들의 전·출입이 거의 없는 빈민거주지역이다.
> ㄹ. 전이지역의 범죄율은 매우 높다.

① ㄱ, ㄴ   ② ㄴ, ㄷ   ③ ㄷ, ㄹ   ④ ㄱ, ㄹ

18 사이크스(Sykes)와 맛차(Matza)가 제시한 중화의 기법 중 '(A) 책임의 부인'과 '(B) 상위의 충성심에의 호소'에 해당하는 것을 바르게 연결한 것은?

> ㄱ. 무엇인가가 나를 그렇게 하도록 만들었어. 어쩔 수 없었잖아.
> ㄴ. 난 단지 그것을 잠시 빌린 것뿐이야.
> ㄷ. 다른 사람들은 더 나쁜 짓을 하고서도 처벌받지 않잖아.
> ㄹ. 나는 내 가족의 생계를 위해서 훔쳤어.

① (A) ㄱ (B) ㄴ   ② (A) ㄱ (B) ㄹ
③ (A) ㄱ, ㄴ (B) ㄷ   ④ (A) ㄱ, ㄹ (B) ㄷ

19 범죄원인론에 대한 설명으로 옳은 것은?

① 글룩 부부(S. Glueck & E. Glueck)는 비행소년들이 일반소년들보다 도전적이고 반항적이지만 외향적이고 양면가치적인 성격은 갖지 않는다고 주장한다.

② 아이젠크(H. Eysenck)는 범죄행동과 성격특성 간의 관련성을 정신병적(정신증적) 경향성(pychoticism), 외향성(extraversion), 신경증(neuroticism) 등 세 가지 차원에서 설명한다.

③ 프로이트(S. Freud)는 심리성적 발달이론(psychosexual development)에서 유아기로부터 성인기로의 사회화과정을 구순기, 항문기, 잠복기, 남근기, 성기기로 나누어 설명하였다.

④ 콜버그(L. Kohlberg)는 개인마다 어떤 특정 상황에서 옳다고 판단하는 평가의 기준이 다르고, 이 기준은 도덕발달 단계에 따라 다르다고 주장하며, 도덕발달 단계를 처벌과 복종 단계, 법과 질서유지 단계 그리고 보편적 윤리 단계의 세 단계로 구분한다.

20 구금제도에 관하여 바르게 설명하고 있는 것을 모두 고른 것은?

> ㉠ 펜실베니아제도는 퀘이커교도들의 감옥개량운동의 일환으로 펜실베니아주에서 시행된 제도이다.
> ㉡ 펜실베니아제도는 모든 수용자의 독거를 전제로 한다.
> ㉢ 엘람 린즈는 재범방지에 있어서 교도작업의 역할을 중시하였다.
> ㉣ 오번제는 펜실베니아제의 엄정독거에 따른 폐해를 방지하는 데는 유리하나, 수용자의 노동력 착취수단을 제공한다는 비난이 있다.

① ㉠   ② ㉠, ㉡   ③ ㉠, ㉡, ㉢   ④ ㉠, ㉡, ㉢, ㉣

제16회 **범죄학** 모의고사

··· 정답 및 해설 182p

01 차별적 강화이론에서 행위형성의 4가지 핵심요소에 대한 설명으로 가장 옳지 않은 것은?

① 차별적 접촉 — 사회적 상호작용을 통해 법에 우호적 정의 또는 비우호적 정의를 학습하는 과정이다.

② 차별적 강화 — 특정 행위에 대한 보상 또는 다른 긍정적인 결과는 그 행위에 대한 열망을 강화시키는 반면, 처벌은 억제효과를 가져올 수 있다. 이러한 보상과 처벌로 인한 강화의 차이가 사회적 학습에 따른 행동의 차이를 가져온다.

③ 정의 — 성향·합리화·상황에 대한 정의, 옳고 그름에 대한 평가적 측면으로서 일반적 신념만을 말한다.

④ 모방행위 — 일반적인 학습과정을 거치지 않고 발생할 수 있는데, 어떤 상황에서 존경하는 역할모델의 행위 및 그 행위의 결과에 대한 관찰은 모방행위를 야기할 수 있다.

02 범죄피해자에 대한 연구로서 옳지 않은 것은?

① 피해자학 연구는 19세기 후반 실증주의 범죄학의 발달과 함께 시작되었다.

② 헨티히(H. Hentig)는 최초로 동적 관점에 근거하여 범죄자와 피해자의 상호작용에 의하여 범죄가 발생한다고 주장했다.

③ 범죄학 연구에 있어서 새로이 피해자 연구의 필요성을 강조한 헨티히, 엘렌베르거, 멘델존 등은 '피해자학의 아버지'라고 불린다.

④ 울프갱은 '피해자 촉진'이라는 용어가 여러 살인사건에 적용되는 것으로 설명하면서 피해자의 촉진자 역할이 범죄의 직접적인 원인이 되는 경우도 있다고 한다.

03 다음의 범죄학 연구방법에 대한 설명으로 옳지 않은 것은?

① 원래 질병발생에 관한 연구방법인데 범죄를 연구하기 위하여 도입하여, 유사한 특성을 공유한 사람들을 대상으로 삼아 시간의 흐름에 따라 관찰하며 어떤 경험이 어떠한 범죄를 야기하는지에 관하여 탐구하는 것을 코호트 연구라 한다.

② 메타분석(Meta-analysis)은 유사한 연구주제로 실시된 많은 통계적 연구를 다시 통계적으로 통합하고 종합해서 체계를 세우는 문헌연구의 한 방법이다.

③ 범죄현상의 내재적 상관관계나 범죄의 인과관계를 분석하는 질적 연구방법에는 표본조사, 추적조사, 사례연구, 참여적 관찰법 등이 있다.

④ 실험 연구의 대표적 예(例)로는 짐바로도(P. Zimbardo)의 '깨진 유리창의 자동차 실험', 반두라(A. Bandura)의 '보보인형(Bobo doll) 실험' 등을 들 수 있다.

04 뉴먼(Newman)과 레페토(Reppetto)의 범죄예방모델에 대한 설명으로 옳지 않은 것은?

① 뉴먼은 주택건축과정에서 공동체의 익명성을 줄이고 순찰·감시가 용이하도록 구성하여 범죄예방을 도모해야 한다는 방어공간의 개념을 사용하였다.

② 범죄행위에 대한 위험과 어려움을 높여 범죄기회를 줄임으로써 범죄예방을 도모하려는 방법을 '상황적 범죄예방모델'이라고 한다.

③ 레페토는 범죄의 전이양상을 시간적 전이, 전술적 전이, 목표물 전이, 지역적 전이, 기능적 전이의 5가지로 분류하였다.

④ 상황적 범죄예방활동에 대해서는 '이익의 확산효과'로 인해 사회 전체적인 측면에서는 범죄를 줄일 수 없게 된다는 비판이 있다.

05 범죄원인에 관한 고전주의 범죄학파의 입장과 가장 거리가 먼 것은?

① 사람들은 이성을 지닌 존재로서 자신의 욕구를 충족시키거나 문제를 해결하기 위한 수단으로 준법적인 방법 또는 범죄적 방법을 자유롭게 선택할 수 있다.

② 위법한 방법을 선택하려는 경향은 그러한 선택에 대한 국가적 통제에 대한 두려움에 의해 억제할 수 있다.

③ 가장 효과적인 범죄예방대책은 처벌이라고 보지 않고, 개별적 처우를 통한 교화개선이라고 주장했다.

④ 범죄에 대한 형벌이 신속하고 확실하며, 범죄의 해악에 비례하여 엄격하게 적용될수록 범죄는 잘 통제된다.

06 다음 중 제지이론과 관련된 내용이 아닌 것은?

① 개인을 대상으로 형벌에 대한 인지수준과 범죄행위와의 관계를 직접적으로 분석하는 시도도 이 이론의 방법론에 속한다.

② 시계열분석방법(Time Series Studies)은 입법정책이나 형벌양태에 따른 범죄증감을 변화 이전과 이후로 나누어 분석하는 방법이다.

③ 범죄억제효과에 관한 연구로서 집단비교분석방법이 있다.

④ 형벌의 신속성이 가장 중요하다고 보았다.

07 빌라(Vila)의 통합이론 조건에 관한 설명으로 가장 옳지 않은 것은?

① 어떤 이론이 모든 범죄행동을 설명할 수 있을 만큼 일반적이라면 생태학적·통합적 발달이론이어야 하고, 미시적 수준과 거시적 수준의 설명을 모두 담고 있어야 한다.

② 생태학적 이론은 개인 간의 상호관계와 그들의 물리적 환경을 고찰한다.

③ 발달이론은 시간이 경과함에 따라, 특히 개인의 나이와 관련하여 범죄원인의 변화뿐만 아니라 범죄 자체에도 변화가 온다는 점을 인정한다.

④ 통합이론은 개인의 행동에 영향을 미칠 수 있는 세 가지 요인을 모두 포함해야 하는데, 대부분의 이론이 세 가지 요인을 만족시킨다.

08 "범죄친화적 성향은 유전된다"라는 명제를 뒷받침하는 연구결과가 아닌 것은?

① 누범자 집단과 초범자 집단을 대상으로 그들 부모의 유전적 결함과 범죄성을 조사하였는데, 누범자 집단의 부모 쪽이 더 높은 유전적 결함과 범죄성을 나타냈다.

② 범죄인의 가계는 일반인의 가계에 비하여 범죄자 내지 일탈자의 비율이 더 높았고, 일란성 쌍둥이의 범죄일치율이 이란성 쌍둥이의 범죄일치율보다 더 높았다.

③ 범죄자 중에 입양된 자들을 대상으로 실부와 양자 간의 범죄일치율과 양부와 양자 간의 범죄일치율을 조사하였는데, 전자가 더 높았다.

④ 사회해체적 이웃의 생태학적 특성에 따라 높은 범죄율이 나타난다.

09 프로이트(Freud)의 범죄이론으로 적절치 못한 것은?

① 성충동(Libido)의 발달은 구순기 → 항문기 → 남근기의 발달과정을 거치게 된다.
② 인격을 구성하는 원초자아(id), 자아(ego), 초자아(superego) 상호 간의 갈등을 효과적으로 통제하지 못할 때 범죄가 발생한다.
③ 인간은 본래 공격적·반사회적 충동이나 본능을 지녔다고 보아 성악설적 인간관을 취하면서, 어린 시절의 그릇된 훈육이나 부모의 무관심으로 인하여 범죄충동을 효과적으로 통제하지 못할 때 발생한다고 본다.
④ 범죄의 원인을 무의식적 동기에서 찾는 것이 아니라 개인의 인성내용에서 찾아야 한다.

10 다음 범죄학자에 대한 설명 중 옳지 않은 것은?

> ㄱ. 라카사뉴(Lacassagne)는 "사회는 범죄의 배양기이고 범죄자는 그 미생물에 해당한다"고 하여 범죄원인은 결국 사회와 환경에 있다는 점을 강조하였다.
> ㄴ. 셀린(Sellin)은 동일한 문화 안에서의 사회변화에 의한 갈등을 1차적 문화갈등이라고 하고, 이질적 문화 간의 충돌에 의한 갈등을 2차적 문화갈등이라고 설명하였다.
> ㄷ. 뒤르켐(Durkheim)은 집단적 비승인이 존재하는 한 범죄는 모든 사회에 어쩔 수 없이 나타나는 현상으로, 정상적이기보다는 비정상적이며 병리적인 현상이라고 주장하였다.
> ㄹ. 코헨(Cohen)은 중산층 문화에 적응하지 못한 하위계층 출신 소년들이 자신을 궁지에 빠뜨린 문화나 가치체계와는 정반대의 비행하위문화를 형성한다고 보았다.

① ㄱ, ㄴ   ② ㄴ, ㄷ   ③ ㄷ, ㄹ   ④ ㄱ, ㄹ

11 클로워드(Cloward)와 올린(Ohlin)의 차별적 기회구조이론의 내용과 다른 것은?

① 청소년 갱비행이 불평등한 사회구조 내에서 중산층문화에 대한 반항과 지위획득의 추구로부터 동기를 부여받는다고 보는 점에서 코헨과 같은 입장이다.
② 비행소년은 단순한 지위획득만이 아니라 돈을 추구하는 범죄를 행하는 것으로 보고, 코헨이 제시한 비행소년보다 더욱 심각한 비행소년이 되는 경향을 설명한다.
③ 갈등적 하위문화는 청소년범죄자에게 성공적인 역할모형이 될 수 있는 조직화된 성인범죄자들의 활동이 존재하지 않는 지역에서 나타난다.
④ 갈등이론과 학습이론이 통합된 하위문화이론으로서 불법적 기회구조의 차별성까지 전제한 설명이다.

12 에이커스(R. Akers)의 사회적 학습이론에 대한 평가로서 가장 옳지 않은 것은?

① 서덜랜드의 범죄학습이론과 스키너(Skinner)의 심리학적 학습원리인 조작적 조건화를 통합하여 보다 일반적인 행동이론으로 발전시켰다.

② 고전주의 범죄학의 성과와 사회학적 이론을 접목시켜 범죄정책적 타당성을 강화했고, '처벌'과 '보상'이라는 객관적 개념을 사용하여 검증가능성을 보다 더 높였다.

③ 범죄학습과정에서 사회적 상호작용을 통한 사회적 강화보다 환경 그 자체가 범죄성을 강화하는 데 큰 영향을 미치는 것을 확인하여 상황적 범죄예방론의 기초를 제공했다.

④ 교정에 있어서의 행동수정 프로그램, 범죄자에 대한 집단상담 및 수강명령·성폭력 치료프로그램 이수명령 등의 논거를 제시했다.

13 다음 중 쌍생아 연구를 수행한 연구자가 아닌 사람은?

| ㉠ 랑게(Lange) | ㉡ 크리스티안센(Christiansen) | ㉢ 갈튼(Galton) |
| ㉣ 슐싱어(Schulsinger) | ㉤ 크로우(Crow) | |

① ㉠, ㉣   ② ㉢, ㉣   ③ ㉡, ㉤   ④ ㉣, ㉤

14 중화기술이론 내지 표류이론에서 표류의 가장 중요한 원인은?

① 생물학적 퇴행성   ② 낙인
③ 정신적 결함   ④ 사회통제의 약화

15 클라우스(Klaus)가 분류한 강도의 유형에 대한 설명으로 가장 옳지 않은 것은?

① 개방된 장소에서 발생하는 강도는 단독범행이 아니라 주로 역할분담을 이룬 두 명 이상의 조직화된 강도단에 의해 발생한다.

② 상가강도는 은행에서부터 주류상점에 이르기까지 사업관계에서 발생한다.

③ 사적 점유영역에서 발생하는 강도는 가장 전형적인 강도행위이다.

④ 짧은 기간의 예비적 접촉 이후에 발생하는 강도는 술집, 파티 등에서 우연한 만남 이후에 발생한다.

16 범죄예측에 대한 설명으로 타당성이 적은 것은?

① 초기 범죄예측은 가석방 대상자의 재범위험성을 판단하기 위한 목적이 강조되었다.
② 최초의 범죄예측은 미국의 워너가 가석방심사 판정기준의 타당성에 대한 연구에서 최초로 시작하였고, 독일에서는 범죄원인 해명의 차원에서 발달하였다.
③ 전체적 관찰법이란 범죄자의 인격 관련 사항 전체를 객관적 기준에 입각하여 분석, 종합, 평가하여 범죄행동을 예측하는 방법이다.
④ 범죄예측을 위한 심리검사법으로 현재는 MMPI방식이 가장 널리 쓰이고 있다.

17 범죄자의 장기적인 범죄경력연구에 가장 적합한 조사설계는?

① 횡단적 조사설계
② 반복횡단 조사설계
③ 패널 조사설계
④ 코호트 조사설계

18 미테(Miethe)와 마이어(Meier)의 구조적 선택이론을 구성하는 핵심개념에 포함되지 않는 것은?

① 동기화된 범죄자
② 대상의 매력성
③ 노출의 정도
④ 보호력의 부재

19 상황적 범죄예방의 5가지 전략과 구체적인 전술을 잘못 짝지은 것은?

① 노력의 증가 – 범행대상의 견고화, 시설의 접근통제
② 보상의 감소 – 자산 식별하기, 목표물 제거
③ 위험의 증가 – 자연적 감시력 제고, 마약 및 알코올 통제
④ 변명의 제거 – 안내문 게시, 규칙 정하기

20 범죄예측에 관한 설명으로 틀린 것은 모두 몇 개인가?

> ㉠ 범죄예측이란 예방, 수사, 재판, 교정의 각 단계에서 잠재적 범죄자의 범행가능성이나 범죄자의 재범가능성을 판단하는 것이다.
> ㉡ 버제스(Burgess)는 가중실점방식이라는 조기예측법을 소개하였다.
> ㉢ 교정단계의 예측은 가석방 여부와 가석방 시기를 결정하기 위해 필요하다.
> ㉣ 우리나라에서 범죄예측은 청소년의 재범을 예측하기 위해서 시작되었다.

① 0개
② 1개
③ 2개
④ 3개

제17회 범죄학 모의고사

··· 정답 및 해설 186p

01 법과 범죄에 대한 합의론적 관점(consensual view)에 부합하는 범죄는 몇 개인가?

| ㄱ. 간통죄 | ㄴ. 도박죄 | ㄷ. 살인죄 | ㄹ. 뇌물죄 |

① 1개   ② 2개   ③ 3개   ④ 4개

02 피해자학에 관한 설명으로 옳지 않은 것은?

① 피해자가 되기 쉬운 사람들의 심리상태나 피해자를 만들어 내는 사회구조를 연구한다.

② 범죄피해원인론 중 생활양식이론이 사회계층별 폭력범죄의 위험성을 밝히려고 했다면, 일상 활동이론은 시간의 흐름에 따른 범죄율의 변화를 설명하려고 하였다.

③ 롬브로조가 범죄인연구에 큰 기여를 했다면, 헨티히(H. won Hentig)와 멘델존(B. Mendelsohn)은 피해자학의 발전에 중요한 역할을 하였다.

④ 피해자학에서의 피해자는 형식적 의미의 범죄개념에 해당하는 범죄행위로 인하여 피해를 입은 자만을 의미한다는 데에 견해가 일치한다.

03 암수범죄(숨은 범죄)에 관한 설명 중 옳지 않은 것은?

① 서덜랜드(E. H. Sutherland)는 암수범죄로 인하여 범죄와 비행에 대한 통계가 모든 사회통계 중에서 가장 신빙성이 없다고 하였다.

② 성매매, 도박, 약물범죄 등과 같은 범죄에서 암수범죄가 발생하기 쉽다.

③ 암수범죄는 범죄의 미인지, 범죄의 미신고, 수사기관의 재량적 사건처리 등으로 인하여 발생한다.

④ 범죄통계표를 근거로 암수범죄를 정확하게 파악할 수도 있으나, 일반적으로 암수범죄를 파악하기 위하여 피해자조사, 자기보고조사, 정보제공자조사 등의 방법들이 사용되고 있다.

04 다음 기술 중 옳지 않은 것은?

① 서덜랜드(Sutherland)는, 범죄자는 원래부터 정상인과 다르기 때문에 범죄를 저지르는 것이 아니라, 타인들과 접촉하는 과정에서 범죄행위를 학습하기 때문에 범죄를 저지른다고 보았다.

② 허쉬(Hirschi)는 사람은 누구나 범죄를 저지를 가능성을 가지고 있으나 가족, 학교, 동료 등의 사회집단과 밀접한 유대를 맺고 있는 사람은 범죄를 저지를 가능성이 낮다고 보았다.

③ 폴락(Pollack)은 통계상 여성의 범죄율이 남성의 범죄율보다 현저히 낮은 이유는 여성이 범죄를 저지를 만한 상황에 이르면 남성이 여성을 대신하여 범죄를 저지르는 기사도 정신을 발휘하기 때문이라고 보았다.

④ 코헨(Cohen)과 펠슨(Felson)의 일상생활이론(Routine Activities Theory)에 의하면 범죄발생 여부는 범행동기를 지닌 범죄자, 적절한 범행대상, 범행을 막을 수 있는 사람의 부존재라는 세 가지 변수에 의해 결정된다고 보았다.

05 카플란의 자아존중감 훼손 이론에 관한 설명으로 가장 옳지 않은 것은?

① 청소년 비행을 설명하기 위해서 '자아존중감 훼손 이론'을 주장했다.

② 비행과 약물남용은 낮은 자아존중감 또는 자아훼손감에 대한 청소년의 반응으로 보여진다.

③ 가족, 학교, 주류 친구집단 등 관습적 준거집단의 기준에 순응하는 데 실패할 경우, 자아존중감을 경험하게 된다.

④ 점차 청소년이 비행적 대안을 인식하게 되면, 자아훼손을 극복하고 자아존중감을 개선할 수 있는 비행집단에 끌리게 된다.

06 무어(R. Moore)가 분류한 해커의 6가지 유형에 대한 설명으로 가장 옳지 않은 것은?

① 블랙 해커 – 컴퓨터 시스템과 네트워크를 불법적이고 악의적인 접근으로부터 보호하기 위하여 프로그램을 작성함

② 회색 해커 – 블랙 해커와 화이트 해커를 혼합한 것으로서 기회주의적인 것으로 여겨짐

③ 해킹 행동주의자 – 그들의 정치적 메시지를 전파하기 위해서 컴퓨터 시스템이나 네트워크를 해킹하고자 시도함

④ 사이버 테러리스트 – 국가기반시설에 연결된 컴퓨터 시스템에 접근하여 공격하는데, 그러한 공격은 서비스 불능으로 인해 손상이나 사망을 야기할 수 있음

07 리스트(F. von Liszt)에 관한 설명 중 옳지 않은 것은?

① 범죄원인은 범죄인을 제외한 모든 사람에게 있다고 보았으며, 범죄원인에 있어서 심리적 요인을 중시하였다.

② 범죄학과 형법학이 통합되어 총체적 형법학으로 발전되어야 한다고 주장하였고, 하멜(Hamel) 등과 함께 국제형사학협회(I. K. V.)를 창설하였다.

③ 부정기형의 채택, 단기자유형의 폐지, 집행유예·벌금형·누진제도의 합리화, 소년범죄에 대한 특별처우를 해야 한다.

④ 개선이 가능한 범죄자는 개선을, 개선이 필요 없는 범죄자는 위하를, 개선이 불가능한 범죄자는 격리(무해화)를 하여야 한다.

08 다음 중 범죄성의 생물학적 원인을 증명하기 위한 선행연구가 아닌 것은?

① 범죄생활곡선 연구
② 쌍둥이의 범죄일치율 연구
③ 양자와 양부·친생부 비교연구
④ 이상성염색체 연구

09 학습이론(learning theory)에 대한 설명으로 옳은 것은?

> ㄱ. 버지스(Burgess)와 에이커스(Akers)에 따르면, 범죄행위를 학습하는 과정은 과거에 이러한 행위를 하였을 때에 주위로부터 칭찬, 인정, 더 나은 대우를 받는 등의 보상이 있었기 때문이다.
> ㄴ. 타르드(Tarde)의 모방의 법칙에 따르면, 학습의 방향은 대개 열등한 사람이 우월한 사람을 모방하는 방향으로 진행된다.
> ㄷ. 서덜랜드(Sutherland)에 따르면, 범죄자와 비범죄자의 차이는 접촉유형의 차이가 아니라 학습과정의 차이에서 발생한다.
> ㄹ. 글레이저(Glaser)에 따르면, 범죄를 학습하는 과정에 있어서는 누구와 자신을 동일시하는지 또는 자기의 행동을 평가하는 준거집단의 성격이 어떠한지보다는 직접적인 대면접촉이 더욱 중요하게 작용한다.

① ㄱ, ㄴ   ② ㄴ, ㄷ   ③ ㄷ, ㄹ   ④ ㄱ, ㄹ

10 다음은 아노미이론에 대한 설명이다. 바르게 설명한 것은?

① 머튼이 기초를 제공하고 뒤르켐이 사회학적 범죄이론으로 체계화하였다.

② 개인의 행위는 개인의 특성에 따라 적응방식이 달라진다고 본다.

③ 차별적 교제이론에 바탕을 두고 발전된 이론이다.

④ 금전숭배주의로 특징지어지는 미국문화 속에서의 범죄설명으로 제시되었다.

11 차별적 기회구조이론(Differential Opportunity Theory)에 관한 설명 중 옳지 않은 것은?

① 머튼(Merton)의 아노미이론과 서덜랜드(Sutherland)의 차별적 접촉이론의 영향을 받았다.

② 불법적 수단에 대한 접근기회의 차이가 그 지역의 비행적 하위문화의 성격 및 비행의 종류에 영향을 미친다고 한다.

③ 합법적 수단을 사용할 수 없는 사람들은 곧바로 불법적 수단을 사용할 것이라고 머튼(Merton)의 가정을 계승하고 있다.

④ 비행적 하위문화로 '범죄적 하위문화', '갈등적 하위문화', '도피적 하위문화' 등 세 가지를 제시하고, 범죄적 가치나 지식을 습득할 기회가 가장 많은 문화는 '범죄적 하위문화'라고 주장하였다.

12 동일한 접촉 시에도 개인에 따라 이질적 반응이 나타나는 이유를 개인의 선택과정의 차이 때문이라고 보는 이론은?

① 조직적 조건이론
② 기회선택이론
③ 차별적 동일시이론
④ 자아관념이론

13 현대사회의 사회생물학에 대한 설명으로 타당하지 않은 것은?

① 범죄는 유전자의 영향뿐만 아니라 환경의 영향을 함께 강조하면서도 범죄인성은 생래적인 것으로서 부정할 수 없으므로 범죄인에 대한 형사적 처벌이 강화되어야 한다고 주장한다.

② 환경과 경험이 행동에 영향을 미친다고 믿기는 하지만, 대부분의 행위는 사람의 '생물학적 기계'에 의해 통제된다고 본다.

③ 사회생물학자들은 유전자를 모든 인간운명을 통제하는 생명의 궁극적인 단위라고 본다.

④ 사회생물학은 생물학적 조건과 유전적 조건이 어떻게 사회적 행동의 학습과 인지에 영향을 미치는지 강조한다는 점에서 행동에 대한 기존 이론과 차별된다.

14 사이크스(Sykes)와 맛차(Matza)의 주장과 거리가 먼 것은?

① 범죄자들은 중화기술을 발휘하므로 규범의식이 없고 범죄 후 체포된 경우에도 수치심을 느끼지 않는다.

② 범죄자들도 보편적인 가치와 규범체계를 전면적으로 거부하는 경우가 드물다.

③ 범죄행동은 보편적인 행동방식의 대체가 아니고, 원칙과 예외의 메커니즘이다.

④ 범죄자들은 주관적으로 높은 가치와 규범을 끌어들여 자신의 행위를 정당화한다.

15 낙인이론(labeling theory)에 대한 설명으로 옳지 않은 것은?

① 레머트(Lemert)는 1차적 일탈에 대한 부정적 사회반응이 2차적 일탈을 만들어 낸다고 하였다.
② 베커(Becker)는 일탈자의 지위는 다른 대부분의 지위보다 더 중요한 지위가 된다고 하였다.
③ 슈어(E. M. Schur)는 낙인과정의 협상적 측면과 자아규정이 미치는 영향을 강조하였다.
④ 사회 내 처우의 문제점을 지적하면서 시설 내 처우의 필요성을 강조하였다.

16 다음 범죄예측의 이론 중 틀린 것은?

① 사법예측으로서 주로 가석방 여부 및 시기결정에 이용되고, 조기예측은 사법예측에 속하지 않으나 소년범죄 예방에 활용되고 있다.
② 소년분류심사원에서의 비행예측은 조기예측을 포함한다.
③ 조기예측 → 석방 시 예측 → 재판 시 예측 순으로 역사적 발전을 해 왔다.
④ 직관적 예측법은 예측하는 사람의 보편적인 인식능력이나 오랜 경험을 바탕으로 한 직관적 예측능력을 활용하는 방법이므로, 실무에서 현실적으로 이용할 수 있다.

17 생물사회학적 범죄원인 중 영양소와 신경전달물질에 대한 설명으로 가장 옳지 않은 것은?

① 신경전달물질에 관한 연구의 공통된 결론은 세로토닌, 도파민, 노르에피네프린의 세 가지 신경전달물질이 반사회적 행태와 연관을 가질 수 있다는 것이다.
② 정크푸드에 존재하는 당분은 반응성 저혈당증을 촉진하여 폭력행위의 한 원인이 될 수 있다.
③ 도심에서의 생활처럼 스트레스를 많이 주는 생활조건은 세로토닌의 수치를 크게 높여서 비행 가능성을 높일 수 있다.
④ 비타민 및 미네랄 결핍과 범죄의 관련성에 있어서 영양소가 결핍되면 이상행동을 초래할 수 있다.

18 다음 중 레피토(Reppetto)가 분류한 전이(Displacement)의 유형과 유형별 사례가 가장 부합하지 않는 것은?

① 영역적(Territorial) 전이 – 상점의 경비가 강화되자 주택을 범행대상으로 선택하는 것
② 전술적(Tactical) 전이 – 열린 문을 통해 침입하다가 문에 자물쇠가 설치되자 창문을 깨고 침입하는 것
③ 기능적(Functional) 전이 – 경비강화로 절도가 어려워지자 대신 강도를 저지르는 것
④ 시간적(Temporal) 전이 – 야간에 절도를 하다가 야간 시민순찰이 실시되자 오전에 절도를 하는 것

19 사이코패스(정신병질)에 대한 설명 중 가장 옳은 것은?

① 미국 정신의학회의 DSM에서는 이를 반사회적 성격장애와 구별한다.
② 유전적·생물학적 요인보다 후천적·환경적 요인이 더 크게 작용한다.
③ 가장 많이 사용되는 진단도구는 슈나이더(Schneider)가 개발한 PCL－R이다.
④ 무정성 정신병질자는 롬브로조(Lombroso)가 말한 생래적 범죄인에 가깝다.

20 브랜팅햄(Brantingham)과 파우스트(Faust)의 범죄예방모형에 따를 때 다음 중 성격이 다른 하나는?

① 이웃감시   ② 상황적 범죄예방
③ 민간경비   ④ 환경설계 범죄예방

제18회 **범죄학** 모의고사

··· 정답 및 해설 189p

01 범죄학의 연구대상과 관련된 설명으로 옳지 않은 것은?

① 슈베딩거(Schwendinger) 부부는 범죄학에서 연구대상으로 삼아야 할 범죄는 전통적인 형법 상의 범죄뿐 아니라 인권침해적 모든 조건까지 포함되어야 한다고 주장했다.
② 실질적 범죄성의 기준으로는 일반적으로 사회유해성과 법익침해성이 제시되고 있다.
③ 이른바 피해자 없는 범죄는 범죄학의 연구대상이 아니다.
④ 비법률적으로 정의된 범죄도 범죄학의 연구대상이 될 수 있지만, 현재까지 법률적으로 정의 된 범죄가 범죄학의 주된 연구대상이 되고 있다.

02 피해자학에 관한 설명 중 괄호 안에 들어갈 이름으로 옳은 것은?

> 피해자에 대한 체계적인 연구는 제2차 세계대전 이후에 시작되었다고 볼 수 있다. (A)은(는) 강간범죄의 피해자를 연구하여 형사정책적으로 의미 있는 피해자학의 기초를 마련하였고, 범죄 에 대한 피해자의 유책성 정도에 따라 피해자를 분류하였다. (B)은(는) 죄를 범한 자와 그로 인하여 고통받는 자라는 도식을 통하여 "피해자의 존재가 오히려 범죄자를 만들어 낸다"고 지적 하면서 범죄자와 피해자의 관계에 대한 과학적인 연구의 필요성을 강조하였다.

> ㉠ 포이어바흐(A. von Feuerbach)　　　　㉡ 멘델존(B. Mendelsohn)
> ㉢ 가로팔로(R. Garofalo)　　　　　　　　㉣ 프라이(M. Fry)
> ㉤ 헨티히(H. von Hentig)　　　　　　　　㉥ 엘렌베르거(H. Ellenberger)

① A : ㉠, B : ㉢　　② A : ㉡, B : ㉤　　③ A : ㉡, B : ㉣　　④ A : ㉢, B : ㉥

03 피해자조사에 관한 설명으로 옳지 않은 것은?

① 범죄피해자로 하여금 범죄의 피해경험을 보고하게 하는 것이다.
② 공식범죄통계의 한계를 보완할 수 있다.
③ 암수범죄의 규모를 추측하는 데 도움이 된다.
④ 정치범죄, 조직범죄 등의 분석에는 큰 도움이 되지 못하나, 강간죄 등 성범죄의 실태파악에는 적절하고 유용한 방법이다.

04 서덜랜드(Sutherland)가 제시한 전문 절도범의 특성에 대한 설명으로 가장 옳지 않은 것은?

① 주의 깊게 범죄기획을 한다.
② 전문적 기술 및 방법에 의존한다.
③ 이동하는 생활양식을 갖고 있다.
④ 생계를 위한 다른 직업을 갖고 있다.

05 다음에 제시된 [보기 1]의 설명과 [보기 2]의 학자가 바르게 연결된 것은?

> A. 인도적이고 합리적인 감옥개혁을 주장하면서 교정시설의 국가운영과 독거제를 주장했다.
> B. 계몽시대를 대표하는 형법학자로 「범죄와 형벌」을 집필하여 죄형법정주의와 사형폐지를 주장했다.
> C. '최대다수의 최대행복'을 주장한 공리주의의 대표적 사상가로서 채찍이론과 형벌의 계량화를 통한 정확한 형벌을 강조했다.
> E. 자연법론에 기초하여 법률위반에 대해서 심리강제를 통한 일반예방을 강조하였다.

> ㉠ 베카리아(Beccaria)   ㉡ 하워드(Howard)
> ㉢ 벤담(Bentham)   ㉣ 포이어바흐(Feuerbach)

	A	B	C	D
①	㉠	㉡	㉢	㉣
③	㉡	㉠	㉣	㉢

	A	B	C	D
②	㉡	㉠	㉢	㉣
④	㉢	㉠	㉡	㉣

06 합리적 선택이론에 대해 적절치 못한 설명은?

① 사람은 이익과 손실을 계산하여 범죄를 행한다.
② 범죄자는 개인적 요인들과 상황적 요인을 고려하여 범죄를 행하는 것이 준법행위를 하는 것보다 이득이 된다고 판단했을 때 범죄를 범한다고 설명한다.
③ 범죄를 저지를 때에 고려하는 요인들에는 금전적 사항만이 아니라 개인취향, 정서적 만족감, 대인관계의 위신, 편리함 등도 포함된다.
④ 범죄발생에서 소질과 환경을 중시한다.

제18회 범죄학 모의고사 **113**

07 학자와 그 주장이 올바르게 연결되지 않은 것은?

① 뒤르켐(E. Durkheim) : 범죄의 본질은 집단의식의 침해이며, 따라서 형법은 법익보호보다는 기계적 연대성의 보호를 1차적 임무로 한다.

② 타르드(G. Tarde) : 어느 정도까지의 범죄발생은 건전한 사회의 한 구성부분이고, 사회의 진보를 위해 필요하기도 한다.

③ 리스트(Liszt) : 특별예방적 관점에서 개개의 범죄인의 재범을 방지하는 데 불가결한 형벌이 필요한 형벌이라고 하면서, 형벌은 필요성과 합목적성에 의해서만 정당화된다고 주장했다.

④ 페리(E. Ferri) : 일정한 조건의 사회에서는 그에 상응하는 일정한 양의 범죄가 발생하기 마련이고, 그 이상도 그 이하도 발생하지 않는다.

08 범죄학과 범죄정책에 관한 학자와 그 이론의 연결이 옳지 않은 것은?

㉠ 롬브로조(C. Lombroso)	a. 특별예방론적 목적사상(개선, 위하, 무해화)
㉡ 페리(E. Ferri)	b. 범죄인류학, 타고난 범죄인설
㉢ 슐싱어(F. Schulsinger)	c. 쌍생아 연구
㉣ 랑게(J. Lange)	d. 범죄사회학, 범죄포화의 법칙, 형벌폐지론
㉤ 아이젠크(Eysenck)	e. 성격과 범죄에 관한 연구
㉥ 리스트(R. von Liszt)	f. 입양아(양자) 연구

① ㉠-b   ② ㉡-d   ③ ㉢-e   ④ ㉣-c

09 정신병질과 범죄와의 상관관계를 잘못 서술한 것은?

① 고위층을 사칭하며 사기행각을 벌이는 것과 관련이 깊은 것은 허영성 정신병질이다.

② 슈나이더는 정신병질을 10가지로 분류하고 정신병질자는 모두 일반인보다 범죄위험성이 높다고 하였다.

③ 서덜랜드도 정신병질을 분류하였으나, 그는 정신병질이 범죄와 크게 관련이 없다고 하였다.

④ 광신성 정신병질은 정치범과 관련성이 많다.

10 사회적 긴장이론(Strain Theory)에 대한 설명으로 옳지 않은 것은?

① 사회적 긴장이론(Social Strain Theory)은 사회학자 뒤르켐이 '개인의 행위는 개인의 특성에 따라 결정되기보다는 사회적으로 결정된다'고 보아 자살과 범죄 등 일탈행위를 사회학적으로 설명한 것이 시발점이 되었다.

② 긴장이론은 사회적 긴장이론과 일반긴장이론으로 구분할 수 있는데, 머튼의 아노미이론은 사회적 긴장이론에 속하고 코헨 및 클로워드와 올린의 하위문화이론은 일반 긴장이론에 속한다.

③ 머튼(Merton)은 '일반적으로 경제적 성취라는 잣대로 매겨지는 성공에 대한 열망은 강조되고, 선의의 경쟁이나 노력은 중시되지 않는 물질만능주의 내지 금전숭배주의로 특징지어지는 미국문화' 속에서 범죄문제를 설명하는 아노미이론을 사회적 긴장이론(Strain Theory)의 맥락에서 제시했다.

④ 에그뉴(Agnew)는 긴장의 원인을 폭넓게 확대하여 목표달성의 실패·긍정적으로 평가되는 자극의 상실·부정적으로 평가되는 자극의 생성 등이 긴장(Strain)의 원인이라고 하면서, 긴장이 분노·좌절·우울감을 유발하며 이러한 부정적 감정은 긴장에 대한 불법적 반응의 원인이 된다는 주장을 하여 미시적 수준에서 긴장이론을 제시했다.

11 차별적 기회구조이론(differential opportunity theory)에 대해 잘못 기술한 것은?

① 클로워드와 올린은 코헨과 머튼의 주장을 기반으로 기회구조차이이론을 전개하여, 아노미이론·비행적 하위문화이론 그리고 차별적 교제이론의 결합을 보완한 이론이다.

② 비행하위문화를 촉발시키는 근본적 요인으로 합법적 수단을 사용할 수 있는 기회의 불평등한 분포를 지적한다.

③ 클로워드와 올린은 특정 지역에서 발생하는 범죄유형을 지역의 하위문화적 특성과 관련하여 설명하였고, 비행하위문화의 성격은 비합법적 기회가 어떻게 분포되어 있느냐에 따라 다르며, 이에 연관된 비행행위의 종류도 다르다고 본다.

④ 하류계층에 속하는 사람들이 어떤 삶의 방식을 취하느냐는 구성원 각자의 심리적 결단에 의해 크게 좌우된다.

12 다음의 설명에 해당하는 범죄이론가는?

> • 범죄는 의사소통을 통한 타인과의 상호작용과정을 통해서만 학습되는 것이 아니라 다른 사람의 행동결과를 관찰함으로써 학습되는 경우도 있다.
> • 스키너(B. F. Skinner)의 행동주의 심리학의 연구성과인 '조작적 조건화원리'를 도입하여 학습과정을 이전 학습이론보다 확대하였다.
> • 차별적 교제, 정의(defininition), 차별적 강화, 모방 등을 이론의 핵심으로 활용하였다.

① 글래이저(D. Glaser) ② 에이커스(R. Akers)
③ 서덜랜드(E. Sutherland) ④ 레클리스(W. Reckless)

13 현대의 생물학적 원인론에 대한 설명으로 타당하지 않은 것은?

① '생물학 공포증'이란 인간 본성을 이해하려고 시도할 때 생물학적 요인을 심각하게 고려해서는 안 된다는 사회학자들의 관점을 말한다.

② 사회생물학에 따르면 표면적으로 타인을 돕기 위한 것으로 보이는 행위들은 그 핵심에 자기이익이 있다고 본다.

③ 특성이론에 따르면 범죄성은 비정상적인 생물학적·심리학적 특성의 결과라고 본다.

④ 현대의 특성이론가들은 단일한 생물학적 속성이나 심리학적 속성이 모든 범죄성을 적절하게 설명할 수 있다고 본다.

14 티틀의 통제균형이론에 관한 설명으로 가장 옳지 않은 것은?

① 사회학습이론, 아노미이론, 합리적 선택이론, 사회유대이론의 개념을 통합하였다.

② 비행행위는 4개 변수의 융합으로부터 발생하는데, 이 중에서 성향과 자극은 비행의 동기적인 측면을 구성한다.

③ 통제는 비행행위의 동기가 아니라 비행행위의 억제요인으로 작용한다.

④ 타인에 의해서 통제되는 사람은 그러한 통제를 회피하기 위해서 비행행위에 가담하는 경향이 있는 반면, 타인에게 통제를 가하는 사람은 그러한 통제범위를 확장시키기 위해서 비행행위에 가담하는 경향이 있다.

15 이탈리아 실증주의학파인 롬브로소에 대한 설명으로 옳지 않은 것은?

> ㄱ. 생래적 범죄인은 신체적, 생리적, 정신적인 측면에서 일정한 유전징후를 가지고 있어서 외부적으로 탐지될 수 있다.
> ㄴ. 세월이 지나감에 따라 롬브로소의 사고는 변화하였는데, 환경적 요인보다는 생물학적 요인에 더 주목하였다.
> ㄷ. 생래적 범죄인이 존재하는 이유 중 격세유전을 반박하였다.
> ㄹ. 기회 범죄인은 특별한 신체적 특징이나 정신적 장애를 갖고 있지 않지만 적절한 상황이 주어지면 범죄를 저지를 수 있다. 대부분의 범죄자는 기회 범죄인에 속한다.

① ㄱ, ㄴ　　　　② ㄴ, ㄷ　　　　③ ㄷ, ㄹ　　　　④ ㄱ, ㄹ

16 다이버전(diversion)에 대한 형사정책적 평가로서 옳지 않은 것은?

① 형사사법제도의 운영이 최소화될 수 있어 자원활용의 효율성을 높일 수 있다.
② 형사사법기관의 업무량을 줄여 상대적으로 중요한 범죄사건에 집중할 수 있도록 해 준다.
③ 형사사법통제망의 확대를 통한 통제의 강화를 기할 수 있어 재범의 위험성을 감소시킨다.
④ 다이버전은 범죄의 원인제거와는 무관하다는 비판을 받는다.

17 플레이트(Plate)가 제시한 전문적 범죄자의 특성에 대한 설명으로 가장 옳지 않은 것은?

① 익명성을 추구한다.
② 반드시 조직범죄 구성원인 것은 아니다.
③ 주로 마약중독자이다.
④ 주로 안정적인 가정의 구성원이다.

18 사회통제를 범죄의 원인으로 주목한 이론이 아닌 것은 모두 몇 개인가?

㉠ 아노미이론(anomie theory)	㉡ 생활양식이론(lifestyle theory)
㉢ 봉쇄이론(containment theory)	㉣ 억제이론(deterrence theory)
㉤ 사회유대이론(social bonding theory)	

① 없음   ② 1개   ③ 2개   ④ 3개

19 성격과 범죄 관련성을 검사하는 방법 중 다음 [보기]의 설명이 지칭하는 것은?

비행성이 있는 성격과 그렇지 않은 성격을 구분하기 위한 수단으로 개발됐다. 세계적으로 많이 쓰이고 있는 14세 이상 정상인 대상의 성격측정 지필검사다.

① MBTI 검사   ② CPI 검사
③ 과제통각검사   ④ 로르샤흐검사

20 블럼스타인이 주장한 교도소 과밀화의 해소방안을 모두 고른 것은?

| ㉠ 집합적 무력화 | ㉡ 정문정책 | ㉢ 후문정책 | ㉣ 교정시설의 확충 |

① ㉠, ㉡   ② ㉠, ㉢, ㉣   ③ ㉡, ㉢, ㉣   ④ ㉠, ㉡, ㉢, ㉣

제19회 **범죄학** 모의고사

··· 정답 및 해설 192p

01 범죄학에 있어서 범죄에 관한 설명으로 옳은 것은?

① 범죄학자가 범죄를 정의하는 관점은 합의론적 관점, 도덕적 관점, 상호작용론적 관점이 대표적이다.

② 상징적 상호작용주의 관점은 범죄를 귀속의 산물로 보며, 범죄의 객관적·법률적 측면을 강조한다.

③ 범죄학에서 범죄란 대부분 비법률주의적 정의를 바탕으로 하고 있다.

④ 갈등론적 관점은 범죄가 경제적·사회적 이해관계에 따라 규정된다고 보고, 급진적 갈등론에서는 노동력 착취, 인종차별, 성차별 등과 같이 인권을 침해하는 사회제도가 범죄적이라고 평가하는 비법률주의적 접근도 시도하고 있다.

02 피해자학에 관한 설명으로 옳은 것을 고르면?

① 최근의 피해자학 연구에서는 범죄피해와 사법시스템과의 상관성 및 경찰·검찰·보호관찰관 등에 의한 피해자 지원 그리고 회복적 정의 실현 등에 대한 관심이 높아지고 있다.

② 헨티히(H. von. Hentig)는 피해자 유형을 일반적 피해자와 심리학적 피해자로 나누며, 심신장애자를 심리학적 피해자로 분류한다.

③ 엘렌베르거(H. Ellenberger)는 피해자 유형을 일반적 피해자성과 잠재적 피해자성으로 나누며, 피학대자를 일반적 피해자성으로 분류한다.

④ 「범죄피해자 보호법」은 생명 또는 명예를 해하는 범죄에 의한 피해에 대해서만 구조금을 지급한다.

03 카메론(Cameron)이 제시한 아마추어 상점절도범의 특성에 대한 설명으로 가장 옳지 않은 것은?

① 자신이 범죄자라고 생각하지 않는다.

② 자기가 사용하기 위해 상품을 훔친다.

③ 훔친 물건을 판매해서 수입의 대부분을 얻는다.

④ 체포된 절도범은 과거의 상점절도 체포기록을 갖고 있지 않다.

04 초기 생물학적 범죄원인론과 생물사회학적 범죄원인론에 관한 설명으로 옳지 않은 것들은?

> ㄱ. 초기 생물학적 범죄원인론(일반적으로 1960년대 또는 1970년대 이전)은 범죄행위의 원인으로서 주로 신체적 특성과 유전에 중점을 두었다.
> ㄴ. 초기 생물학적 범죄원인론은 유전자, 염색체, 식사, 호르몬, 환경오염 등을 포함하여 행동에 대한 다양한 영향요인을 조사하였다.
> ㄷ. 몇몇 초기 생물학적 범죄원인론은 범죄성은 가계(family) 내에 있지 않으며 한 세대에서 또 다른 세대로 유전될 수 없다고 주장하였다.
> ㄹ. 초기 생물학적 범죄원인론은 범죄성의 유의한 근원으로서 얼굴 특성, 체형, 두개골 형태와 같은 신체적 특성을 고려하였다.

① ㄱ, ㄴ   ② ㄴ, ㄷ   ③ ㄷ, ㄹ   ④ ㄱ, ㄹ

05 베카리아(Beccaria)에 관한 설명으로 옳지 않은 것은?

① 「범죄와 형벌」이라는 저서를 통하여 당시의 형사사법제도를 비판하였고, 잔혹한 형의 집행보다는 예외 없는 처벌이 범죄예방에 효과적이라고 주장하였다.
② 범죄자와 피해자 사이에 계급의 차이가 있는 경우에는 배심원의 절반은 피해자 계급, 나머지 절반은 범죄자 계급으로 구성하여야 한다고 주장하였다.
③ 인도주의적 입장에서 범죄자에 대한 사면을 적극 활용하여야 한다고 주장하였다.
④ 형벌이 그 목적을 달성하기 위하여는 형벌로 인한 고통이 범죄로부터 얻는 이익을 약간 넘어서는 정도가 되어야 한다고 주장하였다.

06 사이크스(G. M. Sykes)와 마차(D. Matza)의 중화이론에서 자신의 비행을 정당화하는 중화적 기술에 해당하지 않는 것은 몇 개인가?

> ㉠ 상위 충성심에 대한 부정   ㉡ 가해의 부정
> ㉢ 비난자에 대한 비난   ㉣ 책임의 부정
> ㉤ 처벌의 부정   ㉥ 자아의 부정

① 1개   ② 2개   ③ 3개   ④ 4개

07 다음 중 잘못된 기술은?

① 롬브로조(Lombroso)도 후기에는 범죄의 생물학적 요인보다 환경적 요인에 주목하였다.

② 고링(C. Goring)과 후튼(E. A. Hooton)은 범죄인이 일반인과 다른 신체적 특징을 가졌다는 롬브로조의 견해를 반박하였다.

③ 페리(Ferri)의 범죄포화의 법칙은 실증주의가 결정론과 연결되어 있음을 잘 보여주고 있으며, 가로팔로(Garofalo)는 범죄대책으로서 행위자의 심리적 특성에 따라 사형·종신형이나 강제 이주·강제적 배상을 적절히 사용할 것을 주장하였다.

④ 범죄인류학파는 범죄자의 특성에 따라 처벌을 달리 하여야 한다고 보기 때문에 범죄인 유형을 특히 중시한다.

08 인성이론과 관련된 설명으로 타당하지 않은 것은?

① 방법론상의 문제로 표본이 무작위로 추출되지 않아 대표성과 신뢰성에 문제가 있다.

② 아이젠크는 비행소년과 일반소년을 대상으로 로르샤흐 검사를 통해 성격적 특성에 대한 검사를 실시하였다.

③ 왈도와 디니츠는 MMPI검사를 이용하여 '범죄자의 성격 프로파일'을 분석하였고 비행자와 일반인은 인격특성상 구별된다고 주장하였다.

④ 워렌은 인간관계의 성숙 정도의 발전수준을 분석하여 비행청소년의 유형을 제시하였다.

09 슈나이더(K. Schneider)가 구분한 정신병질 중 감정변화가 심하여 행동예측이 곤란하고 낭비성향·폭음성향·방랑성향이 강하고, 방화범과 상해범에서 많이 나타나는 유형은?

① 기분이변성 정신병질자　　　　　② 무정성 정신병질자

③ 자기현시욕성 정신병질자　　　　④ 폭발성 정신병질자

10 머튼(R. K. Merton)의 긴장(압박)이론(Strain Theory)에 대한 설명으로 옳지 않은 것은?

① 사회 내에 문화적으로 널리 받아들여진 가치와 목적 그리고 그것을 실현하고자 사용하는 수단 사이에 존재하는 괴리가 아노미적 상황을 이끌어낸다고 보았다.

② 특정 사회 내의 다양한 문화와 추구하는 목표의 다양성을 무시하고 있다.

③ 다섯 가지 적응유형 중에 혁신형(Innovation)이 범죄의 가능성이 제일 높은 유형이라고 보았다.

④ 하층계급을 포함한 모든 계층이 경험할 수 있는 긴장을 범죄의 주요원인으로 제시하였다.

11 레이스와 나이의 사회통제이론에 대한 설명으로 옳지 않은 것은?

> ㄱ. 레이스는 소년비행은 명확한 동기가 있는 것이 아니라 약한 자아 혹은 초자아로 인한 것이
> 라고 주장하였다.
> ㄴ. 레이스에 의하면, 소년비행은 사회적 통제의 실패가 아니라 개인적 통제의 실패로 인한 것이다.
> ㄷ. 나이는 청소년의 비행을 예방할 수 있는 사회통제방법을 다섯 가지로 분류하였다.
> ㄹ. 나이에 의하면, 가정이나 학교와 같은 비공식기관이 소년에게 자신의 행위가 주위 사람에게
> 실망과 고통을 줄 것이라고 인식시키는 것이 소년비행을 예방할 수 있다.

① ㄱ, ㄴ   ② ㄴ, ㄷ   ③ ㄷ, ㄹ   ④ ㄱ, ㄹ

12 학습이론(learning theory)에 대한 설명으로 옳은 것은?

① 버제스(R. Burgess)와 에이커스(R. Akers)에 따르면 범죄행위의 학습이 강화되는 것은 과거
에 이러한 행위를 하였을 때에 주위로부터 칭찬, 인정, 더 나은 대우를 받는 등의 보상이 있
었기 때문이다.
② 타르드(Tarde)의 모방의 법칙에 따르면 학습의 방향은 대개 우월한 사람이 열등한 사람을 모
방하는 방향으로 진행된다.
③ 서덜랜드(Sutherland)에 따르면 범죄자와 비범죄자의 차이는 접촉유형의 차이가 아니라 학습
과정의 차이에서 발생한다.
④ 글래이저(Glaser)에 따르면 범죄를 학습하는 과정에 있어서는 누구와 자신을 동일시하는지
또는 자기의 행동을 평가하는 준거집단의 성격이 어떠한지보다는 직접적인 대면접촉이 더욱
중요하게 작용한다.

13 다음 중 현대적 생물사회학에 대한 설명으로 타당하지 않은 것은?

① 여성의 생리주기가 시작될 때 과다한 양의 여성호르몬이 분비되고, 이것이 반사회적이고 공
격적인 행동에 영향을 미친다는 월경 전 증후군(premenstrual syndrome)은 카타리나 달튼
(Katharina Dalton)에 의해 연구되었다.
② 뇌 알레르기와 신경 알레르기 문제는 반사회적 행동과 연결되는 조건인 아동의 과잉행동과도
연결되어 있다고 본다.
③ 저혈당증이란 혈중 포도당이 정상적이고 효율적인 뇌 기능에 필요한 수준 이상으로 올라갈
때 나타나며, 이때 뇌의 대사는 둔화되고 기능이 손상된다.
④ 진화범죄론을 주장하는 학자들에 따르면 범죄성을 나타내는 인간의 특성은 진화의 과정에서
형성된 것이라고 본다.

14 많은 소년들이 범죄나 비행을 유발하는 환경에 노출되어 있음에도 불구하고 비행을 저지르지 않는 이유는 비행에 대한 절연체가 있기 때문이며, 스스로를 올바른 소년으로 인식할 경우 비행에의 유혹이나 압력을 단절시킬 수 있다. 이러한 내용을 주장하는 이론은?

① 자아관념이론(self-concept theory)
② 표류이론(drift theory)
③ 비행적 하위문화이론(delinquent subculture theory)
④ 문화갈등이론(culture conflict theory)

15 [보기 1]의 학자와 [보기 2]의 내용을 바르게 연결한 것은?

> ㉠ 머튼(R. Merton)　　　　　　　㉡ 라이스(A. J. Reiss)
> ㉢ 볼드(G. Vold)　　　　　　　　㉣ 퀴니(R. Quinney)

> A. 어느 사회에서나 문화적 목표나 가치에 대해서는 사람들 간에 기본적인 합의가 이루어져 있다는 가치공유설을 전제로 한다.
> B. 자본가들에 의한 범죄를 지배와 억압의 범죄로 보고, 통제범죄·기업범죄로 구분했다.
> C. 범죄행위의 충동과 그것을 저지하는 개인적 또는 사회적·물리적 통제 간의 불균형의 결과에서 범죄가 발생한다고 본다.
> D. 본인 스스로의 자아낙인(self-label)을 고려했다는 점에서 다른 낙인이론가들과는 차이가 있다.
> E. 범죄행위란 집단갈등과정에서 자신들의 이익과 목적을 제대로 방어하지 못한 집단의 행위로 인식하였다.

① ㉠-A, ㉡-D, ㉢-E　　　　　　② ㉡-C, ㉢-D, ㉣-B
③ ㉠-C, ㉡-B, ㉣-D　　　　　　④ ㉠-A, ㉢-E, ㉣-B

16 다음 [보기] 중 밀러(Miller)가 하층계급 사람들의 중심적인 관심사항(Focal Concerns)으로 제시한 항목들만으로 묶인 것은?

> ㉠ 자율성(Autonomy)　　　　　　㉡ 악의성(Maliciousness)
> ㉢ 운명주의(Fatalism)　　　　　　㉣ 부정성(Negativism)
> ㉤ 쾌락주의(Hedonism)　　　　　㉥ 자극(Excitement)
> ㉦ 영악함(Smartness)　　　　　　㉧ 강인함(Toughness)
> ㉨ 비실리성(Non-utility)

① ㉠, ㉡, ㉦, ㉨　　　　　　　　② ㉠, ㉢, ㉥, ㉧
③ ㉢, ㉤, ㉥, ㉨　　　　　　　　④ ㉢, ㉤, ㉦, ㉧

17 티틀이 제시한 비행의 6가지 유형과 그 설명이 올바르게 연결되지 않은 것은?

① 굴종형 – 자신이 행사하는 통제와 비교하여 가장 큰 통제를 받는 사람에게서 발생할 수 있
는 유형
② 저항형 – 굴종형보다는 억압의 정도가 약하지만 자신이 행사하는 통제와 비교하여 상당한
통제를 받는 경우에 나타나는 유형
③ 순응형 – 자신이 행사하는 통제가 자신이 받는 통제보다 약간 더 큰 유형
④ 퇴폐형 – 자신이 받는 통제량과 비교하여 자신이 행사하는 통제량이 가장 큰 유형

18 다음 [보기]의 내용을 주장한 학자는 누구인가?

> ㉠ 성과 계급, 가족구조를 하나의 이론적 틀 안에서 고려하면서 범죄를 설명하였다.
> ㉡ 부모는 가족 내에서 자신들의 직장 내 권력관계를 재생산한다. 따라서 부모의 직업과 지위가
> 자녀의 범죄성에 영향을 준다.
> ㉢ 부모가 직장이나 가정에서 비슷한 권력을 소유하는 평등한 가정에서 자란 딸은 아들과 비슷
> 한 수준의 비행을 저지른다.

① 헤이건(Hagan)　　　　　　　② 메셔슈미트(Messerschmidt)
③ 티프트(Tifft)　　　　　　　　④ 설리번(Sullivan)

19 범죄원인론 중 갈등이론에 대한 설명으로 가장 옳지 않은 것은?

① 터크(Turk)는 갈등의 개연성은 지배집단과 피지배집단 양자의 조직화 정도와 세련됨의 수준
에 의해 영향을 받는다고 한다.
② 셀린(Sellin)은 전체 사회의 규범과 개별 집단의 규범 사이에는 갈등이 존재하고, 개인도 이러한
종류의 갈등이 내면화됨으로써 인격해체가 이루어지고 범죄원인으로 작용하게 된다고 한다.
③ 볼드(Vold)는 범죄를 법제정과정에 참여하여 자기의 이익을 반영시키지 못한 집단의 구성원
이 일상생활 속에서 법을 위반하며 자기의 이익을 추구하는 행위로 본다.
④ 갈등이론에 의하면 한 사회의 법률을 위반하는 범죄문제는 사회경제적이고 정치적인 함의를
지니는 문제가 아니라 도덕성의 문제로 다루어진다.

20 공격성과 관련된 신경전달물질 중 다음 [보기]의 설명이 지칭하는 것은?

> 정신치료감호소에 있는 폭력범죄자들의 경우 이것의 수치가 높을수록 과도한 공격성을 보였으나, 반대로 폭력범죄자들에게 낮은 수치가 발견되기도 하였다. 결국 높고 낮은 수치 모두 도구적 공격성과 관계가 있다.

① 노르에피네프린(Norepinephrine)
② 세로토닌(Serotonin)
③ 도파민(Dopamine)
④ 모노아민(Monoamine)

제20회 범죄학 모의고사

··· 정답 및 해설 195p

01 범죄학 연구의 기초에 관한 설명으로 가장 옳지 않은 것은?

① 신뢰도란 측정결과의 일관성을 의미하며, 동일한 내용을 반복시행할 때 그 결과가 일관성 있게 나타나는 것을 의미한다.

② 거시수준의 연구에서는 독립변수와 종속변수 모두 지역사회 단위에서 측정되며, 개인과는 직접적 관련이 없다.

③ 미시수준의 연구는 시간대 또는 지역사회별로 살인율이 서로 다른 이유를 찾고자 할 때 이용할 수 있다.

④ 거시수준이나 미시수준에 해당하지 않는 교량이론은 사회구조가 형성된 방법과 사람이 범죄자가 되는 방법 모두를 설명하고자 시도한다.

02 피해자학에 대한 설명으로 잘못된 것은?

① 범죄는 범죄자와 피해자의 상호작용으로 발생한다는 점을 인식하면서 피해자에 대해 관심을 갖기 시작했다.

② 피해자학은 독일의 범죄학자 헨티히(Hentig)가 주창했고, 독일에서 세계피해자학회가 설립되었다.

③ 초기 피해자학은 범죄피해자에 대한 구조 및 보호대책 마련 차원에서 시작되었다.

④ 우리나라에도 피해자학회가 설립되어 있다.

03 법과 범죄에 대한 갈등론적 관점에 관한 설명으로 적절한 것은?

> ㄱ. 법은 지배계층을 보호할 수 있는 도구가 된다.
> ㄴ. 법은 대부분의 사회구성원이 공유하는 가치와 규범에 의해 만들어진다.
> ㄷ. 범죄는 사회가 낙인찍거나 정의하기 때문에 불법적인 행위가 된다.
> ㄹ. 범죄는 실제 행위의 위해 여부와는 관계없이 사회세력에 의해 유지된다.

① ㄱ, ㄴ   ② ㄴ, ㄷ   ③ ㄷ, ㄹ   ④ ㄱ, ㄹ

04 암수범죄(hidden crime)에 대한 설명 중 옳지 않은 것은?

① 암수는 고정된 수치가 아니라 일정치 않은 변수로 존재한다.
② 암수범죄의 존재로 인해 가장 많이 비판받는 형벌이론은 절대적 형벌이론이다.
③ 암수범죄의 조사방법으로서 가장 많이 활용되는 것은 피해자조사이다.
④ 셀린(T. Sellin)에 따르면 범죄통계의 가치는 절차의 개입에 의하여 범죄로부터 멀어지면 멀어질수록 증대한다.

05 베카리아(Beccaria)가 「범죄와 형벌(범죄와 형벌에 관하여)」에서 주장한 내용에 관한 설명 중 옳지 않은 것은?

① 범죄와 형벌은 상당한 비례성이 있어야 한다.
② 일반예방 내지 범죄방지를 위해서는 국민이 이해하기 쉽도록 법률이 간결하고 명확해야 한다.
③ 범죄를 예방하기 위해서는 가혹한 처벌보다 신속하고 확실한 처벌이 더욱 효과적이다.
④ 배심원에 의한 평결을 배제하고 법관의 합리적 판단을 존중해야 한다.

06 범죄원인과 관련하여 실증주의 범죄이론에 대한 설명으로 가장 옳지 않은 것은?

① 범죄의 연구에 있어서 경험적이고 체계적인 객관적 연구방법을 적용할 것을 주장한다.
② 범죄는 개인의 의사에 따라 선택된 법률위반행위가 아니라, 과학적으로 분석할 수 있는 개인적·사회적 원인에 의해 발생하는 것으로 본다.
③ 페리(Ferri)와 라카사뉴(Lacassagne)는, 범죄자의 통제 밖에 있는 힘이 범죄를 유발하는 직접적인 원인이므로, 범죄자 개인에게 그의 범죄행위에 대한 개인적·도덕적 책임을 물어서는 아니 된다고 주장했다.
④ 인간은 자신의 행동을 합리적으로 계산하여 경제적으로 결정하므로, 자의적 법집행이나 불명확한 법률은 이러한 합리적인 행동선택을 불가능하게 하기 때문에 범죄억제에 도움이 되지 않는다고 보았다.

07 아이젠크의 성격위계모형에서 습관적 반응수준에 해당하는 것은?

① 제1수준　　② 제2수준　　③ 제3수준　　④ 제4수준

08 다음 중에서 각 분야의 연구자를 잘못 연결한 것은?

① 성염색체 이상과 범죄의 관계 - 제이콥스(Jacobs)
② 체형과 범죄의 관계 - 셀던(Sheldon)
③ 병리적 성격과 범죄의 관계 - 아이젠크(Eysenck)
④ 정신박약과 범죄의 관계 - 고다드(Goddard)

09 정신병질과 범죄와의 상관관계를 잘못 서술한 것은?

① 크레펠린(Kraepelin)은 최초로 흥분인, 의지부정인, 욕동인, 허언기만인, 반사회인, 호쟁인으로 정신병질을 유형분류하였다.
② 슈나이더는 정신병질을 10가지로 분류하고 정신병질은 범죄와는 관련이 없다고 보았다.
③ 카손(Cason)과 페스코(Pescor)의 연구결과에 따르면 정신병질적 특징은 20대에 가장 많이 나타난다고 한다.
④ 뇌손상범죄인과 유사한 행동경향을 보이며 범죄학상 가장 주목되는 것은 무정성 정신병질이다.

10 머튼(R. Merton)의 아노미이론의 기본명제의 내용으로서 가장 옳지 않은 것은?

① 부(富)의 성취라는 목표보다는 목표달성과정의 정당성을 강조하는 것이 미국문화의 특징이다.
② '물질적 성공'의 목표는 상·중·하 모든 계층의 사람들이 공통적으로 추구하는 가치이다.
③ 하위계층에 속하는 많은 사람들에게는 '물질적 성공'의 목표를 달성할 수 있는 제도적·합법적 수단이 중·상류층에 비해 제한되어 있다.
④ 부(富)의 성취라는 목표와 목표를 달성할 수 있는 제도적·합법적 수단의 괴리로 인하여 하위계층의 사람들은 비합법적인 수단으로라도 성공을 하려고 노력하는 풍조가 조성된다.

11 차별적 기회구조이론에 의할 때, 합법적 성공기회가 차단되어 있고 지역사회의 이동성과 해체성이 강하여 조직화된 범죄집단은 없지만 사회통제가 취약하여 범죄기회가 많은 곳에서 나타나는 하위문화는?

① 반항적 하위문화
② 갈등적 하위문화
③ 범죄적 하위문화
④ 도피적 하위문화

12 다음은 사회학적 범죄이론 가운데 학습이론에 관한 설명들이다. 옳지 않은 내용들만으로 묶인 것은?

> ㉠ 준법행위와 마찬가지로 범죄행위도 주위로부터 학습된다는 이론이다.
> ㉡ 타르드(J. G. Tarde)는 모방의 법칙을 주장하면서, 그 내용 중 하나로 모방은 가까운 사람들 사이에서 강하게 일어난다는 삽입의 법칙을 주장하였다.
> ㉢ 서덜랜드(E. H. Sutherland)는 차별적 접촉이론(differential association theory)을 주장하면서, 그 내용 중 하나로 어떤 사람이 범죄자가 되는 것은 법률위반을 긍정적으로 생각하는 정도가 부정적으로 생각하는 정도보다 크기 때문이라고 하였다.
> ㉣ 글래이저(D. Glaser)의 차별적 동일시이론(differential identification theory)은 공간적으로 멀리 떨어져 있는 준거집단도 학습의 대상으로 고려했다는 점에서 차별적 접촉이론과 차이가 있다.
> ㉤ 버제스(R. Burgess)와 에이커스(R. Akers)의 사회적 학습이론(social learning theory)은 사회적 상호작용만을 중시하고 개인의 욕구와 같은 비사회적 사정들을 배제시킨 이론이라는 점에 특징이 있다.

① ㉠, ㉡, ㉢   ② ㉠, ㉡, ㉣   ③ ㉡, ㉢   ④ ㉡, ㉤

13 다음 생물학적 범죄원인과 관련된 설명 중 가장 타당하지 않은 것은?

① 납중독과 범죄와의 상관성을 연구한 학자로는 데노(Denno), 릭 네빈(Rick Nevin)이 있다.
② 화학적 거세는 성범죄자의 성욕을 억제시켜 재범을 방지하기 위한 방법이다. 우리나라도 현재 시행하고 있다.
③ IQ 검사 등을 통해 지능이 낮게 측정되었다면 범죄와 직접적 관련이 있다고 볼 수 있다는 결정론은 일반적으로 받아들여지고 있다.
④ 메드닉(Sarnoff A. Mednick)은 범죄를 범하기 쉬운 사람은 각성(arousal)이 느리거나 자극에 대한 반응이 둔감한 자율신경계를 가지고 있다고 주장한다.

14 다음은 사이크스(Sykes)와 마차(Malza)의 중화기술에 관한 내용이다. 해당되는 유형은 무엇인가?

> "이 사회를 운영하는 지도층도 다들 부패했고 도둑놈들이기 때문에 법을 어기는 것은 괜찮아. 그들은 내가 하는 것에 대해서 비판하는 위선자들일 뿐이야. 그렇게 존경받는 사람들이 저지르는 화이트칼라 범죄를 봐."

① 책임의 부정(Denial of Responsibility)
② 피해의 부정(Derial of Injury)
③ 피해자의 부정(Denial of Victim)
④ 비난자에 대한 비난(Condemnation of Condemners)

15 사회적 범죄원인론의 내용과 이론을 바르게 연결한 것은?

> ㉠ 조직적인 범죄활동이 많은 지역에서는 범죄기술을 배우거나 범죄조직에 가담할 기회가 많으므로 범죄가 발생할 가능성이 큰 반면, 조직적인 범죄활동이 없는 지역에서는 비합법적인 수단을 취할 수 있는 기회가 제한되어 있으므로 범죄가 발생할 가능성이 적다.
> ㉡ 사람들이 법률을 위반해도 무방하다는 관념을 학습한 정도가 법률을 위반하면 안 된다는 관념을 학습한 정도보다 클 때에 범죄를 저지르게 된다.
> ㉢ 사람들은 누구든지 비행으로 이끄는 힘과 이를 차단하는 힘을 받게 되는데, 만일 이끄는 힘이 차단하는 힘보다 강하게 되면 그 사람은 범죄나 비행을 저지르게 되는 반면, 차단하는 힘이 강하게 되면 비록 이끄는 힘이 있더라도 범죄나 비행을 자제하게 된다.
> ㉣ 중산층의 가치나 규범을 중심으로 형성된 사회의 중심문화와 빈곤계층 출신 소년들에게 익숙한 생활 사이에는 긴장이나 갈등이 발생하며, 이러한 긴장관계를 해결하려는 시도에서 비행문화가 형성되어 이로 인해 범죄가 발생한다.

	㉠	㉡	㉢	㉣
①	차별적 동일시이론	선택이론	억제이론	하층계급문화이론
②	차별적 기회구조이론	차별적 접촉이론	억제이론	비행하위문화이론
③	차별적 기회구조이론	억제이론	사회통제이론	문화갈등이론
④	차별적 동일시이론	자아관념이론	문화갈등이론	아노미이론

16 일차적 일탈에 대한 사회적 반응(낙인)의 결과로 나타날 수 있는 현상의 개념과 그것을 제시한 학자를 옳지 않게 짝지은 것은?

① 이차적 일탈(Secondary Deviance) - 레머트(Lemert)
② 주지위(Master Status) - 베커(Becker)
③ 자기완성적 예언(Self-fulfilling Prophecy) - 슈어(Schur)
④ 악의 극화(Dramatization of Evil) - 탄넨바움(Tannenbaum)

17 울프강(Wolfgang)과 페라쿠티(Ferracuti)의 폭력적 하위문화이론을 설명한 것으로 가장 옳지 않은 것은?

① 폭력적 하위문화에서 폭력은 불법적인 행동으로 간주되지 않는다.
② 폭력적 하위문화에서 폭력적 태도는 차별적 접촉을 통하여 형성된다.
③ 폭력적 하위문화라도 모든 상황에서 폭력을 사용하지는 않는다.
④ 폭력적 하위문화는 주류문화와 항상 갈등상태를 형성한다.

18 모피트(Moffitt)의 발전이론과 관련성이 가장 적은 것은?

① 청소년기 한정형 범죄자
② 거리효율성(Street Efficacy)
③ 성숙격차(Maturity Gap)
④ 생애지속형 범죄자

19 콘클린(Conklin)이 분류한 강도범의 유형과 그 설명으로 가장 옳지 않은 것은?

① 전문적 강도범 - 생계를 유지하기 위한 수단으로 강도범죄를 범하는 것이 아님
② 기회 강도범 - 비교적 접근이 용이한 대상이 나타났을 때 적은 액수의 돈을 얻기 위해 강도범죄를 범함
③ 마약중독 강도범 - 구체적인 범죄계획을 갖고 있지 않고 흉기도 잘 사용하지 않으며 기회적 강도범보다 더 조심성이 많음
④ 알코올중독 강도범 - 생계를 유지하기 위한 수단으로 강도범죄를 범하는 것이 아니며 계획 없이 범죄를 저지름

20 사회 · 문화적 환경과 범죄에 대한 설명으로 옳지 않은 것은?

① 체스니－린드(Chesney－Lind)는 여성 범죄자가 남성 범죄자보다 더 엄격하게 처벌받으며, 특히 성(性)과 관련된 범죄에서는 더욱 그렇다고 주장하였다.

② 스토우퍼(Stouffer), 머튼(Merton) 등은 상대적 빈곤론을 주장하면서 범죄발생에 있어 빈곤의 영향은 단지 빈곤계층에 국한된 현상이 아니라고 지적하였다.

③ 매스컴과 범죄에 대하여 '카타르시스가설'과 '억제가설'은 매스컴의 역기능성을 강조하는 이론이다.

④ 서덜랜드(Sutherland)는 화이트칼라 범죄를 직업활동과 관련하여 존경과 높은 지위를 가지고 있는 사람이 저지르는 범죄라고 정의했다.

정답 및 해설

제1회 정답 및 해설 ─────●

| 01 ② | 02 ④ | 03 ④ | 04 ④ | 05 ① | 06 ② | 07 ① | 08 ① | 09 ④ | 10 ④ |
| 11 ① | 12 ② | 13 ① | 14 ③ | 15 ② | 16 ③ | 17 ② | 18 ② | 19 ① | 20 ④ |

01 정답 ②

<u>1990년대 이후 현대 생물학적 범죄원인론</u>은 유전자, 염색체, 식사, 호르몬, 환경오염 등을 포함하여 행동에 대한 다양한 영향요인을 조사하였다.

02 정답 ④

ㄱ. (○) 비범죄화는 법률상 비범죄화와 사실상 비범죄화로 나눌 수 있는데, 법률상 비범죄화는 입법이나 헌법재판소의 위헌결정 등에 의해 형벌법규가 무효화됨으로써 이루어지는 비범죄화를 의미하고, 사실상 비범죄화는 형사사법의 공식적 통제권한에는 변화가 없으나, 일정 행위태양에 대한 형사사법 체계의 점진적 활동축소로써 이루어지는 비범죄화를 의미한다.

ㄴ. (×) 피해자 없는 범죄와 **사회적 법익에 관한 범죄**에서 특히 문제된다.

ㄷ. (×) 검찰의 기소편의주의에 의한 불기소처분은 **사실상 비범죄화**에 속한다(수사상 비범죄화).

ㄹ. (○) 대량의 경미범죄에 대한 비범죄화, 과잉범죄화에 대한 반성 및 형사사법 경제상 비범죄화로 형사사법기관의 업무부담을 덜어 줄 수 있다.

03 정답 ④

헤이건은 권력—통제이론, 코헨과 펠슨은 일상활동이론의 주장자들이다.

04 정답 ④

(범죄)피해자조사는 범죄의 실태와 피해자의 특성을 정확하게 파악하고, 예방대책의 평가로 활용할 수 있으며, 공식범죄통계에서 누락된 범죄가 포함될 수 있으므로 암수범죄 해결에 효과적일 수 있으나, 피해자의 잘못된 해석으로 인한 과대·과소보고의 우려가 있고, 기억력의 한계 등으로 피해경험을 자세히 기억할 수 없다는 단점이 있다.

05 정답 ①

<u>형식적 의미의 범죄가 모두 일탈행위에 해당한다고 할 수 없다.</u> 미국에서 음주법이 시행되던 시기의 음주행위, 우리나라에서의 도로교통법상 규정속도 위반 및 가벼운 도박 등의 행위는 형식적 의미의 범죄이나 일탈에는 해당하지 않는다.

06 정답 ②

일반억제(제지)효과에 대한 설명이다. 억제(제지)란 처벌의 위협으로써 범행충동을 억누르는 것을 말하는데, 일반억제(general deterrence)와 특별억제(specific deterrence)로 나눌 수 있다. 특별억제효과란 범죄자 자신이 경험한 처벌의 고통으로 인해 차후의 범죄충동을 억누르는 것을 말한다.

07 정답 ①

ㄱ. (×)「범죄사회학」은 페리의 저술로, 여러 가지 환경적 요인이 범죄원인이 될 수 있다고 지적하였다. 가로팔로는「범죄학」(1885)이란 저술에서 처음으로 범죄학이라는 명칭을 사용하고, 범죄원인론에 관한 연구를 하였다.

ㄴ. (×) 가로팔로가 범죄원인으로 고려한 것은 신체적 특징이 아니라 심리적 상태였다.

08 정답 ①

② 화이트칼라범죄의 특징은 범죄자의 규범의식과 피해자의 피해의식 모두 약하다는 점에 있다.

③ 오늘날에도 일반적으로 하층민은 화이트칼라범죄인이 되기 어렵다.

④ 상층민의 범죄행위일지라도 직무와 관련이 없는 폭행, 강간 등은 화이트칼라범죄가 아니고, 화이트칼라범죄는 집단뿐만 아니라 개인이 저지를 수도 있다.

09 정답 ④

XYY 증후군은 클라인펠터 증후군보다 범죄성향이 더욱 강하다고 본다. 이들은 보통 키가 크고, 지능이 낮으며, 성적으로 조숙하고, 처음 범죄를 저지르는 나이가 어려 조발성 범죄자가 많다고 주장된다.

10 정답 ④

양육이론에 의하면, 저지능은 범죄와의 관련성이 희박하다. 기존 연구들에 대한 메타분석도 낮은 지능이 비행이나 범죄행위에 큰 영향을 미치지 않는다고 보고되고 있는데, 이는 지능이 범죄발생에 어떠한 역할을 하지만, 결정적인 영향을 미치는 요인은 되지 못함을 의미한다. 또한 지능과 범죄와의 관련성은 범죄유형에 따라 크게 다르다고 보고되고 있다.

11 정답 ①

머튼은 뒤르켐과 달리 인간의 욕망은 생래적인 것이 아니라, 후천적으로 문화의 영향을 받아 결정된다고 보았다.

12 정답 ②

하위문화이론에 의하면, 하위문화의 근본적인 발생요인은 하류계층의 좌절을 초래하는 사회적 여건이나, 범죄에 직접적 영향을 미치는 요인은 하위문화의 관념 내지 내용(특징)이다.

13 정답 ①

에이커스의 이론으로, 사회학습이론(social learning theory)이라고도 한다.

14 정답 ③

티틀(Title)의 주장이다. 엘리엇(Elliot)은 경미범죄와 사회경제적 계층은 무관하나, 강력범죄는 하류계층의 비율이 더 높다고 주장하였다.

15 정답 ②

사회통제이론에 따르면, **인간은 누구나 범행의 동기를 지닌 잠재적 범죄인**이므로 특별히 그 동기를 규명할 필요가 없다.

16 정답 ③

테일러 등은 1973년 「신범죄학」에서 마르크스의 사회구조이론과 상호작용이론을 융합하여야 한다고 주장하였으나, 신범죄학·비판범죄학·급진범죄학이 서로 상이한 내용을 다루었다고는 할 수 없다. 따라서 테일러 등의 신범죄학이 합의론과 갈등론을 조화·통합시켜 비판범죄학을 극복하고자 한 것은 아니다.

17 정답 ②

케틀레(Quetelet)는 암수범죄와 관련하여 정비례의 법칙을 주장하면서 명역범죄(공식적으로 인지된 범죄)와 암역범죄 사이에는 변함없는 고정관계가 존재하고, 이로 인해 명역범죄가 크면 그만큼 암역범죄도 크고, 명역범죄가 작으면 그만큼 암역범죄도 작다고 하였다. 참고로, 서덜랜드는 정비례의 법칙을 부정하였다.

18 정답 ②

성기기에 대한 설명이다. 항문기는 약 2세부터 4세까지의 기간으로, 이 시기의 아동은 배설물, 배변 등에 상당한 관심을 보이고, 배설과 배설을 참는 행위로부터 쾌감을 얻는다.

19 정답 ①

① 회복적 사법과는 관련이 없다. 코헨과 펠슨의 일상활동이론은 시간의 흐름에 따른 범죄율의 변화를 설명하기 위한 이론으로, 일상활동 유형의 구조적 변화가 동기화된 범죄자, 적절한 범행대상 및 보호의 부재라는 세 가지 요소에 시공간적으로 영향을 미치고 이에 따라 범죄율이 변화한다고 주장한다. 즉, 세 가지 요소 중 어느 하나라도 부족하다면 범죄활동은 예방될 수 없다.

② 회복적 사법은 공적 통제장치에 의한 응보적 사법을 지양하고, 범죄로 인한 피해자, 가해자, 그 밖의 관련자 및 지역공동체가 함께 범죄로 인한 문제를 치유하면서 기존의 관계를 회복하도록 유도하는 절차로, 레머트는 경미범죄자, 과실범죄자 등의 이차적 일탈 예방에 많은 공헌을 하였다. 경미한 일탈은 낙인의 방지와 제한을 통한 이차적 일탈의 예방을 목표로 비범죄화시켰고, 공적 개입과 그로 인한 공식낙인보다는 다양한 대체처분으로 전환시켰다. 레머트의 낙인이론은 공적 통제가 사회적 낙인을 유발하므로, 이를 최소화할 수 있도록 범죄자에 대한 국가개입의 축소와 비공식적 사회 내 처우의 실시를 강조한다는 점에서 회복적 사법과 맥락을 같이 한다.

③ 퀴니(Quinney)와 페핀스키(Pepinsky)는 평화구축 범죄학에서 평화롭고 정의로운 사회를 실현하는 데 범죄학의 목표가 있다고 보고, 경험적 연구보다는 종교적이고 철학적인 가르침으로부터 영감을 얻는 것에 관심을 가졌다. 평화주의 범죄학의 기본적인 주제는 연락, 관심, 배려 등으로, 중재와 갈등해결, 화해, 고통완화 그리고 범죄를 줄이려는 노력을 통해 범죄자를 지역공동체에 재통합시켜야 한다고 주장한다.

④ 회복적 사법이 재통합적 수치심부여이론을 근본이론으로 삼는 이유는, 범죄자 하나에 초점을 두어 그를 비난하는 것이 아니라, 객관적인 범죄행위에 관심을 가지고 가족, 친구, 지역사회 구성원 전체가 자발적으로 참여하여 문제의 해결을 위해 실천방안을 제시하기 때문이다. 재통합적 수치심 부여는 용서의 단어나 몸짓, 일탈자라는 낙인을 벗겨 주는 의식을 통해 범법자가 법을 준수함으로써 공동체로 돌아가기 위한 재통합의 노력을 말한다.

20 정답 ④

외생적 음모이론에 대한 설명이다. 종속계승이론에 의하면, 조직범죄의 원인은 다양한 민족이 미국의 사회경제적 구조 속에서 살아가기 위한 방편으로서 조직을 만들거나 가입하게 된 것이라고 본다.

제2회 정답 및 해설

| 01 ④ | 02 ② | 03 ② | 04 ③ | 05 ① | 06 ④ | 07 ③ | 08 ③ | 09 ④ | 10 ④ |
| 11 ② | 12 ① | 13 ④ | 14 ② | 15 ③ | 16 ② | 17 ④ | 18 ③ | 19 ① | 20 ④ |

01 정답 ④

ㄱ. (O) 개별현상으로서 범죄는 개인의 비정상적인 현상으로 이해되나, 집단현상으로서 범죄는 자연스러운 하나의 사회적 현상으로 이해해야 한다.

ㄴ. (×) 오늘날 절대적 범죄개념은 타당하지 않으며, **범죄개념은 상대적인 것으로** 이해된다.

ㄷ. (×) 신범죄화와 비범죄화의 실질적 기준을 제시하기 위한 개념은 **실질적** 범죄개념이다.

ㄹ. (O) 형사정책에서 범죄개념은 사회학적 범죄개념인 일탈행위를 포함한다.

02 정답 ②

형식적 의미의 범죄와 일탈의 경계에서 비범죄화의 논의가 시작된다. 이때 비범죄화의 판단척도는 **사회유해성** 또는 **법익침해성**이다.

03 정답 ②

② 검사는 특정강력범죄사건의 증인이 피고인 기타 사람으로부터 생명·신체에 해를 받거나 받을 염려가 있다고 인정되는 때에는 관할경찰서장에게 증인의 신변안전을 위하여 필요한 조치를 할 것을 요청해야 한다(특정강력범죄법 제7조 제1항).

① 대인범죄만이 구조대상이다.

③ 구조대상 범죄피해에 정당행위, 정당방위 및 과실로 인한 행위는 제외되나, 긴급피난에 의한 행위는 포함된다(범죄피해자 보호법 제3조). 생계유지 곤란사유는 요건이 아니다.

④ 누구든지 가정폭력범죄를 알게 된 때에는 이를 수사기관에 신고할 수 있다(가정폭력처벌법 제4조 제1항).

04 정답 ③

「범죄분석」은 대검찰청에서 매년 발행하는 공식통계자료로, 이와 같은 자료는 형사사법기관의 독자적인 목적을 우선하여 작성되므로 범죄를 양적으로 파악하는 데에는 유용하나, 질적인 파악, 즉 범죄피해의 구체저거 상황과 (범죄자) 개인의 특성을 파악하는 데에는 한계가 있다.

05 정답 ①

피해자조사와 같은 설문조사는 응답의 진실성 여부, 정보의 타당성 및 신빙성에 대한 검증곤란, 모든 범죄를 대상으로 할 수 없는 한계 등으로 인해 연구결과의 일반화가 불가능하므로, 공식적 범죄통계(대량관찰법)를 대체할 수는 없고, 이를 보완하는 방법으로만 활용되고 있다.

06 정답 ④

셀린은 문화갈등이론, 코헨은 비행하위문화이론, 밀러는 하류계층문화이론을 주장하였는데, 이는 모두 **하위문화이론**과 관련 있는 범죄이론이다. 하위문화이론은 다양하게 사회화된 문화집단이 범죄현상에 기여함을 강조하는데, 하위문화 구성원 사이에 소통되는 가치와 선호의 집합체인 하위문화는 문화갈등 개념의 기초가 되고, 더 작은 집단의 충성을 주장한다는 점에서 더 큰 집단의 문화와 다르다.

07 정답 ③

페리는 장물 등 부수적 범죄를 분석하기 위해 **범죄과포화의 법칙**을 주장하였는데, 이는 급속한 도시화 등 사회물리적 예외조건에 의하여 기본적 범죄들에 수반하여 부수적 범죄들이 증가하는 현상을 설명하기 위한 법칙이다. **범죄포화의 법칙**은, 물리적 원인으로 기후, 지리적 위치, 계절적 영향 등을, 인류학적 요인으로 나이, 성별, 심리적·신체적 상태 등을, 사회적 요인으로 인구밀도, 경제조건, 종교 등을 들고, 위 세 가지 요인이 존재하는 사회에서는 이에 상응하는 일정량의 범죄가 발생한다는 법칙이다.

08 정답 ③

카타르시스효과란 매스컴에 의해 범죄에 대한 경각심이 높아지고, 대리만족을 통해 범죄충동이 억제·해소되는 것을 말한다.

09 정답 ④

XYY형 이상자는 조발성이 특징이다.

10 정답 ④

④ 메드닉은 자율신경조직의 기능상태를 조사하기 위해 피부전도반응 회복률검사를 개발하였고, 시들(Siddle)은 이 검사를 통해 반사회적 행위를 저지른 피실험자(정신병자, 성인범죄자, 비행소년)들은 정상인들에 비해 피부전도 회복속도가 현저히 낮음을 발견하였는데, 이를 바탕으로 시들은 자율신경조직과 범죄발생 사이에는 밀접한 연관이 있다고 주장하였다.
① 심리학적 이론은 자유의지론을 부정한다.
② 정신분석학자들에 의하면, 이드는 생물학적 충동이나 욕구에 기초하므로 사람마다 큰 차이가 없다.
③ 아이젠크는 내성적인 성격과 외향적인 성격 두 부류로 구분하였는데, 그에 따르면 외향적인 성격의 사람은 불안반응 유발기능이 저조하고 해제능력은 발달되어 있으므로, 범죄성향이 높다. 반대로 내성적인 성격의 사람은 그 반대이므로 범죄성향이 낮다고 보았다.

11 정답 ②

지역의 집합적 효율성은 특정 사안에 대한 관심의 공유로써 결합된 개인에 의해 증대되는 것으로, 역동적이고 특수화되어 있다.

12 정답 ①

사회과정이란, 개개인 간의 관계 또는 상호작용을 말한다. 따라서 이 입장에서는 개개인 간의 접촉, 교제나 개인의 사회적 과정과 관련된 가정, 학교, 또래집단, 종교모임 등과 같은 사회화요소를 범죄학에서 중요하게 다룬다.

13 정답 ④

버제스와 에이커스가 주장한 사회학습이론은 사회적 상호작용뿐만 아니라 욕구나 갈망과 같은 비사회적 환경도 학습요인이 된다고 본 점에 특징이 있다. 또한 다른 사람과의 상호작용 없이 시행착오적으로 범죄학습이 가능하고, 환경 그 자체에 의해 직접 학습할 수도 있다고 한다.

14 정답 ②

상대적 빈곤론을 주장한 학자는 케틀레(Quetelet), 토비(Toby), 스토우퍼(Stouffer), 머튼(Merton) 등이다. 이들은 빈곤이 단지 하류계층에 국한된 현상이 아니라 어느 계층에서도 발견될 수 있는 현상이므로, 광범위한 사회계층에 적용하는 문제라고 지적한다. 이에 반해 글룩(Glueck) 부부는 절대적 빈곤과 범죄가 비례한다고 주장한다.

15 정답 ③

① 통제이론은 누구나 잠재적 범죄인이므로 범죄인과 비범죄인은 본질적으로 다르지 않다는 입장이다.
② 슈베딩거 부부의 주장이다.
④ 통제이론은 경미한 소년비행 분석에 가장 적합한 이론이다.

16 정답 ②

비판범죄학은 분석의 초점을 일탈자 개인으로부터 자본주의체제 자체로 전환시켜 권력형 범죄(착취, 전쟁 등)를 집중분석함으로써 범죄학을 좀 더 넓은 차원에서 재정립하였다.

17 정답 ④

④ 허쉬(Hirschi)는 사회유대이론에서 비행을 저지르지 못하게 하는 요인인 사회연대의 요소로 애착(attachment), 전념(commitment), 참여(involvement), 믿음(belief)을 들고 있다. 부모 등 가족구성원이 실망할 것을 우려해서 비행을 그만두는 것은 사회연대의 요소 중 애착(attachment)에 해당한다.
① 퀴니(Quinney)는 범죄발생은 개인의 소질이 아니라 자본주의의 모순으로 인해 자연적으로 발생하는 사회현상이라고 보고, 자본가 계층의 억압적 전술로부터 살아남기 위한 노동자 계급(피지배 집단)의 범죄를 적응(화해)범죄와 대항(저항)범죄로 구분하였다. 적응범죄의 예로 절도, 강도, 마약거래 등과 같은 경제적 약탈범죄와 살인, 폭행, 강간 등 같은 계층에 대해 범해지는 대인범죄를 들고 있으며, 대항범죄의 예로 시위, 파업 등을 들고 있다.
② 레클리스(Reckless)는 범죄나 비행을 유발하는 요인으로 압력요인, 유인요인, 배출요인으로 구분하고, 압력요인으로 열악한 생활조건(빈곤, 실업), 가족갈등, 열등한 신분적 지위, 성공기회의 박탈 등을 들고 있으며, 유인요인으로 나쁜 친구들, 비행이나 범죄하위문화, 범죄조직, 불건전한 대중매체 등을 들고 있고, 배출요인으로 불안감, 불만감, 내적 긴장감, 증오심, 공격성, 즉흥성, 반역성 등을 들고 있다.
③ 세상은 모두 타락했고, 경찰도 부패했다고 범죄자가 말하는 것은 중화기술의 유형 중 비난자에 대한 비난에 해당한다.

18 정답 ③

글룩 부부가 확인한 가장 중요한 요인은 **가족관계**였다.

19 정답 ①

최근에는 결손가정과 같은 외형적 결함보다는 **가정의 기능**(권위형, 애정형, 자유분방형, 간섭형 등)과 **훈육의 일관성**의 중요성이 증대하고 있다.

20 정답 ④

가석방·**보호관찰**·**사회보호명령**·수강명령·**갱생보호** 등은 사회 내 처우, 사회견학·귀휴 등은 사회적 처우, 보호감호·치료감호·교정처분 등은 시설 내 처우에 해당한다.

제3회 정답 및 해설 ●

01 ②	02 ②	03 ②	04 ②	05 ①	06 ②	07 ④	08 ③	09 ①	10 ②
11 ③	12 ②	13 ①	14 ④	15 ③	16 ①	17 ②	18 ②	19 ②	20 ②

01 정답 ②

② 폭행 또는 협박으로 타인의 재물을 강취하거나 기타 재산상의 이익을 취득하거나 제삼자로 하여금 이를 취득하게 한 자는 3년 이상의 유기징역에 처한다(형법 제333조).
① 강도범죄는 폭행 또는 협박을 수단으로 하므로 폭력범죄의 특성도 가지고 있다.
③ 지인을 범행대상으로 삼는 강도범죄를 면식강도라고 한다.
④ 강도범죄는 업무상 관계에서도 발생할 수 있다.

02 정답 ②

ㄱ. (×) 형사정책의 궁극적인 목표는 범죄방지와 범죄자처우이므로, 범죄학의 연구대상은 자연히 범죄, 범죄자 및 이에 대한 대책이라고 할 수 있으나, **피해자를 빼놓을 순 없다** 할 것이다.
ㄴ. (○) 형식적 의미의 범죄개념은 범죄를 구성요건에 해당하는 위법행위로 규정한다(형법상 범죄개념).
ㄷ. (○) 실질적 의미의 범죄개념은 범죄를 사회유해성과 법익침해성을 기준으로 하는 반사회적 행위로 규정하는데, 이는 신범죄화와 비범죄화의 실질적 기준을 제시하기 위한 개념이다(범죄학에서의 범죄개념).
ㄹ. (×) 집단현상으로서의 범죄는 일정 시기에 일정 사회에서의 자연적 산물인 범죄의 총체를 의미하므로(Criminality), 범죄학의 연구대상이 된다. 이는 특히 일반예방적 관점이나 사법정책에서의 주요 연구대상이다.

03 정답 ②

벤치·정자의 위치 및 활용성에 대한 설계는 **활동의 활성화**에 해당한다.

04 정답 ②

② 통계자료 등 객관적인 자료를 바탕으로 결론을 도출하는 양적 연구는, 직접 관찰한 자료의 질을 바탕으로 결론을 도출하는 질적 연구에 비해 연구결과의 외적 타당성, 즉 일반화가 용이하다.
① 범죄통계를 이용하는 연구방법은 두 변수 사이의 이차원 관계 수준의 연구를 넘어서기 어렵지만, 설문조사를 통한 연구방법은 청소년비행 또는 암수범죄 등 공식통계로 파악하기 어려운 주제에 적합하며, 두 변수 사이의 관계를 넘어서는 다변량 관계를 연구할 수 있다는 장점이 있다.
③ 실험연구는 연구의 내적 타당성에 영향을 미치는 요인들을 통제하는 데 가장 유리한 연구방법으로, 연구자 자신이 실험조건 중 자극, 환경, 처우시간 등을 통제함으로써 스스로 관리가 가능하지만, 한정된 데이터의 한계에 의해 외적 타당성의 확보는 어려울 수 있다.
④ 설문조사, 즉 간접적 관찰은 기억의 불확실함, 사실의 축소 및 과장 등의 문제로 인한 행위자, 피해자, 정보제공자 등의 부정확한 응답가능성에 대한 고려가 필요하다.

05 정답 ①

경력범이란 오랜 기간 동안 지속적으로 범죄를 저질러 온 자를 말하므로, 이들을 연구하는 필수적인 방법은 수직적(종적) 연구방법이다. 이는 시간의 흐름에 따라 오랜 기간 동안 동일인을 추적하여 연구하는 방법이다.

06 정답 ②

범죄인과 비범죄인은 본질적으로 다르지 않다는 입장인 고전주의적 인간관에서 출발한다.

07 정답 ④

제도학파의 학자들은 **부유한 지역의 재산범죄율이 빈민지역보다 높다**는 점을 지적하면서 절대적 빈곤보다 상대적 빈곤 및 범죄기회가 중요하다고 주장하였다.

08 정답 ③

카타르시스가설 및 억제가설은 폭력물 등을 시청하면 억눌린 감정이 해소되어 범죄를 줄일 수 있다는 범죄순기능이론이고, 자극성가설은 짧은 기간 내에 범죄를 유발한다고 보는 단기효과이론, 습관성가설은 서서히 범죄에 대한 호감과 동기를 높인다고 보는 장기효과이론으로, 범죄역기능이론이다.

09 정답 ①

초기 학자들은 범죄자가 신체적·지적 능력이 발달되지 못한 열등한 존재라고 인식하였으나, 최근 학자들은 이와 같은 진화론적 사고를 배제하는 대신, 정상적인 사회생활을 할 수 있는 능력이 부족한 일종의 환자로 인식하고 있다. 뿐만 아니라 초기에는 문제가 되는 생물학적 소질이 있으면 범죄를 저지를 것이라는 결정론적 시각에 입각하였으나, 최근에는 그 입장이 다소 완화되어 생물학적 소질을 범행의 여러 원인 중 하나로 고려하되, 생물학적 요인과 사회적 요인의 상호작용을 통해 범죄가 유발된다는 생물사회학적 시각에 입각하고 있다.

10 정답 ②

① 행동 및 학습이론은 다른 심리학적 이론과 달리, 초기 아동기에 형성된 무의식적·잠재적 인성특징이나 인지의 발달

보다는 일상생활 중에 행하는 현재의 실제행위를 중시한다. 이론에 따르면, 범죄는 비정상적이거나 도덕적으로 미성숙한 반응의 표현이 아닌 일상적으로 그렇게 반응토록 학습된 내용의 표출에 지나지 않는다. 또한 행동의 동기요인을 중요시하는데, 이는 주로 재강화와 보상으로 설명된다. 따라서 행동 및 학습이론은 처벌과 보상을 통한 범죄자의 행동수정요법에 응용되고 있다.
③ 인지발달이론에 대한 설명이다.
④ 정신분석학적 이론에 대한 설명이다.

11 정답 ③

머튼의 아노미이론은 하류계층의 범죄를 분석하기 위한 것이므로, 기업범죄나 화이트칼라범죄(중·상류계층의 범죄)를 분석하는 데에는 적합하지 않다.

12 정답 ②

증오범죄의 유형은 아래와 같이 분류할 수 있다.

[리빈과 맥데빗의 증오범죄 분류]

스릴추구형	소수집단에 대한 편견으로 그들을 괴롭히거나 그들의 재산을 파괴하는 등 소수집단에게 고통을 주며 가학적 스릴을 느끼는 유형
방어형	외부세력을 공동체에 위협이 되는 존재로 인식하고, 그들로부터 공동체를 보호하기 위해 방어적 차원에서 공격할 수밖에 없다고 합리화하는 유형
사명형	상대방에 대한 공격을 종교적 믿음의 구현이나 사명이라고 인식하는 유형
보복형	자신들의 이익이나 가치를 훼손한 상대방에게 보복을 가하는 유형

13 정답 ①

① 통제균형이론의 핵심은 한 사람이 다른 사람에게 행사하는 통제가 다른 사람이 자신에게 행사하는 통제와 비슷할 경우에 규범에 순응하는 경향이 나타난다는 점이다. 따라서 통제균형이론에 의하면, 통제균형이 깨지면 범죄의 원인이 된다.
② 글래이저의 차별적 동일시이론은 대인적·직접적 접촉이나 교제 없이도 모방행동(modeling)으로써 범죄가 학습되어 발생할 수 있음을 강조한 이론이다.
③ 조작적 조건화수단으로서 보상이 처벌보다 행동변화의 효과가 더 크다고 본다.
④ 차별적 집단조직화 → 차별적 교제

14 정답 ④

스토킹범죄의 처벌 등에 관한 법률 제2조(정의) 이 법에서 사용하는 용어의 뜻은 다음과 같다.
1. "스토킹행위"란 상대방의 의사에 반(反)하여 정당한 이유 없이 다음 각 목의 어느 하나에 해당하는 행위를 하여 상대방에게 불안감 또는 공포심을 일으키는 것을 말한다.
　　가. 상대방 또는 그의 동거인, 가족(이하 "상대방등"이라 한다)에게 접근하거나 따라다니거나 진로를 막아서는 행위
　　나. 상대방등의 주거, 직장, 학교, 그 밖에 일상적으로 생활하는 장소(이하 "주거등"이라 한다) 또는 그 부근에서 기다리거나 지켜보는 행위

다. 상대방등에게 우편·전화·팩스 또는「정보통신망 이용촉진 및 정보보호 등에 관한 법률」제2조 제1항 제1호의 정보통신망(이하 "정보통신망"이라 한다)을 이용하여 물건이나 글·말·부호·음향·그림·영상·화상(이하 "물건등"이라 한다)을 도달하게 하거나 정보통신망을 이용하는 프로그램 또는 전화의 기능에 의하여 글·말·부호·음향·그림·영상·화상이 상대방등에게 나타나게 하는 행위

라. 상대방등에게 직접 또는 제3자를 통하여 물건등을 도달하게 하거나 주거등 또는 그 부근에 물건등을 두는 행위

마. 상대방등의 주거등 또는 그 부근에 놓여져 있는 물건등을 훼손하는 행위

바. 다음의 어느 하나에 해당하는 상대방등의 정보를 정보통신망을 이용하여 제3자에게 제공하거나 배포 또는 게시하는 행위

   1)「개인정보 보호법」제2조 제1호의 개인정보

   2)「위치정보의 보호 및 이용 등에 관한 법률」제2조 제2호의 개인위치정보

   3) 1) 또는 2)의 정보를 편집·합성 또는 가공한 정보(해당 정보주체를 식별할 수 있는 경우로 한정한다)

사. 정보통신망을 통하여 상대방등의 이름, 명칭, 사진, 영상 또는 신분에 관한 정보를 이용하여 자신이 상대방등인 것처럼 가장하는 행위

15 정답 ③

③ 2차적 범죄예방은 잠재적 범죄자를 조기에 발견하여 감시, 교육 등으로 범죄를 예방하는 것으로, 상황적 범죄예방이라고도 한다. 특별예방과 관련이 있는 것은 3차적 범죄예방이다.

①·② 1차적 범죄예방은 물리적·사회적 환경을 변화시켜 사전에 범죄발생을 억제하는 것으로, 환경설비나 이웃감시, 경찰방범활동, 범죄예방교육 등이 그 예이다.

④ 3차적 범죄예방은 실제 범죄자를 무능화하고 교화·개선시켜 재범을 방지하는 것으로, 특별예방을 위한 여러 형사사법 절차상 조치들이 이에 속한다.

16 정답 ①

㉠ (×) 두 이론은 모두 형사사법기관의 편파성을 지적하고, 공식통계를 신뢰하지 않는다는 점에서 유사하다.

㉢ (×) 낙인이론은 갈등론에 바탕을 두고 있으나, 자본주의체제의 문제까지는 연구대상으로 삼지 않으므로 미시적 이론이다. 비판범죄학은 가장 거시적인 이론이다.

17 정답 ②

범죄자의 재범확률을 낮추고 궁극적으로는 사회의 범죄율을 감소시키는 효과를 기대할 수 있는 것은 재통합적 수치심(reintegrative shaming)이다. 재통합적 수치심 부여는 범죄자를 사회와 결속시키기 위해 고도의 낙인을 찍는 것이고, 해체적 수치심 부여는 범죄자에게 명백한 낙인을 찍어 커다란 수치심을 주는 것으로, 결과적으로 전자는 재범확률이 낮은 반면에 후자는 재범확률이 높았다. 재통합적 수치심 부여는 용서의 단어나 몸짓, 일탈자라는 낙인을 벗겨 주는 의식을 통해 범법자가 법을 준수함으로써 공동체로 돌아가기 위한 재통합의 노력을 말하고, 이는 사회의 범죄율을 감소시키는 경향이 있다. 참고로, 해체적 수치심 부여(disintegrative shaming)는 수치를 당한 범죄자와 공동체가 화해하려는 시도조차 하지 않는 낙인을 찍는 것을 말하고, 이는 사회의 범죄율 감소에 도움이 되지 않는다.

18 정답 ②

청소년기 한정형(adolescence–limited) 일탈의 원인과 관계있는 것은 ㄱ, ㄷ이다.

ㄱ, ㄷ. 청소년기 한정형은 아동기에는 일탈행동을 저지르지 않다가 사춘기에 접어들면서 집중적으로 일탈행동을 저지르고, 성인이 되어 일탈행동을 멈추는 유형이다. 사춘기에 일탈행동에 가담하는 주된 이유는 성장격차 때문인데, 사

춘기 동안 성인들의 역할이나 지위를 갈망하면서 생애 지속형의 일탈을 흉내 내고, 흡연이나 음주 등의 경미한 지위 비행을 일삼는다.

ㄴ, ㄹ. 생애 지속형은 아동기부터 일탈행동이 시작되어 평생 동안 범죄행동을 지속하는 유형으로, 생래적인 신경심리학 적 결함으로 인해 아동기 동안 언어 및 인지능력에서 장애증상을 보이고, 각종 문제를 일으킨다.

19 정답 ②

사회에 새롭게 등장한 법익침해행위를 형법전에 편입해야 할 필요성을 인정함에 사용되는 범죄개념은 **실질적 범죄개념**이다. 형사정책의 중요한 목표 중 하나는 현행법상 가벌화되지 않은 반사회적 행위를 신범죄화하는 것과, 사회의 변화에 따라 이제는 가벌화할 필요가 없는 행위를 비범죄화하는 것인데, 이러한 과정의 척도가 되는 범죄개념이 바로 실질적 범죄개념이다.

20 정답 ②

② 제1심 또는 제2심의 형사공판 절차에서 일정한 범죄에 관하여 유죄판결을 선고할 경우, 법원은 직권에 의하여 또는 피해자나 그 상속인(이하 "피해자"라 한다)의 신청에 의하여 피고사건의 범죄행위로 인하여 발생한 직접적인 물적 피해, 치료비 손해 및 위자료의 배상을 명할 수 있으며(소송촉진 등에 관한 특례법 제25조 제1항), 피해자는 제1심 또는 는 제2심 공판의 변론이 종결될 때까지 사건이 계속(係屬)된 법원에 제25조(배상명령)에 따른 피해배상을 신청할 수 있다(동법 제26조 제1항 전단).

① 형을 정함에 있어서는 범인의 연령, 성행, 지능과 환경, 피해자에 대한 관계, 범행의 동기, 수단과 결과, 범행 후의 정황을 참작하여야 한다(형법 제51조).

④ 정부는 형사소송법 제477조 제1항에 따라 집행된 벌금에 100분의 6 이상의 범위에서 대통령령으로 정한 비율을 곱한 금액을 기금에 납입하여야 한다(범죄피해자보호기금법 제4조 제2항).

제4회 정답 및 해설 ●

| 01 ① | 02 ② | 03 ② | 04 ② | 05 ④ | 06 ② | 07 ③ | 08 ① | 09 ② | 10 ④ |
| 11 ③ | 12 ① | 13 ④ | 14 ④ | 15 ① | 16 ④ | 17 ① | 18 ③ | 19 ④ | 20 ④ |

01 정답 ①

사회해악학은 개인에 의해 야기되는 해악보다는 차별, 불평등, 환경오염, 빈곤, 산업재해 등 사회적 해악에 초점을 맞춘 연구이다.

02 정답 ④

ㄱ. (○) 일탈행위는 사회에서 보편적으로 인정되는 규범에 의해 승인되지 않는 행위를 의미한다(사회학적 범죄개념).

ㄴ. (×) 실질적 의미의 범죄개념은 범죄를 사회유해성과 법익침해성을 기준으로 하는 반사회적 행위로 규정하는데, 이

는 신범죄화와 비범죄화의 실질적 기준을 제시하기 위한 개념이다(범죄학에서의 범죄개념).

ㄷ. (✕) 낙인이론은 일탈자에 대한 사회구성원의 낙인(사회적 반작용), 낙인이 일탈자의 주관에 미치는 영향 등에 관심을 두고 있다.

ㄹ. (○) 일탈 중에서 법규범을 위반한 것만을 범죄라고 보아 서로 구별하기도 한다.

03 　정답 ②

범죄피해자 보호법상 사망·장해·중상해에 이르러야 한다.

04 　정답 ②

설문지조사연구 시에는 유사한 특성을 공유하는 전체 집단, 즉 모집단을 대표할 수 있는 제한된 수의 연구대상을 선택하는 과정인 표집이 통상적으로 이루어진다. 이러한 설문지법의 특성상 일반적으로 실험법보다 많은 수를 연구대상으로 할 수 있다.

05 　정답 ④

참여적 관찰이란 범죄자집단에 장기간 참여하여 그들의 생활을 직접 경험하면서 범죄현상 및 그 원인을 규명하는 연구방법으로, 자원수형자로서의 범죄연구는 오스본(Osborne) 등이 주도한 참여적 관찰이다.

06 　정답 ②

범죄기회이론은 고전주의적 인간관 또는 통제이론적 인간관을 취하고 있다.

07 　정답 ③

라카사뉴는 각 국가의 인도적 문제와 감정, 철학 등에 따라 사형이 허용될 수 있다고 주장하였다.

08 　정답 ①

카타르시스 가설은 폭력물 시청이 감정정화 혹은 대리만족을 유도하여 공격성향을 감소시킨다는 것으로, 매스컴의 순기능성을 강조하는 이론이다.

09 　정답 ②

① 일반적으로 유전되는 것은 구체적인 범행이 아니라 개인이 환경에 반응하는 방식이라고 본다.

③ 신경전달물질 이상이 범죄와 같은 이상행동과 관련이 있다는 연구보고가 상당수 제시되고 있으나, 그 관련성을 법칙적으로 설명할 수 있는 일반이론은 아직까지 제시되지 않고 있다.

④ 저혈당증과 폭력범죄나 성범죄의 관련성은 오늘날 상당한 정도로 인정되고 있다.

10 　정답 ④

콜버그는 피아제의 인지발달이론에 따라 도덕적 단계를 1단계 타율적 도덕단계, 2단계 개인주의단계, 3단계 대인 간 기대단계, 4단계 사회시스템 도덕단계, 5단계 개인의 권리 및 사회적 계약단계, 6단계 **보편적 윤리원칙단계**로 세분하였는데, 범죄인들은 도덕적 추론이 가장 낮은 단계인 1단계와 2단계에서 그 발달이 머물러 있는 경우가 많다고 한다.

11 정답 ③

의례형(예범형)은 목표를 포기하되 제도화된 수단은 수용하는 적응방식이다.

12 정답 ①

아노미이론이 아닌 차별적 접촉(교제)이론과 낙인이론에 가장 많은 영향을 미쳤다.

13 정답 ④

전체주의 사회에서도 범죄가 감소하게 되는 것은 아니다. 다만, 봉거(Bonger)는 자본주의의 문제점을 지적하면서 이를 예방할 수 있는 유일한 방법은 사회주의로의 체제변화라고 주장하였다. 사회주의에서는 생산수단을 모든 사람들이 공유하므로 물질적 빈곤이 없어 범죄가 발생하지 않고, 공공복지가 강조됨으로써 이기적인 특권의식이나 경쟁이 줄어 전체적으로 범죄가 감소하게 된다.

14 정답 ④

④ **법원의 잠정조치**에 해당한다.
① · ② · ③ 사법경찰관리의 응급조치에 해당한다.

스토킹범죄의 처벌 등에 관한 법률 제3조(스토킹행위 신고 등에 대한 응급조치) 사법경찰관리는 진행 중인 스토킹행위에 대하여 신고를 받은 경우 즉시 현장에 나가 다음 각 호의 조치를 하여야 한다.
1. 스토킹행위의 제지, 향후 스토킹행위의 중단통보 및 스토킹행위를 지속적 또는 반복적으로 할 경우 처벌경고
2. 스토킹행위자와 피해자등의 분리 및 범죄수사
3. 피해자들에 대한 긴급응급조치 및 잠정조치 요청의 절차 등 안내
4. 스토킹 피해 관련 상담소 또는 보호시설로의 피해자등 인도(피해자등이 동의한 경우만 해당한다)

동법 제9조(스토킹행위자에 대한 잠정조치) ① 법원은 스토킹범죄의 원활한 조사 · 실리 또는 피해자 보호를 위하여 필요하다고 인정하는 경우에는 결정으로 스토킹행위자에게 다음 각 호의 어느 하나에 해당하는 조치(이하 "잠정조치"라 한다)를 할 수 있다.
1. 피해자에 대한 스토킹범죄 중단에 관한 서면경고
2. 피해자나 그 주거등으로부터 100미터 이내의 접근금지
3. 피해자에 대한 「전기통신기본법」 제2조 제1호의 전기통신을 이용한 접근금지
4. 국가경찰관서의 유치장 또는 구치소에의 유치

15 정답 ①

ㄱ, ㄴ, ㄷ은 고전주의 학파, ㄹ, ㅁ은 실증주의 학파에 해당하는 내용이다.
ㄹ. 실증주의 학파인 이탈리아 학파의 일원인 페리는 범죄를 사회제도 자체의 결함에 따른 전염병적 현상으로 보고, 범죄충동을 방지하고 범죄원인을 제거할 수 있는 간접적 대책으로서 형벌의 대용물이 필요하다고 주장하였다. 1921년 페리는 위 주장에 기초하여 형벌과 도덕적 색채를 띠지 않는 사회방위처분 내지 보안처분을 일원화하는 내용의 이탈리아 형법초안을 작성하였다.
ㅁ. 실증주의 학파인 독일학파의 일원인 리스트는 형벌의 부과기준은 행위가 아닌 행위자라는 입장에서 범죄자의 반사회적 위험성을 기준으로 각 범죄자의 특성에 맞게 형벌을 개별화할 것을 강조하였고(특별예방), 이를 기초로 주관주

의 형법이론을 정립하였다.

16 정답 ④

비판범죄학은 거시적 사회구조의 재편성으로써 궁극적으로 부와 권력의 불평등을 해소하기 위한 해방적 차원의 대책을 추구하므로, 전통적 범죄학에 근거하여 주장하는 교정제도나 형집행방법의 가치를 인정하지 않는다. 비범죄화와 다이버전은 낙인이론에서 중시하는 정책이다.

17 정답 ①

쌍생아 연구, 범죄자 가계 연구, 입양아 연구, 성염색체 연구 등이 유전적 요인과 범죄의 관계에 대한 연구이다.

18 정답 ③

약탈적 스토커는 공격을 준비하기 위해 피해자를 감시하는데, 이것은 그 성격상 성적 욕구를 해소하기 위한 것이다.

19 정답 ④

장기보호관찰은 소년법상 규정된 소년보호처분이다.

학교폭력예방법 제17조(가해학생에 대한 조치) ① 자치위원회는 피해학생의 보호와 가해학생의 선도·교육을 위하여 가해학생에 대하여 다음 각 호의 어느 하나에 해당하는 조치(수개의 조치를 병과하는 경우를 포함한다)를 할 것을 학교의 장에게 요청하여야 하며, 각 조치별 적용기준은 대통령령으로 정한다. 다만, 퇴학처분은 의무교육과정에 있는 가해학생에 대하여는 적용하지 아니한다.

1. 피해학생에 대한 서면사과
2. 피해학생 및 신고·고발학생에 대한 접촉, 협박 및 보복행위(정보통신망을 이용한 행위를 포함한다)의 금지
3. 학교에서의 봉사
4. 사회봉사
5. 학내외 전문가, 교육감이 정한 기관에 의한 특별교육 이수 또는 심리치료
6. 출석정지
7. 학급교체
8. 전학
9. 퇴학처분

20 정답 ④

과거에는 범죄통제의 대상이 아니었던 사람을 범죄통제의 대상이 되게 함으로써 형사사법망 확대를 초래한다는 비판을 받고 있다.

제5회 정답 및 해설

| 01 ② | 02 ④ | 03 ④ | 04 ③ | 05 ② | 06 ④ | 07 ③ | 08 ④ | 09 ① | 10 ④ |
| 11 ① | 12 ④ | 13 ③ | 14 ② | 15 ③ | 16 ④ | 17 ④ | 18 ③ | 19 ② | 20 ① |

01 정답 ②

범죄학이 아닌 **형사사법학**에 대한 설명이다. 즉, 형사사법학은 형사사법기관이 수사하고 기소하여 범죄자를 통제·감독하는 방법에 관심을 두고 있다.

02 정답 ④

비범죄화는 주로 공공질서와 관련한 경미범죄에서 많이 주장된다. 이러한 범죄유형은 공식적 형벌보다는 지역사회 등의 비공식적 조직에 의한 통제가 더욱 효과적이기 때문이다.

03 정답 ④

공리주의를 주장한 벤담은 최대다수 최대행복의 원리를 바탕으로 범죄를 설명하였는데, 처벌의 비례성과 형벌의 일반예방을 통해 성취할 수 있는 최대다수의 최대행복을 강조하였고, 범죄를 공동체에 대한 해악으로 간주하였으며, 형벌은 응보가 아닌 예방을 목적으로 행사되어야 한다는 입장이었다.

04 정답 ③

쌍생아연구, 가계연구 등은 집단조사의 방법이다.

05 정답 ②

사례연구는 특정 범죄자의 개별 사례나 과거사를 조사하는 것으로, 범죄자 개개인의 인격, 환경 등 여러 요소를 종합적으로 분석하고 상호 관계를 규명하여 범죄원인을 밝히는 미시적 연구방법이다.

06 정답 ④

범죄행위를 인간의 합리적 선택의 결과로 본다.

07 정답 ③

자연범설은 이탈리아의 가로팔로가 주장하였다.

08 정답 ④

여성범죄는 은폐성이 특징이므로 암수범죄가 많다(기사도가설). 폴락은 여성범죄에는 암수범죄가 많고, 이를 고려하더라도 여성범죄율이 남성범죄율보다 낮지만, 범죄적 성향에 있어서는 여성이 남성 못지않다고 주장한다. 즉, 폴락은 여성범죄의 양적 특징을 부정하는 입장에 가깝다.

09 정답 ①

고다드의 주장 이후 20세기 후반까지도 저지능이 범죄의 중요한 원인이라는 주장은 계속되고 있다. 지금까지의 연구결과를 종합하면, 지능과 범죄(비행)의 상관관계를 완전히 무시하기는 어렵지만, 그 관련성을 일관되게 인정할 수 있는 연구결과는 현재까지 전무하다.

10 정답 ④

범죄인은 정상인과 근본적으로 다르다고 보는 것은 생물학적·심리학적 원인론의 관점이다.

11 정답 ①

ㄱ. 뒤르켐의 아노미 개념에 따르면, 아노미는 무규범 상태로서 살인이나 자살의 원인이 되고, 사회가 유기적으로 발전함에 따라 출현할 가능성이 높아지며, 범죄 등 여러 사회적 병폐를 만들어 낸다. 이는 긴장이론과 관련이 있으나 하위문화이론과는 관련이 없다.

ㄴ. (×) 급격한 사회변동으로 일탈행위가 증가한다.

12 정답 ④

서덜랜드의 차별적 교제이론에 대한 설명이다. 서덜랜드는 시카고학파에 속하는 학자이면서도 거시환경론이 아닌 미시환경론 내지 사회심리론의 입장에서 사회학적 일반이론을 제시한 미국 범죄사회학의 개척자이다.

13 정답 ③

엑스너, 셀린 등은 불황기에 범죄가 증가한다고 주장하였고 클레이, 워어즈 등은 오히려 호황기에 범죄가 증가한다고 주장하였다. 반면, 서덜랜드는 불경기와 범죄의 상관관계는 밝힐 수 없다고 주장하였다.

14 정답 ②

ⓒ (×) **규범의 부정**은 코헨의 비행하위문화이론에서 중요시하는 개념이다.

ⓗ (×) **문화갈등**은 셀린의 문화갈등이론의 핵심개념이다.

15 정답 ③

통제(균형)이론에 의하면, 다른 사람을 통제하기보다 다른 사람의 통제를 더 많이 받아 **통제부족**을 경험한 사람은 약탈적·반항적 범죄를 저지르는 경향이 강하다.

16 정답 ④

보수적 갈등이론에 대한 설명이다. 급진적 갈등이론은 자본주의 체제가 노동자 계급의 범죄뿐만 아니라 자본가 계급의 범죄도 유발한다고 본다.

17 정답 ④

이원주의는 형벌을 먼저 집행하는 반면, 대체주의는 보안처분을 형벌보다 우선하여 집행한다.

18 정답 ③

글레이저의 차별적(분화적) 동일화이론에 따르면, 사람은 누구나 자신을 다른 누군가와 동일화하려는 경향이 있는데, 자신의 범죄행위를 수용할 수 있다고 믿는 실재의 인간이나 관념상의 인간에게 자신을 동일화하는 과정을 통해 자기 자신을 합리화함으로써 범죄행위를 저지른다. 따라서 가족이나 친구 등의 직접적인 접촉대상보다는 매스미디어 등의 간접적인 접촉대상이나 자신의 행동을 평가하는 준거집단의 성격이 범죄학습과정에서 더욱 중요하게 작용한다고 본다. 참고로, 범죄를 학습의 결과로 보는 차별적 접촉이론의 관점과 동일한 면이 있으나, 서덜랜드의 **접촉**이 아닌 **동일화**라는 개념을 사용하여 범죄학습 대상을 확대함으로써 차별적 접촉이론을 수정·보완하였다(사람은 동일화과정을 통해 범죄행위를 수행한다. 동일화 → 합리화 → 범죄행위).

19 정답 ②

㉠ 아노미 ㉡ 하위문화

20 정답 ①

지역사회교정의 지나친 확대는 범죄통제의 대상이 아니었던 경미범죄자까지 범죄통제의 대상으로 포함시킴으로써 형사사법망의 확대를 초래할 수 있다. 즉, 이는 지역사회교정의 장점이 아닌 단점이다.

제6회 정답 및 해설

| 01 ② | 02 ③ | 03 ③ | 04 ① | 05 ③ | 06 ② | 07 ③ | 08 ④ | 09 ④ | 10 ④ |
| 11 ③ | 12 ④ | 13 ③ | 14 ① | 15 ① | 16 ④ | 17 ① | 18 ③ | 19 ③ | 20 ② |

01 정답 ②

② 범죄학은 범죄원인을 탐구하고 인간행동을 분석하는 사실학 및 경험학의 성격을 가지는 반면, 형법은 규범학의 성격을 가진다. 참고로, 형사정책은 범죄학의 연구결과를 토대로 범죄방지대책을 강구하는 과정에서 범죄와 형벌의 당위적 관계를 논한다는 점에서 사실학 및 규범학의 성격을 가진다고 할 것이다.

①·③·④ 범죄를 사회현상으로 간주하는 지식체계인 범죄학은 범죄의 성격 및 정도, 범죄 유형, 범죄원인 분석, 범죄통제 등을 과학적으로 연구하는 학문으로서 사회학, 심리학, 생물학, 정치학, 인류학 등 많은 분야에서 축적된 지식을 활용하는 종합과학적(다학제적) 성격을 가진다.

02 정답 ③

법도덕주의에 대한 비판이 비범죄화의 논거이다.

03 정답 ③

인간의 합리적인 이성을 신뢰하지 않고 범죄원인을 개인의 소질과 환경에 있다고 하는 결정론을 주장한 것은 실증학파 범죄이론이다. 고전학파 범죄이론은 인간을 자유의지에 따라 선택하는 합리적이고 이성적인 존재로 전제하는 비결정론을 주장하였다.

04 정답 ①

공식범죄통계란 정부에서 발간하는 공식적인 범죄통계표를 통해 사회의 대량적 현상으로서 범죄의 규모나 추이를 파악하는 조사방법을 말하는데, 이 연구방법은 수사기관이 인지한 사건만을 산술적으로 집계하는 결과 범죄통계표에 드러나지 않는 숨은 범죄, 즉 암수범죄를 파악하는 데 한계가 있다는 단점이 있다.

05 정답 ③

수평적 비교분석법은 계열조사(표본조사)를 의미한다.

06 정답 ②

② 선고를 유예하는 경우에는 수강명령을 병과할 수 없다(스토킹범죄의 처벌 등에 관한 법률 제19조 제1항).
① 동법 제2조 제2호
③ 동법 제2조 제1호 가목
④ 동법 제19조 제4항 제2호

스토킹범죄의 처벌 등에 관한 법률 제2조(정의) 이 법에서 사용하는 용어의 뜻은 다음과 같다.
1. "스토킹행위"란 상대방의 의사에 반(反)하여 정당한 이유 없이 다음 각 목의 어느 하나에 해당하는 행위를 하여 상대방에게 불안감 또는 공포심을 일으키는 것을 달한다.
   가. 상대방 또는 그의 동거인, 가족(이하 "상대방등"이라 한다)에게 접근하거나 따라다니거나 진로를 막아서는 행위
2. "스토킹범죄"란 지속적 또는 반복적으로 스토킹행위를 하는 것을 말한다.

동법 제19조(형벌과 수강명령 등의 병과) ① 법원은 스토킹범죄를 저지른 사람에 대하여 유죄판결(선고유예는 제외한다)을 선고하거나 약식명령을 고지하는 경우에는 200시간의 범위에서 다음 각 호의 구분에 따라 재범 예방에 필요한 수강명령(「보호관찰 등에 관한 법률」에 따른 수강명령을 말한다. 이하 같다) 또는 스토킹 치료프로그램의 이수명령(이하 "이수명령"이라 한다)을 병과할 수 있다.
1. 수강명령: 형의 집행을 유예할 경우에 그 집행유예기간 내에서 병과
2. 이수명령: 벌금형 또는 징역형의 실형을 선고하거나 약식명령을 고지할 경우에 병과
④ 제1항에 따른 수강명령 또는 이수명령은 다음 각 호의 구분에 따라 각각 집행한다.
1. 형의 집행을 유예할 경우: 그 집행유예기간 내
2. 벌금형을 선고하거나 약식명령을 고지할 경우: 형 확정일부터 6개월 이내
3. 징역형의 실형을 선고할 경우: 형기 내

07 정답 ③

타르드가 주장한 모방의 법칙에서 방향의 법칙이란 위에서 아래로의 법칙으로, 상류계층의 행위를 하류계층이 모방하는 것을 의미한다.

08 정답 ④

대부분 기회범죄이고, 소규모 범행을 반복하는 경향이 있으며, 은폐되어 암수범죄가 되는 경우가 많다.

09 정답 ④

범인성 유전부인과 관계되는 것은 내인성 정신병이다.

10 정답 ④

갈등이론에 의하면, 사회는 다양한 계층이나 집단이 서로 상충되는 이익을 차지하기 위해 끊임없이 다투는 경쟁의 장이므로, 법은 전 사회가 아닌 특정 계층이나 집단만의 이익을 증진시키기 위해 만들어진 것이다.

11 정답 ③

집단주의, 차별주의가 아닌 개인주의, 보편주의이다.

12 정답 ④

㉠ · ㉡ (○) 베카리아는 범죄와 형벌 사이에는 비례성이 있어야 한다고 주장하였다.
㉢ (×) 베카리아는 범죄억제를 위해서는 처벌의 공정성 · 확실성 · 신속성이 요구된다고 주장하였는데, 처벌의 신속성이란 범죄행위와 처벌 간의 시간적 간격이 짧아야 함을 의미한다.
㉣ (×) 베카리아는 형벌의 목적은 범죄예방을 통한 사회안전의 확보에 있다고 주장하였다.

13 정답 ③

착취형에 대한 설명으로, 순응형이라는 이름의 유형은 존재하지 않는다.

14 정답 ①

(가) **가해(손상 · 피해)의 부정**은 자기의 범행으로 인해 피해를 입은 사람이 아무도 없다는 합리화 논리이다.
(나) **책임의 부정**은 범행에 대한 자기 책임을 부정하고, 그 책임을 외부로 돌리는 합리화 논리이다.

15 정답 ①

① 사회유대이론은 통제이론으로서 비공식적 통제를 강조한다.
② 깨진유리창이론 ③ 상황적 범죄예방이론 ④ 합리적 선택이론

16　정답 ④

통제범죄는 형사사법기관이 자본가에게는 유리하게, 노동자에게는 불리하게 법을 적용하는 불공정한 집행으로써 노동자계급을 탄압하는 행위를 말한다.

17　정답 ①

보안처분의 목적은 특별예방을 통한 사회방위이다.

[형벌과 보안처분]

구분	보안처분	형벌
부과근거	위험성	책임
목적	특별예방(개선)과 사회방위	응보가 본질이나, 책임범위 내에서 일반·특별예방
제한원리	비례원칙	책임주의
대상	장래에 대한 예방	과거행위에 대한 제재
적용	형벌에 대한 보충·대체	제재의 주된 수단
요건	구성요건해당·위법·재범위험성	구성요건해당·위법·유책성

18　정답 ③

레크레이션 시설의 설치, 산책길에 벤치의 설치 등 해당 지역에 일반인의 이용을 장려하여 그들에 의한 감시기능을 강화하는 전략은 활동성 지원에 해당한다. CPTED는 감시와 접근통제, 공동체 강화를 기본원리로 자연적 감시, 접근통제, 영역성 강화, 활동성 지원, 유지·관리 등 5가지 실천전략으로 구성된다. 영역성 강화는 주거지의 영역을 공적 영역이 아닌 사적 영역화함으로써 외부인을 통제하고, 외부인 스스로가 자신이 통제대상이라는 것을 자각하게 함으로써 범죄를 예방하는 전략이다. 조경, 도로의 포장, 특수 울타리 설치, 출입구 통제강화, 표지판 설치, 내부공원 조성 등은 주민들의 소유 재산이나 자기의 사적 영역이라는 인식을 강화하는 영역성 강화의 예이다.

19　정답 ③

③ 카타르시스가설은 폭력물 시청이 감정정화 혹은 대리만족을 유도하여 공격성향을 감소시킨다는 가설이고, 억제가설은 폭력물 시청이 공포심을 불러일으켜 공격성향을 감소시킨다는 가설이다. 따라서 두 가설 모두 매스컴의 순기능성을 강조하는 이론이다.

① 체스니-린드는 여성범죄와 남성범죄가 서로 다르게 증가한다고 주장한다. 특히 여성의 체포·기소·구금은 1970년대 이후 매우 증가하였는데, 여성이 남성과 다른 범죄를 범하는 것뿐만 아니라, 여자청소년은 남자청소년과 비교하여 차별적으로 처벌받기 때문이다.

② 상대적 박탈이론(relative deprivation theory)은 1949년 스토우퍼와 동료들의 「미군(The American Soldier)」 연구에 기초하는데, 그들은 제2차 세계대전 동안 미군의 계급과 만족도 사이에 존재하는 특별한 관계를 설명하기 위해 상대적 박탈감이라는 용어를 만들었다. 또한 머튼에 의하면, 하류계층 사람은 상류계층 사람과의 관계에서 상대적 박탈감을 느끼는 것이 아니라 같은 입장에 있는 사람과 비교함으로써 상대적 박탈감을 느끼므로, 아노미조건에 대한 개인적 해석의 차이가 가능하고, 이러한 차별적 해석이 개인의 행위에 영향을 미친다.

20 정답 ②

ㄴ. (×) 집단적 무능력화에 대한 설명이다. 선별적 무능력화는 소수의 사람이 다수의 범죄를 저지른다는 점에 착안하여 소수의 중범죄자 구금이 가장 효과적인 범죄감소전략이라고 주장한다.

ㄷ. (×) 선별적 무능력화에 대한 설명이다.

제7회 정답 및 해설

| 01 ③ | 02 ④ | 03 ④ | 04 ④ | 05 ② | 06 ③ | 07 ④ | 08 ④ | 09 ④ | 10 ④ |
| 11 ③ | 12 ④ | 13 ① | 14 ③ | 15 ② | 16 ① | 17 ② | 18 ② | 19 ① | 20 ③ |

01 정답 ③

피해원인과 피해자에 대한 중점적인 연구는 20세기 중반부터 시작되었다.

02 정답 ④

① 비범죄화이론은 단속상(규제상)의 비범죄화와 재판상(사법상)의 비범죄화도 언급한다.
② 피해자 없는 범죄는 주로 공익적 법익에 관한 범죄에서 문제되고, 비범죄화는 형법의 보충성을 강화할 수 있다.
③ 검찰의 기소편의주의에 의한 불기소처분은 (단속상의) 비범죄화 논의의 대상이다.

03 정답 ④

국가경찰관서의 유치장 또는 구치소에의 유치는 **법원**이 취할 수 있는 잠정조치이다.

스토킹범죄의 처벌 등에 관한 법률 제3조(스토킹행위 신고 등에 대한 응급조치) 사법경찰관리는 진행 중인 스토킹행위에 대하여 신고를 받은 경우 즉시 현장에 나가 다음 각 호의 조치를 하여야 한다.
1. 스토킹행위의 제지, 향후 스토킹행위의 중단통보 및 스토킹행위를 지속적 또는 반복적으로 할 경우 처벌경고
2. 스토킹행위자와 피해자등의 분리 및 범죄수사
3. 피해자들에 대한 긴급응급조치 및 잠정조치 요청의 절차 등 안내
4. 스토킹 피해 관련 상담소 또는 보호시설로의 피해자등 인도(피해자등이 동의한 경우만 해당한다)

동법 제9조(스토킹행위자에 대한 잠정조치) ① 법원은 스토킹범죄의 원활한 조사·심리 또는 피해자 보호를 위하여 필요하다고 인정하는 경우에는 결정으로 스토킹행위자에게 다음 각 호의 어느 하나에 해당하는 조치(이하 "잠정조치"라 한다)를 할 수 있다.
1. 피해자에 대한 스토킹범죄 중단에 관한 서면경고
2. 피해자나 그 주거등으로부터 100미터 이내의 접근금지
3. 피해자에 대한 「전기통신기본법」 제2조 제1호의 전기통신을 이용한 접근금지

4. 국가경찰관서의 유치장 또는 구치소에의 유치

04 정답 ④

참여적 관찰법은 관찰의 범위가 한정적이고 연구자의 주관적인 편견이 개입될 소지가 많아 범죄자의 전체적 파악이 곤란하다는 단점이 있다.

[참여적 관찰법의 장단점]

장점	단점
• 범죄인의 생생한 실증자료 채취 유리 • 일탈자의 일상생활을 자연스럽게 관찰 가능 • 다른 방법보다 비교적 타당성이 높음	• 연구자 스스로 범죄에 가담하므로 처벌문제 대두 • 연구자의 주관적 편견 개입 가능 • 피관찰자들의 인격에 대한 객관적 관찰 불가 • 범죄자의 전체적 파악 곤란(관찰범위의 한계) • 조사방법의 성격상 많은 시간 소요

05 정답 ②

검거율은 상대적 암수와 반비례관계에 있다.

06 정답 ③

처벌의 신속성은 범행 시부터 처벌 시까지의 간격이 짧아야 한다는 의미이다.

07 정답 ④

④ 비난자에 대한 비난 : 사회통제기관을 부패한 자들로 규정하여 자신을 심판할 자격이 없다고 주장
① 책임의 부정: 강간범과 관계를 가지려고 함으로써 …
② 가해의 부정: 마조히즘(피학증) 성향을 보이며 강간범과 관계를 가지려고 함으로써 …
③ 피해자의 부정: 여성피해자가 흔히 도발적인 복장을 하거나 외설적인 언어를 사용하거나 (따라서 보호받을 가치가 없는) …

08 정답 ④

사회구조적 관점이 아닌 사회과정적 관점에 대한 설명이다.

09 정답 ④

사이코패스(Psychopath)와 범죄적 성향의 반사회적 인간은 일반적으로 **자극에의 타고난 둔감**으로 인해 만성적으로 자극을 잘 느끼지 못하는데, 이 때문에 격한 자극을 추구하는 경향이 강하고, 범행 시 공포심도 잘 느끼지 못하며, 처벌에 대한 위협 또한 심각하게 받아들이지 않아 범행충동을 억제하지 못한다는 주장이 제기되고 있다.

10 정답 ④

중화기술이론은 미시적 환경론인 사회과정이론에 속한다.

11 정답 ③

ⓒ (×) 20세기 후반에 제시된 긴장(압박)이론 중 제도적 아노미이론은 거시적 수준의 범죄이론이고, 에그뉴의 이론은 미시적 수준의 범죄이론이다. 에그뉴는 다른 사람과의 부정적인 관계에 집중하는 일반긴장이론을 정립하였다.

12 정답 ④

① 범죄의 원인을 개인의 심리적 특징이 아닌 사회적 환경에 바탕을 둔 사회심리학적 관점에서 찾고 있는 점이 타르드와 서덜랜드의 공통점이다. 사회심리학은 타인의 존재가 사람들의 생각·감정·행동에 어떠한 영향을 미치는지를 과학적으로 연구하는 학문이다.
② 같은 메커니즘에 의해 생성된다.
③ 교제기간이 긴 경우일수록 학습의 정도가 강하다.

13 정답 ①

㉠ (×) 약물로 인한 범죄현상에 대한 연구는 초기에 주로 개인의 신체적·심리적 요인만을 중시하였으나 이후 사회적 요인까지 연구범위가 확대되었따.
ⓒ (○) 약물범죄는 피해자 없는 범죄의 대표적인 예이다.
ⓒ (○) **시나논(synanon)**은 엄격한 공동생활, 집단 극기훈련 및 마라톤, 정기적 상호 조언회 등으로써 극심한 금단증상으로 고통받는 중독자를 치료하는 프로그램이다.
ⓔ (×) 형벌과 보안처분을 일원적으로 보는 입장은 약물범죄에 대해서는 적극적인 치료가 필요하다고 본다.

14 정답 ③

주류범죄학은 기존 사회에 대하여 의심하지 않은 채 수용을 하며, 일탈 개인 및 집단이 사회의 현 상태에 적응하려 하지 않는 이유에 대하여 집중하였다.

15 정답 ②

결정론적 범죄원인론을 부정한다. 허쉬와 갓프레드슨은 사람이 가정에서 양육되는 과정에서 특정한 규범적 동기로 인해 자기통제력 수준이 정해지는데, 그렇게 정해진 자기통제력에 의해 범죄가 억제되지 않는다면 그 범죄는 유발될 수밖에 없다고 주장한다. 따라서 낮은 자기통제이론은 성악설에 바탕을 둔 이론으로, 실증적 원인중시이론과는 거리가 멀다.

16 정답 ①

퀴니는 자본주의사회에서 노동자가 저지르는 범죄유형을 **적응범죄**와 **대항범죄**로 구분하였다.

17 정답 ②

이원주의 → 일원주의

18 정답 ②

몇몇 범죄학자는 유전적 특성이 행동과정을 결정한다는 것을 인정할지 몰라도, 오늘날 대다수의 범죄학자는 이를 인정하지 않고 있다.

19 정답 ①

샘슨의 집합효율성이론(collective efficacy theory)에 대한 설명이다.

[샘슨의 집합효율성]
- 빈곤이 그 자체로는 범죄와 관련이 없지만, 거주지 안정성이 낮은 곳의 빈곤은 폭력범죄와 높은 상관관계가 있음을 발견하였다.
- 지역사회가 자체의 공동가치를 실현할 수 있는 능력을 상실한 상태가 바로 사회해체이다.
- 적은 사회자본으로 인한 익명성이 근린지역의 범죄와 폭력을 증가시키는 것이다. 오히려 준법정신이 투철한 사람들은 범죄의 증가에 따라 타 지역으로 이주하게 되고, 결국 범죄와 폭력으로 만연한 근린은 지역사회의 와해가 더욱 촉진된다.
- 집합효율성 : 거리, 보도, 공원 등과 같은 공공장소에서 질서를 유지할 수 있는 능력
- 근린지역의 거주민들이 당국에 불만을 토로하거나 지역감시프로그램을 조직하는 것과 같이 질서유지를 위한 명확한 행동이 선택될 때 나타난다.
- 주민들은 근린의 '결속과 상호신뢰'가 근린의 '사회통제를 위해 개입하려는 주민들의 공유된 기대'와 연계될 때에만 범죄를 줄이기 위한 행동을 한다.

20 정답 ③

의료모델(치료모델)은 범죄자를 치료되어야 할 (범인성을 가진) 환자로 보므로, 치료되지 않은 범죄자는 정해진 형기와 상관없이 석방할 수 없다고 주장한다. 따라서 정기형보다 부정기형을 선호한다.

제8회 정답 및 해설

| 01 ② | 02 ② | 03 ③ | 04 ④ | 05 ④ | 06 ② | 07 ② | 08 ① | 09 ③ | 10 ③ |
| 11 ① | 12 ③ | 13 ④ | 14 ② | 15 ④ | 16 ③ | 17 ③ | 18 ② | 19 ② | 20 ① |

01 정답 ②

비범죄화 정책을 수립할 때 중요한 판단척도가 되는 것은 일탈이 아닌 범죄이다. 일탈은 비공식적 사회규범·규칙을 위반하는 행위로, 어떠한 행위는 일탈이지만 합법적 행위일 수 있고, 어떠한 행위는 비합법적 행위로서 처벌되지만 일탈이 아닐 수도 있다.

02 정답 ②

사실상의 비범죄화는 법률의 폐지 없이도 가능하다.

03 　정답 ③

레머트의 이차적 일탈론에 따르면, 일차적 일탈이 사회구성원이나 사법기관에 발각되는 순간 낙인이 찍히고, 낙인으로 인해 합법적·경제적 기회 감소, 대인관계 실패 등의 문제가 수반되어 결국 자아왜곡으로써 스스로를 일탈자로 간주하게 되며, 결국 이차적 일탈을 하게 되면서 지속적인 범죄를 저지르게 된다. 레머트는 일탈에 대한 사회적 반응의 종류를 크게 사회구성원에 의한 비공식적인 반응과 사법기관에 의한 공식적인 반응으로 나누었는데, 특히 사법기관에 의한 공식적 반응(처벌은 일차적 일탈자에게 오명을 씌우고, 사법제도의 불공정성을 자각케 하며, 제도적으로 강제하고, 일탈하위문화를 사회화하며, 죄책감을 회피할 수 있는 긍정적 이익을 제공)은 일상생활에서 이루어지는 사회구성원에 의한 비공식적인 반응보다 심각한 낙인효과를 불러일으켜 일차적 일탈자가 이차적 일탈자로 발전하기 쉬워진다고 주장하였다.

04 　정답 ④

㉠ (×) 범죄통계표 분석에 대한 설명이다.
㉡ (×) 표본조사에 대한 설명이다.
㉢ (×) 추행조사가 수직적 비교방법이라면, 표본조사는 수평적 비교방법이다.
㉣ (×) 참여적 관찰에 대한 설명이다.

05 　정답 ④

절대적 암수범죄 → 상대적 암수범죄

06 　정답 ②

일탈장소이론에 대한 설명이다. 일탈장소이론에 의하면, 피해위험이 큰 범죄다발지역에 거주하는 사람은 자신의 생활약식과는 무관하게 범죄에 노출되는 정도가 커지므로, 피해자가 될 가능성 또한 커질 수밖에 없다. 이는 통상적인 생활양식을 가진 사람이 피해자가 되는 이유를 설명해 준다.

07 　정답 ②

방향의 법칙에 어긋나는 내용이다.

08 　정답 ①

① 롬브로조 등의 생물학적 범죄관은 소질설이므로, 환경과 범죄의 관계를 소극적으로 이해한다.
④ 라카사뉴(Lacassagne)는 리옹대학의 교수로, 범죄가 많았던 시기에는 물가와 실업률이 높았다는 것을 밝히면서 경제환경이 범죄에 미치는 영향을 강조했다.

09 　정답 ③

생물학적 원인론은 '생물학적 이유에서 범죄가 발생한다'는 설명 이외에 어떠한 대응방안도 제시하지 못하였다. 따라서 최소한의 행위지침을 제시하여야 할 범죄론의 관점에서 보면 타당성이 낮다.

10 　정답 ③

지능에 관한 이론 중 본성이론이 아닌 **양육이론**에 대한 설명이다.

11 정답 ①

밀러의 하위문화이론은 주류문화와의 긴장을 전제로 하지 않고, 하위문화를 고유문화로 인식한다.

12 정답 ③

샘슨 등은 범죄의 매개과정을 설명하기 위해 집합효율성이라는 개념을 도입하였는데, 이는 공동선을 위해 개입하고자 하는 지역주민의 사회적 응집력이라고 정의하였다.

13 정답 ④

룬덴(Lunden)에 따르면, 풍요로운 사회가 오히려 빈곤한 사회보다 범죄율이 높다.

[룬덴(Lunden)의 지역사회와 범죄발생론]
- 산업사회와 도시는 전통사회와 농촌보다 범죄율이 높다.
- 상이한 문화를 가진 사회는 동일한 문화를 가진 사회보다 범죄율이 높다.
- 수평·수직적 사회이동이 많은 사회는 사회이동이 적은 사회보다 범죄율이 높다.
- 사회구조와 그 기능의 급격한 변화는 범죄발생을 증가시킨다.
- 공식적 계약에 의한 사회는 가족적·종족적 연대에 의한 사회보다 범죄율이 높다.
- 강제력과 권력에 의해 통제되는 사회는 계약과 가족적 체계에 의해 유지되는 사회보다 범죄율이 높다.
- 계급 간의 차이가 큰 사회는 계급 간의 차이가 작은 사회보다 범죄율이 높다.
- 심리적 고립감과 무규범의 정도가 높은 사회는 사회적 통합성과 유대감이 높은 사회보다 범죄율이 높다.
- 물질적으로 풍요로운 사회는 빈곤한 사회보다 범죄율이 높다.
- 공식적 규범과 비공식적 규범 간의 갈등이 심한 사회는 두 규범이 일치하는 사회보다 범죄율이 높다.
- 전쟁에서 패배한 사회는 권위구조의 붕괴로 인해 범죄발생이 증가한다.
- 갑작스러운 자연재해는 도덕과 규범통제의 원인이 되고 범죄발생을 증가시킨다.

14 정답 ②

범죄의 책임을 자신이 아닌 불평등한 사회구조 탓으로 돌림으로써 합리화시키는 유형인 책임의 부정이다.

15 정답 ④

처벌의 상대적 효과는 확실성 > 엄중성 > 신속성 순이라고 주장한다.

16 정답 ③

사회복귀모델에 대한 설명이다. 범죄통제모델은 범죄를 인간의 합리적 선택의 결과로 보는 자유의지론에 기초한 범죄억제모델이다.

17 정답 ③

울프강(Wolfgang)의 폭력하위문화이론, 코헨(Cohen)의 비행하위문화이론, 밀러(Miller)의 하위계층문화이론은 모두 **하위문화이론(Subcultural Theory)**에 해당한다.

18 정답 ②

② 슈베딩거 부부는 법률보다는 기본적 인권을 위반한 것을 범죄라고 보았다.
① 비판범죄학은 범죄원인의 책임을 자본주의체제 그 자체에 전가함으로써 사회구성원 간의 상호작용과정에서 범죄가 주로 발생한다는 사실을 무시하였다. 비판범죄학은 범죄발생에 영향을 미치는 구조적 요인을 분석한 거시이론으로, 개별 범죄원인을 규명하기보다는 어떠한 행위가 범죄로 규정되는지 그 과정에 주된 관심이 있다.
③ 비판범죄학은, 범죄의 궁극적인 해결은 자본주의의 몰락과 사회주의의 도래라고 주장하였으나, 이에 대한 구체적인 대책은 제시하지 못하였다.
④ 급진범죄학자인 퀴니는 법은 사회 내에서 권력을 가진 사람의 이익을 대변한다고 보았고, 챔블리스와 사이드먼은 법의 제정과 집행에 관한 조직을 조사한 결과 법은 사실상 권력을 유지하기 위한 자기편의적 체계라고 보았다.

19 정답 ②

버나드와 스나입스에 의하면, 구조/과정이론과 개인차이론은 상호 배타적이지 않다.

20 정답 ①

② 삼진아웃제는 1990년대 등장한 이론으로, 야구의 삼진아웃(Three strikes out)을 형사사법절차에 원용하여 범죄인에 대한 선별적 무능화를 제도화한 것이다. 이는 의료모델이 아닌 정의모델의 이념과 부합된다.
③ 지역사회교정은 범죄방지를 위해서는 수형자와 더불어 사회도 함께 변화되어야 한다는 것으로, 재통합모델의 이념에 기초한다.
④ 부정기형제도는 정해진 형기와 상관없이 치료되지 않은 범죄자는 석방할 수 없다는 의료모델에서 그 의미가 크다.

제9회 정답 및 해설 ●

| 01 ④ | 02 ③ | 03 ④ | 04 ④ | 05 ② | 06 ① | 07 ② | 08 ④ | 09 ① | 10 ① |
| 11 ③ | 12 ① | 13 ③ | 14 ④ | 15 ④ | 16 ③ | 17 ③ | 18 ① | 19 ① | 20 ② |

01 정답 ④

ㄱ – C. 형식적 범죄개념은 범죄를 구성요건에 해당하는 위법행위로 규정하는데(형법상 범죄개념), 이는 범죄개념의 명확성을 기할 수 있다.
ㄴ – D. 사회적 일탈행위는 사회에서 보편적으로 인정되는 규범에 의해 승인되지 않는 행위를 의미하는데(사회학적 범죄개념), 그 범위는 형법상 범죄개념보다 넓어 사회에서 통용되는 모든 규범에 대한 침해가 포함된다.
ㄷ – A. 실질적 범죄개념은 범죄를 사회유해성과 법익침해성을 기준으로 하는 반사회적 행위로 규정하는데, 이는 신범죄화와 비범죄화의 실질적 기준을 제시하기 위한 개념이다(범죄학에서의 범죄개념).
ㄹ – B. 자연적 범죄개념은 일정 국가의 법질서와 무관한, 즉 시공간을 초월하여 타당한 절대적 범죄개념으로(살인, 폭력, 절도, 강간 등), 가로팔로(Garofalo)는 시간과 문화를 초월하여 인정되는 범죄가 존재한다고 보고, 이를 자연이라

고 하였다.

02 정답 ③

범죄의 개념은 시대와 장소에 따라 변할 수 있다고 본다.

03 정답 ④

쉐이퍼(스차퍼)는 멘델존과 헨티히의 피해자 유형에 대한 연구를 보완하면서 피해자의 기능에 관심을 보였다. 그는 범죄 피해자를 기능적 책임성(Functional Responsibility)을 기준으로 책임 없는 피해자(unrelated victim), 적극적 범죄유발 피해자(provocative victim), 행위촉진적 피해자(precipitative victim), 신체적으로 나약한 피해자(biologically weak victim), 사회적으로 나약한 피해자(socially weak victim), 자기희생적 피해자(self-victimizing), 정치적 피해자(political victim)로 분류하였다. 가해자보다 책임이 많은 피해자(정당방위의 상대방)는 멘델존의 유책성에 따른 분류유형이다.

04 정답 ④

종단적 연구방법은 여러 시간에 걸쳐 조사하는 것으로, 현상의 변화를 측정하여 분석하고자 할 때 사용한다.

[종단적 연구방법의 종류]
• 패널연구 : 동일한 조사대상자를 동일한 조사항목을 중심으로 특정 시점마다 반복하여 조사한다.
• 추세연구 : 일정한 기간 동안 전체 모집단 내의 변화를 조사하는 것으로, 광범위한 연구대상의 특정 속성을 여러 시기에 걸쳐 관찰하여 그 결과를 비교한다.
• 코호트연구 : 유사한 경험을 공유하는 집단을 반복조사하고, 조사시점에 따라 응답자를 서로 다르게 하여 조사한다.

05 정답 ②

기소편의주의보다는 기소법정주의의 강화가 암수범죄를 경감시키는 방법으로 효과적이다.

06 정답 ①

형벌의 확실성·엄격성을 형벌의 신속성보다 중시하고, 제지효과가 가장 큰 것은 형벌의 확실성이라고 한다.

07 정답 ②

① 범죄와 자살은 사회구조적 모순으로부터 발생하는 것으로 파악하였다.
③ 뒤르켐은 범죄와 관련하여 범죄필요설과 범죄정상설을 주장하였다.
④ 기계적 연대사회에서의 범죄의 본질을 집단감정의 침해로 보았다. 자살론에서는 호황기에 자살이 급증하는 현상을 중심으로 범죄원인을 설명하려고 하였는데, 뒤르켐은 불황기에 자살이 발생하는 현상은 상식적으로 이해할 수 있지만, 호황기에 자살이 급증하는 현상은 어떻게 설명해야 하는지에 분석의 초점을 맞추었다.

08 정답 ④

메드닉 등은 뇌파의 활동성과 범죄 간의 관계를 규명하고자 노력했는데, 뇌파의 활동성이 낮았던 사람 중에서 범죄를 저지른 비율이 높았다.

09 정답 ①

유전적 신체기능의 비정상이 유전된다는 연구가, 일반적 범죄성향이 직접적으로 유전된다는 연구보다 신뢰성이 있다.

10 정답 ①

타르드가 아닌 뒤르켐에 대한 설명이다. 뒤르켐은 미국의 사회학과 범죄학에 큰 영향을 미쳤는데, 특히 구조기능주의이론을 바탕으로 삼는 사회구조적 범죄이론 발달에 공헌하였다. 타르드는 사회심리학적 성향을 띄는 사회학적 학습이론 등의 사회과정이론에 큰 영향을 미쳤다.

11 정답 ③

에이커스는 개인의 행동을 설명하기 위해 차별적 접촉(교제), 정의(definition), 모방(imitation), 차별적 강화 등 네 가지 개념을 사용한다.

[에이커스의 차별적 강화이론의 4가지 주요 개념]

차별적 접촉	대부분은 서덜랜드의 명제를 받아들이지만, 차별적 접촉의 내용으로서 사람들 간의 간접적 의사소통까지 포함시킨다는 점에서 구별된다.
정의	사람들이 자신의 행위에 부여하는 의미를 말한다.
차별적 강화	행위에 대해 기대되는 결과가 다를 수 있다는 것으로, 자신의 행위에 대한 보상이나 처벌에 대한 생각의 차이가 사회적 학습에서 나름의 의미를 지닌다는 것을 말한다.
모방	다른 사람들이 하는 행동을 관찰하여 모방하는 것을 말한다.

12 정답 ①

레머트는 일탈의 유형을 개인의 심리구조나 사회적 역할수행에 거의 영향을 주지 않는 제1차적 일탈과, 사회가 규범위반이라고 규정하는 제2차적 일탈로 나누었는데, 제1차적 일탈은 우연적·일시적 일탈로서 그 원인은 사회적·심리적·문화적 상황에 따라 다양하고, 개인의 자아정체감이 훼손되지 않은 상태에서 발생하며, 학생들이 재미로 물건을 훔치는 행위 등이 대표적인 예이다.

13 정답 ③

<u>일상활동이론</u>의 범죄발생 3요소는 <u>동기가 부여된 잠재적 범죄자</u>, <u>적절한 대상</u>, <u>감시(보호)의 부재</u>이다.

14 정답 ④

상위가치를 들먹이며 범죄를 합리화하는 중화기술인 상위가치에의 호소이다.

15 정답 ④

④ 초기 소년기에는 부모와의 애착, 중기 소년기에는 비행친구와의 교제가 비행유발에 큰 역할을 한다고 보고, 후기 소년기와 성인기 초기에는 취업이나 결혼 등의 인습적 활동에 대한 관여가 행동에 큰 영향을 미친다고 본다. 따라서 소년비행에 대한 효과적인 정책개발을 위해서는 비행 관련 요인에서 원인과 효과를 성장단계별로 정확하게 분리하

는 것이 필수적이라고 강조한다.
① 티틀의 통제균형이론에 대한 설명이다.
② 재통합적 수치심부여이론(부끄럼주기이론)에 대한 설명이다.
③ 엘리엇·아제턴·캔터는 비행과 약물남용의 통합이론에서 이와 같은 설명을 하고 있다.

16 정답 ③

클라크(Crarke)가 합리적 선택이론을 구체화하여 제시한 상황적 범죄예방이론에 의하면, 범죄는 개인의 소질이나 환경의 영향에 의해 발생하는 것이 아니라, 범죄자가 합리적으로 판단하여 범죄비용보다 범죄수익이 크다고 생각할 때 발생한다고 전제한다. 따라서 고전주의 범죄학적 패러다임에 바탕을 두고 있다.

17 정답 ③

잠재적 속성이론은, 범죄행위에 영향을 미치는 속성은 생애 초기에 발달하여 생애 동안 안정적으로 유지된다고 한다.

18 정답 ①

① 힌델랑의 생활양식이론은 범죄예방을 위한 체포가능성의 확대와 처벌확실성의 확보보다는 개인의 직업활동과 여가활동을 포함하는 일상활동의 생활양식이 그 사람의 범죄피해 위험성을 결정하는 중요한 요인이 된다고 한다. 즉, 범죄와 접촉할 가능성이 큰 생활양식을 가진 사람이 범죄피해자가 되기 쉬우므로, 범죄예방을 위해서는 외부에서 활동하는 시간을 줄이고, 가족과 함께하는 시간을 늘리는 등 범죄와 접촉할 가능성이 적은 생활양식으로 변화할 필요가 있음을 강조하였다.
② 브랜팅햄과 파우스트의 범죄예방모델은 질병예방의 보건의료모형을 차용하였다. 1차적 예방은 질병예방을 위해 주변환경의 청결·소독과 같은 위생상태를 개선하는 것과 유사하고, 2차적 예방은 질병에 걸린 사람들을 격리하고 주변 사람들에게 예방접종을 하는 것과 유사하며, 3차적 예방은 중병에 걸린 사람을 입원시켜 치료하는 것과 유사하다. 즉, 1차적 범죄예방은 범죄를 야기할 가능성이 있는 문제점을 미연에 방지할 목적으로 범죄의 기회를 제공하거나 범죄를 촉진하는 물리적·사회적 환경조건을 변화시키는 것을 말하고, 2차적 범죄예방은 범죄의 가능성이 있는 잠재적 범죄자를 조기에 발견하고 그를 감시·교육함으로써 반사회적 행위에 이르기 전에 미리 예방하는 것을 말하며, 3차적 범죄예방은 범죄자를 대상으로 하는 범죄예방조치를 통하여 재범을 방지할 수 있도록 하는 것을 말한다.
③ 코헨(Cohen)과 펠슨(Felson)의 일상활동이론에 따르면, 동기화된 범죄자와 매력적인 목표물, 보호능력의 부재나 약화라는 범죄의 발생조건의 충족을 제지함으로써 범죄를 예방할 수 있다.

[브랜팅햄(Brantingham)과 파우스트(Faust)의 범죄예방모델]

구분	대상	내용	사례
1차 예방	일반인	• 범죄예방교육 실시 • 물리적·사회적 '환경' 개선	방범교육, 환경설계, CCTV 설치 등
2차 예방	잠재적 범죄자	• 잠재적 범죄자 조기발견 • 우범자 대상 관리·교육 실시	우범지역 분석, 재범예측 등
3차 예방	범죄자 (전과자)	재범방지(교화·개선)	재범예방프로그램, 사회복귀 등

19 정답 ①

ㄱ. (×) 지금까지 대부분의 사회구조이론은 사회적 불평등과 억압된 기회가 범죄를 야기한다고 주장하였으나, 이후 여러 범죄학자들이 위 관계에 의문을 제기한 결과 현재에는 오히려 범죄가 사회적 불평등과 억압된 기회를 야기한다고 주장한다.

ㄴ. (×) 생태학 이론은 공간적 위치가 범죄와 비행을 결정한다는 개념에 대해 과도한 신뢰를 부여한다.

20 정답 ②

② 양형기준표는 양형인자를 먼저 가중인자(책임을 증가시키는 역할을 하는 인자)와 감경인자(책임을 감소시키는 역할을 하는 인자)로 구분하고, 양형에 미치는 영향력을 고려하여 다시 특별양형인자(해당 범죄유형의 형량에 큰 영향력을 미치는 것으로서 권고영역을 결정하는 데 사용되는 인자)와 일반양형인자(그 영향력이 특별양형인자에 미치지 못하는 것으로서 권고영역을 결정하는 데 사용되지 못하고, 결정된 권고영역 내에서 선고형을 정하는 데 고려되는 인자)로 구분하며, 마지막으로 이를 행위인자와 행위자·기타인자로 구분한다. 즉, 가중인자와 감경인자가 특별양형인자와 일반양형인자인 것은 아니다.

① 양형위원회는 모든 범죄에 통일적으로 적용되는 단일한 양형기준을 설정하는 방식이 아닌, 개별범죄의 특성을 반영하여 범죄군별로 독립적인 양형기준을 설정하는 방식을 채택하였다. 즉, 보호법익과 행위태양을 기준으로 유사한 범죄군을 취합하고, 그 범죄군 내에서 다시 범죄의 특수성을 고려하여 개별적인 양형기준을 설정하는 방식이다.

③ 양형기준은 형종 및 형량 기준과 집행유예 기준으로 구성되는데, 형종 및 형량 기준은 동일한 범죄군에 속한 범죄들을 일정한 기준에 따라 여러 가지 범죄유형으로 분류하고, 각 범죄유형별로 감경·기본·가중의 3단계 권고형량범위를 제시하고 있다.

④ 양형기준이란 법관이 형을 정함에 있어 참고하는 기준으로, 법관은 양형기준에서 대상 범죄유형을 찾아 권고형량범위와 함께 집행유예 여부를 결정하게 되는데, 3년 이하의 징역 또는 금고에 해당하는 때에는 실형이 권고되는 경우, 집행유예가 권고되는 경우, 어느 쪽도 권고되지 않는 경우(실형과 집행유예 중에서 선택 가능)로 구분되어 있는 집행유예 기준에 따라 그 여부를 결정한다.

제10회 정답 및 해설

| 01 ② | 02 ② | 03 ① | 04 ① | 05 ④ | 06 ② | 07 ② | 08 ③ | 09 ③ | 10 ② |
| 11 ② | 12 ① | 13 ① | 14 ② | 15 ② | 16 ③ | 17 ① | 18 ① | 19 ③ | 20 ④ |

01 정답 ②

㉠·㉡·㉢·㉤은 갈등론적 범죄개념, ㉢은 **합의론적 범죄개념**에 대한 설명이다.

02 정답 ②

1937년 쌍생아에 대한 뉴먼 등의 연구결과는 랑에와 마찬가지로 범죄성 형성은 유전소질에 의해 결정적으로 좌우된다는 것을 보여 주었다.

03 정답 ①

유족이 피해자를 고의로 사망케 하거나 정당행위, 정당방위 또는 과실에 기한 피해는 제외된다.

04 정답 ①

② 암수범죄의 조사방법 중 인위적 관찰법은 의도적으로 범죄상황을 설정하고 이를 관찰하는 방법이므로, 암수범죄의 조사에서 실험적 방법이 금지된다는 표현은 옳지 않다.

③ 사례연구의 대상은 범죄자 개인으로 한정되므로 인적 범위가 협소하다. 따라서 범죄형상에 대한 대량적 관찰을 가능하게 한다고 보기 어렵다.

④ 참여적 관찰법은 다양한 범죄인의 전체적인 파악이 곤란하므로, 연구결과를 일반화하기 어렵다.

05 정답 ④

자기보고 또는 행위자조사는 자신의 옳지 못한 행위를 다른 사람에게 감추고 싶어 하는 인간의 심리로 인해 축소보고되는 경향이 강해 피해자조사보다 정확성이 떨어진다. 현재 가장 많이 활용되는 암수해명방법은 피해자조사이다.

06 정답 ②

범죄경제학의 범주에 속하는 가장 대표적인 이론이 합리적 선택이론이다.

07 정답 ②

뒤르켐은 절대적 범죄개념을 인정하지 않았는데, 기계적 연대사회에서는 범죄의 본질이 집단감정의 침해이고, 유기적 연대사회에서는 범죄의 본질이 타인에게 해를 끼치는 행위라고 주장하였다. 이에 따라 형벌도 응보적(보복적) 형벌에서 배상적 형벌로 발전한다고 한다(형벌발전론).

08 정답 ③

갈등가정에 대한 설명이다. **부도덕가정**이란 가족들의 가치관이 폭력적이고 일탈적이며 사회부적응자가 많은 가정으로, **비행가정**이라고도 한다.

09 정답 ③

각성(arousal)이란 자극에 반응을 보이는 생리적·심리적 상태를 말하는데, 메드닉은 범죄를 저지르기 쉬운 사람은 각성이 느리거나 자극에 대한 반응이 둔감한 자율신경계를 유전적으로 지니고 있는 경우가 많다고 주장한다. 이러한 둔감한 자율신경계가 반사회적 행동경향을 금지하는 학습이나 조건화를 어렵게 하여 범죄성향을 강화할 가능성을 높인다는 것이다. 따라서 자율신경계는 준법행위의 학습이나 범죄행위의 학습에 중요한 역할을 할 수 있다고 본다.

10 정답 ②

② 버식(Bursik)과 웹(Webb)이 아닌 샘슨(J. Sampson)에 대한 설명이다.

④ 공동체효능(collective efficy)은 **집합효율성**이라고도 하는데, **지역주민들이 그 지역사회에서 발생 가능한 문제를 서로 협력하여 해결할 수 있을 것이라는 신념의 정도**를 의미하는 개념이다. 즉, 공동체효능은 상호 결속과 지지, 비공식적 사회통제에 대한 공통된 기대 등을 내용으로 한다.

11 정답 ②

밀러(Miller)의 하위계층의 주요 관심사 중 하나인 운명주의(fatalism)에 대한 설명이다.

12 정답 ①

차별적 강화이론에 대한 설명으로, 특정 행위에 대한 보상이나 긍정적인 결과는 그 행위를 강화시키는 반면, 처벌이나 부정적인 결과는 그 행위를 억제한다고 주장하는데, 이와 같은 보상과 처벌에 따른 강화의 차이가 사회적 학습에 따른 행동의 차이를 가져올 수 있다고 한다. 참고로, 차별적 강화이론은 사회학습이론이라고 불리기도 한다.

13 정답 ①

합리적 선택이론, 일상활동이론, 범죄패턴이론은 현대적 범죄예방이론(생태학적 이론 : 상황적 범죄예방이론, 환경범죄학, 집합효율성이론, 깨진유리창이론 등) 중 상황적 범죄예방이론에 속한 내용으로 분류된다.

14 정답 ②

㉠ 비난자에 대한 비난 ㉡ 상위가치에 대한 호소 ㉢ 가해(피해)의 부정 ㉣ 피해자의 부정 ㉤ 책임의 부정

15 정답 ②

심리학적 범죄원인론에서는 **개인**이 분석의 기본적인 단위이다.

16 정답 ③

임상적 개선, 기계적 개선, 집단관계에 의한 개선, 전문적 기술의 응용에 의한 개선, 형벌(특별예방), 보안처분, 교육·훈련 등은 재범방지를 위한 대책이다. 초범방지를 위한 대책은 형벌(일반예방), 지역사회의 조직화를 통한 범죄예방, 여가지도를 통한 범죄예방, 그룹워크를 통한 범죄예방, 협력회의 편성을 통한 범죄예방 등이다.

17 정답 ①

셀린(Sellin)은 이민집단의 경우처럼 특정 문화집단의 구성원이 다른 문화의 영역으로 이동할 때에 발생할 수 있는 갈등을 일차적 문화갈등으로 보았고, 단일문화가 각기 다른 독특한 행위규범을 갖는 여러 개의 상이한 하위문화로 분화될 때에 발생할 수 있는 갈등을 이차적 문화갈등으로 보았다.

18 정답 ①

② 범죄율은 인구 10만 명당 범죄발생건수를 나타내는데, 특정기간별 범죄발생건수를 비교할 수 있다는 점에서 매우 유용한 자료이다. 다만, 무거운 범죄와 상대적으로 가벼운 범죄가 동등한 범죄로 취급되어 통계화된다는 문제점이 있다.
③ 자기보고식 조사는 경미한 범죄의 실태파악은 가능하나, 처벌에 대한 두려움 등으로 인해 중대한 범죄의 실태파악은

곤란하다.

④ 피해조사는 실제 범죄피해자로 하여금 범죄피해 경험을 보고하게 하는 것으로, 가장 많이 사용된다. 다만, 범죄피해자의 기억에만 의존하게 되므로, 객관적이고 정확한 자료수집이 곤란하다.

19 정답 ③

전문적 침입절도범에 대한 설명이다. 아마추어 침입절도범의 또 다른 특징은 비교적 기술이 없고, 다양한 다른 범죄와 함께 가끔 침입절도를 저지른다는 점이다.

20 정답 ④

응보적 사법, 즉 전통적 형사사법에 대한 설명이다. 회복적 사법에서 피해자는 직접참여자로서 범죄해결과정의 중심인물로 인식되고, 가해자는 책임을 수용하고 배상과 교화의 대상으로 인식된다.

[전통적 형사사법과 회복적 사법 비교]

기존의 형사처벌	회복적 사법
• 범죄자 처벌 중심 • 국가(정부)가 주도 • 가해자와 피해자 간 조정 없음	• 피해자 (피해)회복 중심 • 피해자의 적극적인 참여 유도 • 가해자와의 갈등해소 · 원상회복

제11회 정답 및 해설 ●

01 ④	02 ③	03 ②	04 ④	05 ②	06 ③	07 ①	08 ③	09 ①	10 ②
11 ②	12 ④	13 ②	14 ③	15 ③	16 ④	17 ②	18 ②	19 ①	20 ②

01 정답 ④

ㄱ. (×) 범죄구성요건으로 규정된 형식적 의미의 범죄뿐만 아니라 반사회적 법익침해행위로서 실질적 의미의 범죄도 연구대상이다.

ㄹ. (×) 경범죄, 청소년범죄, 가정폭력범죄 등은 **과범죄화**의 대표적인 예이다. 과범죄화란 가정이나 공동체 등에 의한 비공식적 사회통제기능이 약화됨으로 인해 그들이 규율하던 부분을 법이 담당하게 되는 경향을 말한다.

02 정답 ③

ㄴ. (×) 형벌에 대신하여 과태료 등의 행정법을 과하는 것도 비범죄화에 포함된다. 참고로, 형법의 탈윤리화의 입장에서 비범죄화의 대상으로 거론되는 범죄는 간통죄, 낙태죄, 단순도박죄 등이다.

03 정답 ②

지급명령은 법원에서 실제로 공판을 열지 않고 가해자에게 배상만을 명하는 제도로, 민사소송법상 제도이다. 배상명령은 형사법원이 유죄판결을 선고하면서 배상도 명하는 제도로, 소송촉진법상 제도이다.

04 정답 ④

코호트(cohort)연구는 유사성을 공유하는 집단을 시간의 흐름에 따라 반복조사하는 연구방법으로, 범죄경력의 시작과 발달에 대한 정보수집에 유용하다. 울프강과 동료들은 코호트연구를 통해 소수의 만성범죄자가 저지른 범죄가 전체 범죄의 대부분을 차지한다는 연구결과를 보여주었다.

05 정답 ②

차별적 기회구조이론이 아닌 낙인이론에 대한 설명이다. 낙인이론은 차별적 선별화과정에 발생하는 암수범죄를 중시한다.

06 정답 ③

범죄경제학에 의하면, 인간은 자유의사로써 범죄행위와 비범죄행위를 합리적으로 선택한다. 따라서 문화적 영향, 생물학적 영향 등의 환경적 영향을 중요시하지 않는다.

07 정답 ①

뒤르켐은 범죄정상설을 주장하였고, 아노미 개념과 아노미적 자살이론을 정립함으로써 아노미이론에 큰 영향을 미쳤다.

08 정답 ③

③ 낮은 자기통제력의 근본적인 원인을 타고난 기질에서 찾지 않고, 부모의 부적절한 양육에 의한 결과라고 보았으며, 낮은 자기통제력과 관련하여 사회화의 결여가 범죄로 이어진다고 주장하였다.
① 갓프레드슨과 허쉬는 기존의 실증주의학파와 고전주의학파를 통합하려고 한 관계로, (일반이론) 자기통제이론은 모든 유형의 범죄를 설명한다.
④ 갓프레드슨과 허쉬는 범죄유발에 영향을 주는 요인을 자기통제력과 범행기회라고 보았다. 따라서 범행기회도 중요한 기능을 한다고 주장하였다.

09 정답 ①

초기의 생물학적 이론들은 타고난 범죄인으로 여겨지는 결함 있는 사람들을 수용시설에 가두어 사회로부터 격리시키거나 불임을 강제하는 등의 우생학적 정책(인종차별정책, 말살정책 등)을 정당화하는 데 악용되어 인류사에 씻지 못할 엄청난 인권침해를 야기하였다는 평가를 받고 있다.

10 정답 ②

사회해체된 지역의 대표적 특징은 비공식적 통제의 약화이다. 공식적 처벌의 강도와는 직접적인 관련이 없다.

11 정답 ②

차별적 기회구조이론에 대한 비판이다.

12 정답 ④

틀린 것은 ⓒ·ⓗ·ⓢ·ⓞ이다.

13 정답 ②

브랜팅햄의 범죄패턴이론은 범죄에는 일정한 장소적 패턴이 있고, 이는 범죄자의 일상적 행동패턴과 유사하다는 주장으로, 지리적 프로파일링을 통한 범행지역 예측 활성화에 기여하였다.

14 정답 ③

나쁜 사람은 피해를 입어 마땅하다고 생각함으로써 자기의 행위를 합리화하는 중화기술인 **피해자의 부정**에 속한다.

15 정답 ③

덕데일과 고다드의 연구결과는 범죄자가 특정 가문에서 많이 발생하였다는 점에서 유사하였으나, 고다드는 덕데일과 달리 우생학적 관점, 즉 인류의 유전학적 개량을 목적으로 하는 학문을 지지하여 범죄자의 출산제한을 주장하였다.

16 정답 ④

ⓒ (×) 통계적 예측법은 개별 범죄자의 고유한 특성이나 편차를 제대로 반영하기 어렵다는 단점이 있다.
ⓜ (×) 재판단계에서 행해지는 예측은 주로 양형 시 예측이고, 가석방결정에 필요한 예측은 석방 시 예측이다.

17 정답 ②

ㄴ. (×) 일반긴장이론은 긍정적 자극의 소멸도 긴장을 야기하는 요인, 즉 비행의 원인으로 보고 있으나, 부정적 자극의 생성에 더 주목한다.
ㄷ. (×) 긍정적 자극의 소멸은 비행의 가능성을 증가시킨다고 예측한다.

18 정답 ②

버만(Burman)에 대한 설명이다. 몰리치와 폴리아코프는 정상적인 내분비선을 가진 소년과 내분비선 기능장애를 가진 소년의 비행은, 그 빈도수나 내용 면에서 별다른 차이를 보이지 않는다고 주장하였다.

19 정답 ①

① 차별적 강화이론에 의하면, 범죄행동은 조작적 조건형성의 원리에 따라 학습된다. 즉, 스키너(Skinner)의 조작적 조건화로 재구성한 것이 차별적 접촉강화이론이다.
② 행동주의 학습이론가들에 따르면, 범죄행위는 어떠한 행위에 대한 보상이나 처벌의 경험에 따라 학습되는 것이지, 비정상적이거나 도덕적으로 미성숙한 심리상태 때문에 범죄행위에 가담하는 것이 아니라고 주장한다.
③ 범죄자의 정신적·인지적·성격적 문제가 범죄행위를 유발한다는 결정론과 달리, 행동주의 학습이론가들은 범죄자

의 행위는 다른 사람들의 반응이나 자극에 따라 변화한다고 본다. 특히 행동만 강조하고 개인의 인지과정을 무시했다는 점과 인간의 자유의지를 무시하고 인간을 외부통제자에 의해 조종당하는 존재로 보았다는 점에서 비판받았다.
④ 사회적 학습이론의 반두라는 보보인형실험으로써 TV 등 미디어를 통한 공격성 학습원리를 증명하였는데, 관찰자에게 제공되는 어떠한 강화자극이 없더라도 관찰과 모방을 통해 폭력과 같은 행동이 학습될 수 있음을 증명하였다는 데 의의가 있으며(대리강화), 미디어 등을 통한 간접적인 범죄학습이 가능하다는 점을 제시하였다.

20 정답 ②

② 낮은 지능이 저조한 학업성취를 가져오고, 학업에서의 실패와 무능은 비행 및 범죄와 높은 관련성을 갖는다고 본 사람은 허쉬와 힌델랑이다. 아이젠크는 성격이론에서 자율신경계의 특징에 따라 사람들의 성격을 내성적인 사람과 외향적인 사람으로 분류하였다. 내성적인 사람은 처벌에 대한 불안감을 크게 느끼고 이를 회피하는 성향이 강하기 때문에 규범에 어긋난 행동을 하는 정도가 약한 반면, 외향적인 사람은 처벌에 대한 불안감을 대체로 덜 느끼고 기본적으로 새로운 자극을 항상 추구하기 때문에 그만큼 반사회적 행위를 저지를 가능성이 크다고 보았다.
④ 콜버그(Kohlberg)는 대부분의 일반청소년들은 3~4단계에 속하는 반면, 대부분의 비행청소년들은 1~2단계에 속한다고 보고 있으며, 더 높은 도덕적 판단수준이 내재화되도록 성장한 청소년은 비행행위를 저지르지 않게 된다고 주장하였다.

제12회 정답 및 해설

| 01 ② | 02 ② | 03 ① | 04 ② | 05 ① | 06 ④ | 07 ④ | 08 ④ | 09 ① | 10 ① |
| 11 ② | 12 ① | 13 ① | 14 ① | 15 ③ | 16 ① | 17 ③ | 18 ④ | 19 ④ | 20 ③ |

01 정답 ②

타당도에 대한 설명이다. 신뢰도란 누가 (반복하여) 측정하더라도 동일한 결과가 나타나느냐의 문제이다.

02 정답 ②

ㄴ. (×) 아이젠크에 의하면 정신병 성향, 외향성 성향, 신경증 성향 중 외향성 성향과 신경증 성향이 반사회적 행동과 연관되어 있다.
ㄷ. (×) 쿠르거 등은 비행행위에 연루되는 청소년들의 성격은 전통적 관례에 대해서 반항적이고, 조심스럽지 못하고 매우 충동적이며, 다른 사람을 이용하는 경향이 있는 것을 보여 주었다.

03 정답 ①

② 피고인 → 피의자
③ 형사조정을 담당하기 위하여 각급지방검찰청 및 지청에 형사조정위원회를 둔다(범죄피해자 보호법 제42조 제1항). 형사조정위원회는 2명 이상의 형사조정위원으로 구성한다(동조 제2항).

④ 검사는 피의자와 범죄피해자(이하 "당사자"라 한다) 사이에 형사분쟁을 공정하고 원만하게 해결하여 범죄피해자가 입은 피해를 실질적으로 회복하는 데 필요하다고 인정하면 당사자의 신청 또는 직권으로 수사 중인 형사사건을 형사 조정에 회부할 수 있다(동법 제41조 제1항). 직권으로 회부하는 경우에도 당사자의 동의는 요건이 아니다.

04 정답 ②

케틀레의 정비례 법칙에 의하면, 공식적 범죄통계상의 범죄현상은 실제 범죄현상을 징표한다.

05 정답 ①

자기보고식 조사는 자신의 옳지 못한 행위를 다른 사람에게 감추고 싶어 하는 인간의 심리로 인해 강력범죄 실태를 파악하기에 적합하지 않다. 또한 도덕적으로 금기시하는 살인, 강간, 아동학대 등의 범죄와 직업적 범죄, 현재까지 지속적으로 저지르고 있는 범죄에 대한 조사로도 적합하지 않다.

06 정답 ④

클라크와 코니쉬가 주장한 합리적 선택이론은 범죄를 결행하는 의사결정과정에서 고려되는 요인들을 중심으로 범죄행위를 설명하고자 하였다. 합리적 선택이론에 따르면, 범죄행위는 결국 개인이 선택한 결과이고, 그 선택과정에서 고려한 어떠한 요인이 있는데, 이는 개인적 요인(금전욕구, 가치관, 학습경험 등)과 상황적 요인(범행대상이 잘 감독되고 있는가?, 사람들이 집에 있는가?, 주위환경이 괜찮은가? 등)으로 구분된다. 따라서 개인적 요인들과 상황적 요인들을 고려하여 범죄행위를 하는 것이 하지 않는 것보다 이득이 된다고 판단하면 범죄가 발생한다는 것이 합리적 선택이론의 핵심논리이다.

07 정답 ④

① 절대적 범죄개념을 부정하였다.
② 타르드(Tarde)의 주장이다.
③ 유기적 연대사회에서는 기능적 법률이 증가하므로 범죄율이 높아질 수 있다고 보았고, 호황기에도 자살이 증가하는 것을 확인함으로써 호황기 자살분석에 연구의 초점을 맞추었다.

08 정답 ④

양부의 범죄성에 영향을 받아 양자가 범죄자가 되었다면, 범죄의 원인은 후천적 원인에 의한 것이라고 할 수 있다.

09 정답 ①

중추신경조직의 기능, 호르몬 결핍 또는 과다분비 등 신체의 생화학적 특성은 심리적 요인이 아닌 생물학적 요인이다. 이처럼 신체적 특징이나 결함이 범죄에 미치는 영향을 연구하는 분야는 범죄생물학이다.

10 정답 ①

② 퇴화과도지역(틈새지역, 슬럼지역 등)인 중심상업지역이 범죄발생률이 가장 높고, 도시 중심부에서 멀어질수록 사회해체의 정도가 약해져서 범죄율이 낮아진다고 주장하였다.
③ 버제스는 동심원지대이론을 제시함으로써 시카고학파의 이론적 기초를 제공하였다. 쇼와 맥케이는 버제스의 시카고

시 심층분석을 기초로 구역(zone)에 따른 범죄발생상황을 실증분석하여 사회해체론을 제시하였다.

④ 사회해체론이 중시한 범죄유발환경은 사회대체이고, 사회해체의 가장 대표적인 특징은 비공식적 통제기능의 약화 내지 상실이다. 후기 사회해체이론가인 버식과 웹도 지역사회의 무능력을 범죄의 주된 원인으로 파악하였다. 그들에 의하면, 지역사회의 무능력은 주민의 이동성과 이질성의 심화로 인한 비공식적 통제의 약화가 주된 원인이다.

11 정답 ②

코헨이 제시한 하위문화의 특징 중 **집단자율성**은 집단비행 설명에 적합한 논리이다.

12 정답 ①

범행을 학습하는 과정에서 구체적인 행위양태의 학습보다는 동기, 충동 등 관념의 학습이 더 큰 영향을 미친다.

13 정답 ①

범죄생물학적 이론은 생물학적 원인으로 범죄가 발생한다는 사실은 설명하지만, 이에 대한 대응방안을 제시하지 못하였다. 또한 생물학적 원인과 범죄의 상관관계에 대한 일관성이 부족하여 실천학문으로서의 가치가 약하다.

14 정답 ①

㉠ (×) 피해자의 부정에 대한 설명이다. **피해자의 부정**은 범죄를 저지른 자신보다 상대방, 즉 피해자가 더 나쁘기 때문에 오히려 자신의 행동은 정당하다고 합리화시키는 중화기술이다.

15 정답 ③

콜버그의 도덕발달이론에 따르면, 개인이 어떤 특정 상황에서 옳다고 판단하는 평가기준은 각기 다르고, 그 평가기준은 인지발달 수준 및 도덕적 추론능력에 따라 변경된다.

16 정답 ①

㉠ (×) 통계적 예측방법은 개인적 편차를 반영할 수 없다.
㉡ (×) 임상적 예측방법은 전문가의 개인적 판단에 의존하므로 객관성이 떨어진다는 단점이 있다.
㉢ (×) 재판 시 예측은 법관의 예단에 영향을 미칠 수 있다.
㉣ (×) 공평한 사법처리의 장애요인이 될 수 있다.

17 정답 ③

대부분의 주거 침입절도범은 훔친 물품을 처분하기 위해 전문적 장물아비를 활용하지 않는다.

18 정답 ④

레머트는 일탈에 대한 사회적 반응의 종류를 크게 사회구성원에 의한 비공식적인 반응과 사법기관에 의한 공식적인 반응으로 나누었는데, 특히 사법기관에 의한 공식적 반응은 일상생활에서 이루어지는 사회구성원에 의한 비공식적인 반응보다 심각한 낙인효과를 불러일으켜 일차적 일탈자가 이차적 일탈자로 발전하기 쉬워진다고 주장하였다.

19 정답 ④

모피트에 대한 설명이다. 모피트는 반사회적 범죄자를 청소년기 한정형과 생애과정 지속형으로 분류하고, 청소년기 한정형 범죄자보다 생애과정 지속형 범죄자가 정신건강상의 문제를 더 많이 가지고 있다고 주장한다.

20 정답 ③

③ 낮은 자기통제력의 근본적인 원인을 타고난 기질에서 찾지 않고, 부모의 부적절한 양육에 의한 결과라고 보았으며, 낮은 자기통제력과 관련하여 사회화의 결여가 범죄로 이어진다고 주장하였다.

① 갓프레드슨과 허쉬는 기존의 실증주의학파와 고전주의학파를 통합하려고 한 관계로, (일반이론) 자기통제이론은 모든 유형의 범죄를 설명한다.

④ 갓프레드슨과 허쉬는 범죄유발에 영향을 주는 요인을 자기통제력과 범행기회라고 보았다. 따라서 범행기회도 중요한 기능을 한다고 주장하였다.

제13회 정답 및 해설

01 ③	02 ③	03 ②	04 ②	05 ④	06 ④	07 ②	08 ③	09 ②	10 ①
11 ②	12 ③	13 ①	14 ③	15 ②	16 ③	17 ②	18 ③	19 ②	20 ②

01 정답 ③

ⓔ (×) 일탈은 비공식적 사회규범·규칙을 위반하는 행위로, 어떠한 행위는 일탈이지만 합법적 행위일 수 있고, 어떠한 행위는 비합법적 행위로서 처벌되지만 일탈이 아닐 수도 있다. 따라서 모든 범죄가 일탈행위인 것은 아니고, 모든 일탈행위가 범죄인 것도 아니다.

ⓐ (×) 한 사회에서의 일탈이 다른 사회에서는 일탈이 아닐 수도 있다.

02 정답 ③

롬브로조는 범죄인을 크게 타고난(생래적) 범죄인, 정신이상 범죄인, 격정범죄인, 기회(우발성)범죄인으로 분류하였고, 기회범죄인을 다시 이상증세가 거의 없는 사이비범죄인, 범죄성향의 강한 이상성이 표출되는 준범죄인, 처음에는 유사범죄인의 특성으로 시작하나 반복된 범죄행위로 타고난 범죄인의 악성이 나타나는 관습(상습)범죄인, 악의적 본능을 다른 방법으로 해소하는 잠재적 범죄인으로 세분화하였는데, 어떠한 경우에도 기회범죄인은 유혹을 이기지 못하고 범죄를 저지른다고 주장하였다.

03 정답 ②

불기소처분의 사유에 해당함이 명백한 경우에는 형사조정에 회부하여서는 아니 되나, 기소유예처분의 사유에 해당하는 경우에는 형사조정에 회부할 수 있다(범죄피해자 보호법 제41조 제2항 제3호 참조).

04 정답 ②

은밀경로에 대한 설명이다. 권위갈등경로는 12세 이전의 어린 나이에 시작되는데, 부모나 선생에게 저항하는 고집부리기, 반항, 불복종 등의 행위로 나타난다.

05 정답 ④

고전주의와 실증주의가 반대로 기술되었다.

06 정답 ④

현대 고전주의도 처벌을 통한 범죄억제를 강조한다.

07 정답 ②

뒤르켐은 형벌의 필요성도 긍정하였다.

08 정답 ③

후튼은 범죄자는 생물학적으로 열등하다고 결론짓고, 신체특징에 따라 변하기 쉬운 범죄자 유형을 제시한 바 있다. 그는 롬브로조를 지지하고 롬브로조를 비판한 고링(Goring)을 비판하였다. 그러나 그의 주장 또한 많은 비판을 받고 있다.

09 정답 ②

심리학적 이론은 심리학적 변수에 대한 과학적 해명이 어렵고, 한 개인의 정신적 면을 고려한 데에서 나온 이론이므로 전반적 범죄원인을 설명하기 어렵다. 따라서 원인론으로서는 과학적 타당성이 높지 않지만, 오늘날 교정 분야에서 범죄인 처우의 중심은 **심리요법**이기 때문에 이 분야에서는 큰 효용을 발휘하는 이론이다. 특히 교정분야에서 많이 활용되는 **교정심리학**은 범죄자를 심리적인 측면에서 처우하여 재사회화시키는 원리를 중점적으로 탐구하는 분야이다.

10 정답 ①

사회과정이 아닌 사회구조를 중심으로 하는 이론이라고 할 수 있다. 사회해체론(문화전달이론)은 특정지역에서 범죄가 지속적으로 발생하는 이유를 규명하기 위한 이론이다. 특정지역의 범죄집중현상을 분석하기 위한 이론은 생태학적 범죄이론(사회생태학)의 범주에 속한다. 문화전달이론에 의하면, 제2지역과 같은 비행지역은 범죄를 야기하는 사회적 요소가 주민들 간에 계승되고, 고유한 비행문화가 세대 간에 전달되어 특정지역에서 범죄가 지속적으로 발생한다고 보고 있다.

11 정답 ②

ㄴ. (×) 사회구조이론은 범죄는 개인의 특성이나 개별적 선택의 결과라는 주장에 반대한다.
ㄷ. (×) 사회구조이론은 사회적 집단 간의 공식적·비공식적 제도를 범죄 및 일탈의 근본원인으로 바라본다.

12 정답 ③

③ 차별적 접촉(교제)이론이고, 주장자는 서덜랜드이다.
① 발달범죄학의 차원에서 청소년기 한정형 범죄자와 생애 지속형 범죄자 유형을 제시한 학자이다.

② 깨진 유리창 이론을 통해 무관용원칙의 근거를 제시한 학자들이다.
④ 대표적인 낙인이론가로서 1차적 일탈과 2차적 일탈 개념을 제시했다.

13 　정답　①

범죄의 원인은 개인적 원인, 사회적 원인, 자연적 원인으로 나눌 수 있다. 페리는 사회적 원인을 가장 중요시하였다.

14 　정답　③

예시의 내용처럼 자신의 행위로 인한 침해는 피해자가 응당 받아야 할 피해라는 식으로 범죄행동을 정당화하는 것을 **피해자의 부정**이라고 한다.

15 　정답　②

탄넨바움이 아닌 레머트에 대한 설명이다. 탄넨바움은 범죄형성의 과정은 낙인을 통한 **악의 극화** 과정이라고 주장했다. "범죄자를 만드는 데 큰 역할을 하는 것은 그 어떤 다른 경험보다도, 아이들을 또래집단으로부터 배제하는 악의 극화이다. 가벼운 비행을 한 소년에게 비행소년이라는 꼬리표가 붙여지면, 그는 다른 세계에 살게 된다. 그리하여 상습적인 범죄자로 되어 간다."

16 　정답　③

임상적 예측법은 조사자의 주관이 개입되므로 객관성이 떨어지는 단점이 있다.

17 　정답　②

보호관찰법 제32조 참조

18 　정답　③

ㄷ. (×) 범죄성이 획득되고, 일탈적 자아개념이 형성되고, 범죄행위가 발생하는 과정은 삶의 전체에 걸쳐서 지속된다.
ㄹ. (×) 사회화 과정에 영향을 미치는 가장 중요한 집단 중에는 가족, 동료, 업무집단, 자신과 동일시하는 참조집단이 있다.

19 　정답　②

사이코패스 진단방법인 PCL-R은 심리학자 로버트 헤어(Robert D. Hare)가 PCL을 수정하여 개발한 것으로, 20개 항목에 40점을 최고점으로 하여 이에 근접할수록 사이코패스적 성향이 높다고 판단한다. 오늘날 PCL-R은 연구와 임상 부문에서 가장 빈번하게 사용되는 사이코패스 진단방법으로, 20개의 항목별 점수는 0~2점이다.

20 　정답　④

낮은 수준의 침입절도범이 아닌 **높은 수준의 침입절도범**에 대한 설명이다.

제14회 정답 및 해설

| 01 ① | 02 ④ | 03 ④ | 04 ① | 05 ① | 06 ④ | 07 ④ | 08 ② | 09 ③ | 10 ③ |
| 11 ② | 12 ① | 13 ② | 14 ② | 15 ④ | 16 ③ | 17 ① | 18 ④ | 19 ④ | 20 ③ |

01 정답 ①

사회적으로 유익한 일탈도 있다.

02 정답 ④

법정범은 자연범 이외에 실정법에 범죄로 규정되어 있으므로 범죄자가 되는 경우를 말하며, 법정형에 맞게 정기구금에 처해야 한다고 주장하였다. 자연범에는 모살범죄인, 폭력범죄인, 재산범죄인, 풍속범죄인이 있으며, 이들에 대해서는 사형까지도 인정했다.

03 정답 ④

현행 배상명령제도는 형사소송법이 아닌 소송촉진법에 명시되어 있다.

04 정답 ①

실험연구는 일정한 조건을 인위적으로 설정하고 그 속에서 발생하는 사실을 관찰함으로써 어떤 가설의 타당성을 검증하고 새로운 사실을 관찰하는 방법으로, 현장조사를 통해 여러 변인들의 관계를 파악하는 현장조사연구방법에 해당되지 않는다.

05 정답 ①

고전주의 범죄이론도 자연주의 범죄이론의 범주에 속한다.

06 정답 ④

④ 설문에 예시된 내용처럼 일반적으로 인구학적·사회학적 계층·생활지역에 따른 범죄피해률의 차이가 나타나는데, 이러한 차이는 그에 따른 생활양식을 반영한 것이다. 생활양식에 따른 범죄피해자화의 정도 차이를 설명하는 이론이 생활양식이론이다. 이 이론은 힌델랑(M.S. Hindelang)과 갓프레드슨(M. Gottfredson)이 대표적 주장이다.
① 피해촉발이론(victim precipitation theory)은 피해자가 범죄피해로 이어질 수 있는 상황으로 스스로 빠져드는 것을 설명하는 이론이다. 이러한 경우는 범죄를 능동적 또는 수동적으로 촉발하여 범죄피해를 당하는 상황과 관련된다.

07 정답 ④

④ 유기적 연대사회로 발전함에 따라 집단의식을 침해하는 전통적 범죄에 대해서는 의미가 약화되지만, 분업화된 사회 각 부분을 규제·조정하기 위한 법률증가로 범죄율은 오히려 증가할 것이라고 주장한다.

② 머튼에 의한 뒤르켐의 이론 수정은 자본주의 사회구조 속에서 압박(Strain)을 통한 범죄설명의 이론적 토대를 마련했다는 점에서 그 의미가 크다. 머튼의 사회구조적 압박(긴장)이론(Strain Theory)과 같은 계층구조적·거시적 범죄이론에서는 사회구조 중 하위계층의 매우 높은 범죄율에 주된 관심을 가지며, 왜 하위계층이 범죄를 많이 범하는지를 설명할 수 있기 때문이다.

08 정답 ②

A. **크레치머**는 「신체구조와 성격」을 통해 체형을 비만형, 운동형(투사형·근육형), 세장형(쇠약형) 등 전형적인 세 가지 유형으로 분류하고, 여러 특징이 복합된 혼합형도 감안하여 체형과 정신상태, 기질 및 범죄의 관련성을 분석하였다. 크레치머의 연구는 셸던에게 영향을 미쳤다. 신체적 특징과 기질 및 범죄행위 관련성을 연구하는 범죄생물학의 한 분야를 **체형이론**이라고 한다.

B. **제이콥스**(P. Jacobs)와 스트롱(J. A. Strong)은 정신병원에 수용된 사람들을 대상으로 염색체의 구조를 조사해 본 결과 XYY형으로 파악된 비율이 높았다. 그들은 이를 근거로 남성성을 드러내는 Y염색체가 정상보다 많은 XYY형은 일반적으로 위험하고, 폭력적이며, 강한 범죄성향을 가지는 것으로 파악했다.

C. **고링**(C. Goring)은 **통계적 방법**을 이용하여 범죄성이 조상으로부터 유전되는지에 대해 연구했다. 연구결과, 부모의 범죄성과 자식의 범죄성의 상관 정도는 매우 높은 것으로 나타났다. 또한 그는 자식의 범죄성과 환경의 관련성도 분석했는데, 환경이 자식의 범죄성에 영향을 미치는 것은 찾아내지 못했다. 그리하여 고링은 **범죄성**이란 유전의 결과이지 사회적·자연적 환경의 영향은 아니라고 주장했다.

D. **슈나이더**(K. Schneider)는 정신병질 유형을 자신결핍성, 무력성(우울성), 의지박약성, 발양성, 무정성, 폭발성, 기분표변(이변)성, 과장성, 광신성 정신병질로 분류했다. 크레펠린(E. Kraepelin)은 흥분인, 의지부정인, 욕동인, 기교인, 허언과 기만인, 반사회인, 싸움을 즐기는 호쟁인(好爭人)으로 분류했다.

E. **윌슨**(E.O.Wilson)은 1975년 「사회생물학」을 출간하여 모든 사회적 행동의 근원이 생물학적 요인에 있지만, 그러한 잠재력이 실제로 현실적인 행동으로 발현될 가능성은 개인의 성장·생활조건에 따라 다양하게 나타난다고 주장했다. 오늘날에는 생물사회학(사회생물학)적 패러다임이 범죄학자들이 인정하고 신뢰하는 상위그룹의 이론으로 자리 잡고 있다.

09 정답 ③

프로이트(Freud)는 에고가 이드(id)와 슈퍼에고를 적절하게 조절해 주지 못하는 경우 또는 너무 과도하게 발달한 슈퍼에고로 인하여 항상 죄책감과 불안을 느끼는 죄책감 콤플렉스의 소지자는, 범죄에 따른 처벌을 통하여 죄의식을 해소하고 심리적 균형감을 얻기 위해 범죄를 저지르게 되는 경우도 있다고 주장하였다. 이와 달리 에이크혼(Aichhorn)은 슈퍼에고의 미발달을 범죄원인으로 강조하였다.

10 정답 ③

㉠·㉡ (×) 사회통제이론은 사회통제수단이 제 기능을 발휘하지 못해 통제력이 약화되면 범죄가 발생한다고 보는데, 아노미이론(긴장이론)은 사회적으로 인정받는 목표와 수단 사이의 괴리가 범죄의 원인이라고 주장하는 이론이고, 생활양식이론은 왜 사람마다 범죄로 인한 피해를 당할 가능성이 다른지를 설명하는 이론이다.
㉢·㉣·㉤ (○) 봉쇄이론(제지이론), 억제이론, 사회유대이론은 사회통제이론과 관련이 있다.

11 정답 ②

잠재적 속성이론은 허쉬와 갓프레드슨의 범죄 일반이론과 유사한 측면이 있으나, 범죄 일반이론과는 달리 범죄문제를 이해하는 데 범죄자 경력 연구의 중요성을 강조한다.

12 정답 ①

머튼의 긴장이론에 근거하면, 각 설명과 적응양식의 연결은 모두 옳다.

13 정답 ②

범죄성의 격세유전 특성을 주장한 사람은 롬브로조이다.

14 정답 ②

② 표류이론은 소년이 비행과 정상적인 행동 사이에서 표류하다가 사회의 통제가 약화되면 비행으로 나아가게 된다고 한다.
①은 자기관념이론, ③은 차별적 기회구조이론, ④는 하층계급문화이론이 각기 소년비행을 설명하는 내용이다.

15 정답 ④

낙인이론은 범죄의 원인을 범죄자의 개인적 특징에서 찾고자 했던 주류범죄학과 달리, 사회적 상호작용과정에서 행해지는 주위사람들의 부정적 반응이 범죄문제에 더 큰 영향을 미친다고 본다.

16 정답 ③

ㄷ. (×) 사회해체이론을 구성하고 있는 이론들은 주로 경찰이나 법원의 공식기록에 의존하였기 때문에 그 연구결과의 정확성을 신뢰하기 어렵다는 비판을 받고 있다. 형사사법기관은 재량권을 활용함으로 인해 공식기록의 신뢰를 침해할 수 있기 때문이다. 특히, 지역의 범죄율은 경찰 의사결정의 부작용일 수 있고, 지역의 실제 법률 위반을 객관적으로 보여줄 수 있는 것은 아닐 수 있다.
ㄹ. (×) 사회통제이론, 아노미이론, 차별적 접촉이론, 문화적 갈등이론 등에 이론적 발전의 기초를 제공한 것으로 평가된다.

17 정답 ①

ㄱ - C. 기계적 개선법, ㄴ - B. 임상적 개선법, ㄷ - A. 집단관계 개선법, ㄹ - D. 전문기술 적용 개선법

18 정답 ④

뒤르켐(E. Durkheim)은 아노미이론에서 사회적 통합력의 저하 또는 도덕적 권위의 훼손을 범죄발생의 원인으로 보았으며, 범죄란 모든 사회에서 나타나는 현상으로, 병리적인 것이 아니고 사회의 구조적 모순에서 자연적으로 발생하는 정상적이고 불가피한 현상이라는 **범죄정상설**을 주장하였다. 범죄를 범죄자의 비인간성이나 성격적 불안정성 등 개인의 심리현상이 아니라 사회구조적 현상으로 파악하였다.

19 정답 ④

옳은 것은 ㄱ, ㄴ, ㄹ, ㅁ이다.
범죄패턴이론은 기본적으로 범죄자는 일반인과 같은 정상적인 시공간적 행동패턴을 갖는다는 점을 전제로 한다. 사람들이 활동하기 위해 움직이고 이동하는 것과 관련하여 축(교차점, nodes), 통로(경로, paths), 가장자리(edges)의 세 가지

개념을 제시한다.

20   정답 ③

펜실베니아제는 절대침묵과 정숙을 유지하며 주야 구분 없이 엄정한 독거수용을 통해 회오반성을 목적으로 한 구금방식
으로서 엄정독거제, 분방제, 필라델피아제로 불린다. 오번제는 엄정독거제의 결점을 보완하고 혼거제의 폐해인 수형자
상호 간의 악풍감염을 제거하기 위한 구금형태로서 절충제(엄정독거제와 혼거제를 절충), 완화독거제(반독거제, 엄정독거
제보다 완화된 형태), 교담금지제(침묵제, 주간작업 시 엄중침묵 강요)라고도 한다.

제15회 정답 및 해설

01 ②	02 ④	03 ②	04 ②	05 ②	06 ②	07 ②	08 ①	09 ③	10 ①
11 ④	12 ②	13 ③	14 ①	15 ②	16 ④	17 ④	18 ②	19 ②	20 ④

01   정답 ②

일반적으로 연령층에 따라 상이한 종류의 범죄를 저지르는데, **청년이 가시적인 범죄를 주로 저지르는 반면, 노인은 숨겨
진 범죄를 주로 저지른다.** 특히 65세 이상의 남성 노인은 공공장소에서의 주정, 음주운전 등 알코올과 관련된 범죄, 여
성 노인은 절도범죄로 체포되는 경우가 많다.

02   정답 ④

리스트는 단기자유형을 폐지할 것을 주장한 대표적인 형사정책가이다.

03   정답 ②

① 표본조사와 공식통계분석방법은 전형적인 양적 연구방법에 속한다. 따라서 범죄현상의 인과관계나 개별적인 범죄들
  의 특성 등을 분석할 수 없는 한계를 지니고 있다.
③·④ 추적조사와 참여적 관찰법을 뒤바꾼 함정문제이다. ③이 추적조사에 해당하는 방법이고, ④의 내용처럼 체포되기
  이전의 상태에서 범죄를 범하는 과정이나 현상을 자연스럽게 관찰·연구할 수 있는 방법은 **참여적 관찰법**이다.

04   정답 ②

① 실험연구 : 일정한 조건을 인위적으로 설정하고 그 속에서 발생하는 사실을 관찰함으로써 어떤 가설의 타당성을 검
  증하고 새로운 사실을 관찰하는 방법이다. 실험적 연구가 성공하기 위해서는 조사대상자의 선정, 통제집단과 비교집
  단의 구성, 실험조건이 필요하다.
③ 문헌연구 : 기존의 연구자들이 기록한 범죄 관련 기록물이나 통계자료 등을 현재의 연구에 활용하는 방법이다. 범죄
  연구자들은 많은 정부기관, 연구기관 및 기타 관련기관들의 데이터 집적자료들을 활용하기 때문에 보다 적은 비용과

시간만으로도 기존의 연구성과를 폭넓게 파악할 수 있게 된다. 그러나 문헌의 신뢰성이 떨어질 경우 연구결과의 신뢰성도 함께 떨어진다는 문제가 있다.

④ 피해자조사 범죄의 피해자가 가해자보다 자신이 당한 범죄를 보고할 가능성이 더 높기 때문에 피해자의 특성을 파악하기가 보다 용이하고, 가해자가 보고하도록 기다리지 않고 직접 찾아 나선다는 점에서 정확한 범죄현상의 파악을 가능하게 하며, 전국적인 조사로 대표성 있는 자료를 수집할 수 있고, 피해원인의 규명을 통해 범죄예방을 위한 기초자료가 된다. 또한 공식범죄통계에서 누락된 범죄가 피해자조사에서는 포함될 수 있으므로 암수범죄를 해결하는 데도 효과적이다.

05 정답 ②

ⓒ (×) 생물학적·심리학적·환경적 원인에 의해 범죄가 발생한다고 보는 입장은 실증주의학파이다.
ⓔ (×) 인간에 대한 과학적 분석을 통해 범죄원인을 규명하는 학파는 실증주의학파이다.

06 정답 ②

이 입장에서는 범죄의 동기 내지 원인규명보다는 동기화된 잠재적 범죄인들이 범죄를 하게 되는 상황이나 환경상태 등에 중점을 두고 있다.

07 정답 ②

아이젠크에 의하면, 내향적인 사람은 규범에 어긋나는 행동을 하는 정도가 약하고, 외향적인 사람은 처벌에 대한 불안감을 내향적인 사람보다 덜 느끼고 항상 새로운 자극을 추구하기 때문에 규범에 어긋나는 행동을 하는 정도가 강하다.

08 정답 ①

A-㉠ **롬브로조**는 생래적 범죄인설, 격세유전설, 범죄인정형설 등을 주장했다.
B-ⓒ **고링**은 범죄인정형설을 비판한 대표적 학자이다.
C-㉣ **후튼**은 미국의 인류학자이며 우생학자인데, 그는 범죄자의 범죄성향은 어떻게든 범죄자의 몸에 외형적으로 나타날 것이라고 보면서 롬브로조의 범죄인류학적 주장을 입증하고자 했다.

09 정답 ③

③ 프로이트는 정신분석학적 입장에서 범죄원인을 설명하였다.
① 아이젠크는 성격이론을 주장했고, 무의식적 학습능력과 범죄적 성향의 관련성도 연구했다.
② 헤어는 사이코패스 판정도구를 개발한 대표적인 사이코패스 연구자이다.

10 정답 ①

제2지역에서는 주거민이 변해도 계속해서 범죄율이 높다고 분석했다. 이 점은 이전의 사회해체이론과 동일한 결론이다.

11 정답 ④

㉣ (×) 갈등적 하위문화의 지배를 받는 사람들의 좌절이 공격성으로 나타나는 현상으로, 폭력적 범죄를 통해 자신들의 울분을 표출시킨다. 재산범죄를 주로 저지르는 하위문화는 범죄적 하위문화이다.

12 정답 ②

사회갈등이론이 범죄는 계층갈등의 산출물이라고 주장하는 반면, 사회과정이론은 범죄는 타인과의 상호작용으로써 학습될 뿐 인간의 타고난 특성이 아니라고 주장한다.

13 정답 ③

③ 고다드는 정신박약자 가계인 칼리카크家 연구에서 범죄성의 유전성을 긍정하였다.
① 클레퍼, 리커티, 트래셔 등이 매스컴과 범죄의 무관성을 주장하였다.
② 케틀레의 주장이다.
④ 힐리와 브론너에 대한 설명이다.

14 정답 ①

표류이론 내지 중화기술이론은 코헨의 비행적 하위문화이론에서처럼 비행소년과 일반소년은 근본적으로 다른 특성이 있다고 보지 않는다. 이 이론에서는 사람은 누구나 통제의 강약에 따라 준법영역을 왔다갔다 표류할 수 있는 존재라고 이해한다.

15 정답 ②

② **전과자**라는 지위를 **주지위(대표지위)**로 개념화하고, 전과자라는 낙인이 상습범화의 원인이라고 강조한 학자는 슈어가 아닌 베커이다.
초기 낙인이론은 1930년대 탄넨바움에 의해 시작되었다. 그리고 낙인이론에 대한 체계적 이론을 처음 정립한 학자는 레머트이나, 낙인이론을 범죄이론의 중심으로 끌어올린 학자는 베커이다.

16 정답 ④

ㄱ. (×) 비경제적 제도 기능의 가치가 절하된다.
ㄹ. (×) 메스너와 로젠펠드의 제도적 아노미이론에 의하면, 현대사회에 이르러 경제적 제도가 지배원리로 자기 잡게 됨에 따라 기존의 지배원리였던 가족, 정치 등 기타 제도들이 경제적 가치로 환원되었으므로, 경제적 제도가 비경제적 제도보다 우월적 위치를 차지한다 할 것이다.

17 정답 ④

ㄴ. (×) 범죄율이 가장 높은 전이지역은 인종 또는 국적이 여러 해에 걸쳐 바뀌더라도 높은 범죄율을 유지하였다. 이는 범죄가 특정 인종 또는 국적의 산물이라는 기존의 주장을 반박한다.
ㄷ. (×) 범죄율이 높은 지역은 거주민들의 전·출입이 활발한, 즉 주민유동성이 높은 전이지역이다.

18 정답 ②

ㄱ. **책임의 부인** ㄴ. 가해의 부인 ㄷ. 피해자의 부인 ㄹ. **상위의 충성심에의 호소**

19 정답 ②

② 아이젠크(H. Eysenck)는 범죄행동과 성격특성 간의 관련성을 정신병·외향성·신경증 세 가지 차원에서 설명하였다.

① 글룩 부부(S. Glueck & E. Glueck)는 비행소년들이 일반소년들보다 도전적이고 반항적·외향적·양면가치적인 성격을 갖는다고 주장한다.
③ 프로이트(S. Freud)는 심리성적 발달이론(psychosexual development)에서 유아기로부터 성인기로의 사회화과정을 구순기·항문기·남근기·잠복기·성기기로 나누어 설명하였다.
④ 콜버그(L. Kohlberg)는 도덕성의 내면화 정도에 따라 내면화 이전의 수준인 인습 이전 수준, 중간 정도의 내면화가 진행된 인습 수준, 도덕성이 완전히 내면화된 인습 이후 수준을 기준으로, 인습 이전 수준에서 1단계(처벌과 복종의 단계)와 2단계(도구적 목적과 교환의 단계)로, 인습 수준에서 3단계(대인간 기대의 단계)와 4단계(법과 질서유지의 단계)로, 인습 이후 수준에서 5단계(개인의 권리 및 사회계약의 단계)와 6단계(보편적 윤리의 단계) 등 6단계로 구분하였다.

20   정답 ④

㉠·㉡·㉢·㉣ 모두 옳다.
1823년 오번감옥의 2대 소장이 된 엘람 린즈는 혼거구금과 엄정독거구금의 단점을 제거하고, 장점만을 취하여 절충적인 구금제도인 오번제를 창안하였다. 즉, 주간에는 수용자를 공장에 취업시키되 혼거구금의 폐해인 범죄적 악풍감염의 제거를 위해 수용자 상호 간의 교담을 엄격히 금지하고, 야간에는 독방에 구금하도록 하였다. 교도작업의 역할을 중시한 오번제는 노동력의 부족을 느끼고 있던 미국에서 지지를 받았다.

[펜실베니아제와 오번제]

구분	펜실베니아제	오번제
개창자	윌리엄 펜	엘람 린즈
시초	월넛교도소	오번교도소
구금형태	주야간 엄정구금	주간혼거·야간독거
중점	정직한 인간	복종적 시민
수단	명상을 통한 회개 촉구	엄격한 규율과 침묵 속 공동노동
지향점	종교적 수공업사회	산업사회

제16회 정답 및 해설

| 01 ③ | 02 ① | 03 ③ | 04 ④ | 05 ③ | 06 ④ | 07 ④ | 08 ④ | 09 ④ | 10 ② |
| 11 ④ | 12 ③ | 13 ④ | 14 ④ | 15 ③ | 16 ③ | 17 ③ | 18 ① | 19 ③ | 20 ② |

01   정답 ③

정의는 일반적 신념뿐만 아니라 구체적 신념도 포함한다.

02 정답 ①

초기에 피해자학 연구는 1940년대에 범죄원인론의 일환으로 범죄발생과정에 있어서 피해자의 역할을 밝히려는 데서 시작되었다.

03 정답 ③

표본조사(계열조사)는 공식통계분석, 조사연구(Survey), 실험 등과 함께 양적 연구방법에 속한다.

04 정답 ④

이익의 확산효과는 지역 내 상황적 범죄예방활동으로 인한 효과가 다른 지역으로 확산되어 그 지역의 범죄예방에도 긍정적인 영향을 미치는 것을 의미하는 반면, 전이효과는 지역 내 상황적 범죄예방활동은 범죄를 다른 시간이나 장소로 전이시킬 뿐 사회 전체적인 측면에서는 범죄를 줄일 수 없게 된다는 것을 의미한다.

05 정답 ③

실증주의 범죄학파에 대한 설명이다. 고전주의 범죄학파는 **처벌을 통한 범죄의 억제**를 강조하였다.

06 정답 ④

억제이론가들은 처벌의 엄격성과 확실성을 중요한 연구대상으로 파악했다.

07 정답 ④

빌라는 세 가지 요인 가운데 최소한 두 가지 요인을 만족시키는 수많은 이론을 검토하였으나, 어떠한 이론도 이를 만족시키지 못하였다.

08 정답 ④

사회해체로 인한 이웃의 생태학적 환경이 높은 범죄율 및 일탈률을 낳는다는 주장은 사회환경이 범죄에 큰 영향을 미친다고 보는 사회학적 이론이다.

09 정답 ④

범죄의 원인을 무의식적 동기에서 찾고자 한다.

10 정답 ②

ㄴ. (×) 셀린은 이질적 문화 간의 충돌에 의한 갈등을 1차적 문화갈등이라고 하고, 동일한 문화 안에서의 사회변화에 의한 갈등을 2차적 문화갈등이라고 설명하였다.
ㄷ. (×) 뒤르켐은 집단적 비승인이 존재하는 한 범죄는 모든 사회에 어쩔 수 없이 나타나는 현상으로, 비정상적이며 병리적이기보다는 정상적인 현상이라고 주장하였다.

11 정답 ④

갈등이론이 아닌 긴장이론이다.

12 정답 ③

에이커스(R. Akers)의 사회적 학습이론은 다른 사람과의 교제를 통해서만이 아니라 비사회적인 자극에 의해서도 직접 범죄를 학습할 수 있음을 설명하여 학습과정의 탄력성을 넓혔다고 평가된다. 그렇지만 에이커스는 환경 그 자체의 영향보다는 사회적 상호작용을 통한 학습효과를 더 중시했다. 그리고 상황적 범죄예방론과는 직접적인 연관이 없다. 상황적 범죄예방론은 일상활동이론과 관련이 깊다.

13 정답 ④

㉣ (×) **슐싱어는 입양아연구를** 수행했다.
㉤ (×) **크로우는 어머니가 범죄자였던 양자들의 상태를 조사**하여 상관성을 입증하였다.

14 정답 ④

맛차(Matza)는 이러한 표류의 원인으로 사회통제의 약화를 강조하였다. 따라서 사회통제의 약화가 범죄의 원인이라는 측면에서 접근하게 되면 표류이론은 사회통제이론이 된다.

15 정답 ③

가장 전형적인 강도행위는 개방된 장소에서 발생하는 노상강도이다.

16 정답 ③

전체적 관찰법이란 임상적 예측법이라고도 하는데, 이 방법은 각 개인의 특수성을 정밀진단할 수 있는 장점이 있으나, 전문적인 판단자 간의 개인차로 객관적 기준을 확보하기 어렵고, 또한 일반 실무자들의 경우에는 정확한 평가가 어려우므로 특수전문가에 의한 보완이 필요하다.

17 정답 ③

패널조사설계는 인간생애를 종단적으로 연구하는 것으로, 선별된 표본을 일정한 시간간격을 두고 중복적으로 관찰하여 생애사를 연구하는 설계를 의미하며, 범죄자의 장기적인 범죄경력 연구에 가장 적합한 조사설계에 해당한다.

18 정답 ①

구조적 선택이론은 일상활동이론과 생활양식노출이론을 종합한 이론이다. 사회적 상호작용의 특성과 개인의 특성이 가져오는 범행기회, 즉 근접성과 노출이 있고, 주어진 사회적·공간적 상황에서 범죄자의 주관적 선택, 대상선택에 영향을 미치는 요인들, 즉 표적의 매력성, 보호능력이 있다.

19 정답 ③

코니쉬(Cornish)와 클라크(Clarke)의 상황적 범죄예방이란 사회나 사회제도 개선에 의존하는 것이 아니라 단순히 범죄기회의 감소에 의존하는 예방적 접근으로, 5가지 목표(노력의 증가, 위험의 증가, 보상의 감소, 자극의 감소, 변명의 제거)와 25가지 구체적 기법으로 제시하였다.

목표	구체적 기법
노력의 증가	대상물 강화, 시설 접근통제, 출구검색, 잠재적 범죄자 분산, 도구·무기 통제
위험의 증가	보호기능 확장, 자연적 감시, 익명성 감소, 장소 감독자 활용, 공식적 감시 강화
보상의 감소	대상물 감추기, 대상물 제거, 소유자 표시, 장물시장 교란, 이익 불허
자극의 감소	좌절감과 스트레스 감소, 논쟁 피하기, 감정적 자극 감소, 친구압력 중화, 모방 좌절시키기
변명의 제거	규칙 명확화, 지침의 게시, 양심에 호소, 준법행동 보조, 약물과 알코올 통제

20 정답 ②

맞는 지문은 ㉠·㉢·㉣이다.
㉠ (○) 범죄예측이란 예방, 수사, 재판, 교정의 각 단계에서 잠재적 범죄자의 범행가능성이나 범죄자의 재범가능성을 판단하는 것이다.
㉡ (×) 버제스는 1928년 일리노이주에서 3,000명의 가석방자를 대상으로 21개의 인자를 분석하여 공통점을 추출하였고, 경험표에 해당하는 예측표(실점부여방식)를 작성하였다. 가중실점방식은 글룩 부부의 조기비행예측표에서 사용되었다.
㉢ (○) 교교정단계의 예측은 주로 석방 시 예측으로, 교도소 및 소년원에서 가석방 및 임시퇴원을 결정할 때 그 대상자의 누범 및 재범위험성을 예측한다.
㉣ (○) 미국의 범죄예측은 가석방예측으로부터 시작되었지만, 우리나라는 글룩 부부의 범죄예측이 도입되면서 시작되었다(청소년비행예측).

[미국의 범죄예측 발전]
- 워너(Warner)
  - 점수법을 통한 가석방심사기준의 타당성 평가가 목적이다.
  - 메사추세츠주(州) 가석방자를 60개의 항목(예 교정 여부, 전과, 석방 후 계획 등)으로 점수화하여 재범가능성을 예측하였다.
- 버제스(Burgess)
  - 경험표(예측표)를 작성하여 객관적 범죄예측의 기초를 마련하였다.
  - 일리노이주(州) 가석방자 3,000명을 대상으로 21개의 공통요인을 추출하고, 통계분석하여 가석방기간 중 재범가능성을 예측하였다.
  - 각 요인에 +1, 0, −1의 점수를 부여하는 실점부여방식이다.
- 글룩(Glueck)부부
  - 조기비행예측표를 작성하여 비행소년의 재비행가능성을 예측하였다.
  - 매사추세츠주(州) 비행소년 500명과 보스턴의 일반소년 500명을 대상으로 300개의 요인 중 비행소년과 일반소년 간 구별요인 5개에 대한 총 예측점수를 계산하였다.
  - 각 요인에 대한 점수를 부여한 후 합산하는 가중실점방식이다.
- 최근의 방법 : 하서웨이(Hathaway)와 맥킨리(Mckinley)가 고안한 미네소타 다면적 성격검사법(MMPI; Minnesota Multiphastic Personality Inventory)이 가장 표준화된 범죄자 성격(인성) 조사방법으로 활용되고 있다.

제17회 정답 및 해설

| 01 ① | 02 ④ | 03 ④ | 04 ③ | 05 ③ | 06 ① | 07 ① | 08 ① | 09 ③ | 10 ④ |
| 11 ③ | 12 ③ | 13 ① | 14 ① | 15 ④ | 16 ③ | 17 ③ | 18 ① | 19 ④ | 20 ② |

01 정답 ①

범죄를 바라보는 관점은 크게 합의론적 관점, 갈등론적 관점, 상호작용론적 관점으로 나눌 수 있는데, 합의론적 관점은 범죄를 법률위반인 동시에 사회 전체 요소에 모순되는 행위로 규정한다. 합의론점 관점에 부합하는 대표적인 범죄는 살인죄이다. 참고로, 갈등론적 관점은 지배집단의 권력을 보호하기 위해 고안된 정치적 개념, 상호작용론적 관점은 권력을 가진 자의 선호나 견해를 반영하는 수단이 곧 범죄라고 한다.

02 정답 ④

일반적으로 피해자학의 연구대상으로서의 피해자는 형식적(형법적) 범죄행위로 피해를 당한 사람으로 한정하지 않고 있고, 실질적 범죄행위로 인한 피해를 입은 사람도 포함한다. 범죄피해자학에서의 피해자는 불법적인 행위로 인해 피해를 당한 사람 또는 사회 등이 포함되는 개념이며, 그 **피해**에는 신체적·경제적·정신적 피해를 모두 포함한다. 그리고 범죄피해자에는 개인뿐만 아니라 공공단체, 기업체, 지역사회, 국가 등도 널리 포함된다.

03 정답 ④

암수범죄란 범죄통계표에 수록되지 않은 범죄이므로 범죄통계표를 근거로 암수범죄를 파악할 수 없다.

04 정답 ③

폴락(Pollack)은 여성의 범죄율이 남성의 범죄율보다 현저히 낮은 원인 중 하나는 기사도정신이라고 보았는데, 여기에서 기사도정신이란 남성이 여성을 대신하여 죄를 저지르는 것이 아니라, 범죄행위에 대하여 남성의 여성에 대한 일반적 태도, 즉 경찰은 여성을 체포하기를 꺼려하고, 검찰은 여성을 기소하기를 꺼려하며, 재판관이나 배심원은 여성을 유죄로 하기를 꺼려하는 것 등을 의미한다.

[암수범죄에 관한 학자들의 견해]

서덜랜드 (Sutherland)	범죄와 비행에 대한 통계는 모든 사회통계 중 가장 신빙성이 없고 난해한 것이다.
엑스너 (Exner)	암수범죄의 정확한 이해는 곧 범죄통계의 급소이다.
래디노비츠 (Radxinowicz)	암수가 전체 범죄의 85%에 달하며, 특히 성범죄의 90% 이상이 암수범죄에 해당한다.
폴락 (Polak)	여성범죄의 가장 큰 특징은 은폐성이며, 현존하는 남녀범죄 간의 불평등을 야기하는 현저한 원인의 하나는 기사도정신이다.

셀린 (Sellin)	통계상 표시되는 범죄는 형사사법절차의 각 단계가 진행됨에 따라 점점 줄어들며, 법집행기관의 개입이 가장 적은 경찰단계의 통계에서 암수가 가장 적게 나타난다.

05 정답 ③

카플란의 자아존중감 훼손 이론은 가족, 학교, 주류 친구집단 등 관습적 준거집단의 기준에 순응하는 데 실패할 경우, **자아 평가절하**를 경험하게 된다고 한다.

06 정답 ①

화이트 해커에 대한 설명이다. 블랙 해커는 악의적 목적이나 개인적 이익을 위해 타인의 시스템에 불법침입하거나 시스템 자체를 파괴한다.

07 정답 ①

리스트는 범죄원인에 있어서 소질과 환경을 모두 고려하면서도 사회적 원인을 중요시하고, 범죄원인에 대해서 개인적 원인도 고려했다.

08 정답 ①

범죄생활곡선 연구는 연령변화와 범죄에 관한 연구이다.

09 정답 ③

ㄷ. (×) 서덜랜드의 차별적 접촉이론은 범죄자의 학습과정과 비범죄자의 학습과정에 차이가 없다는 데에서 출발하므로, 범죄자와 비범죄자의 차이는 학습과정의 차이가 아니라 접촉유형의 차이에서 발생한다.
ㄹ. (×) 글레이저의 차별적(분화적) 동일시이론은, 사람은 누구나 다른 누군가와 자신을 동일시하려는 경향이 있다고 전제하는데, 자신의 범죄를 수용할 수 있다고 믿는 실재 혹은 관념상 인간에게 자신을 동일시하여 스스로를 합리화함으로써 범죄를 저지른다고 본다. 따라서 범죄자와의 직접적인 대면접촉 없이도 TV, 영화 등의 매스미디어를 통한 범죄의 학습이 가능하다고 주장한다.

10 정답 ④

① 아노미라는 개념은 뒤르켐이 무규제 상황을 설명하기 위해 처음 사용하였고, 머튼은 이를 받아들여 범죄이론에 적용하였다.
② 개인의 행위는 개인의 특성에 따라 결정되기보다는 사회적으로 결정된다고 보아 범죄와 자살 등 일탈행위를 사회구조적 이론으로 설명한다.
③ 뒤르켐의 아노미적 자살이론의 영향을 받았고, 코헨의 하위문화이론 및 차별적 기회구조이론에 영향을 미쳤으므로, 차별적 교제이론과는 직접적인 연관이 없다.

11 정답 ③

클로워드와 올린이 정립한 이 이론은 머튼이 주장한 아노미현상을 비행하위문화의 촉발요인으로 보았으나, 머튼과는 달리 합법적 수단 없음이 곧바로 범죄로 이어지는 것이 아니라 비합법적 수단에 접근 가능해야 범죄를 수단으로 목표를 달성할 수 있다고 보았다. 머튼이 비합법적 수단에 대한 접근가능성의 차별을 간과한 데 대해 비판하고, 실제 사회구조는 합법적 기회에 대한 접근가능성만 차별되어 있는 것이 아니라 비합법적 기회의 정도도 차별되어 있다고 하면서 비행하위문화의 성격은 비합법적인 기회가 어떻게 분포되었는가에 따라 다르며, 이에 연관된 비행행위의 종류도 다르다고 주장하였다.

12 정답 ③

차별적 동일시(동일화)이론은 차별적 접촉이론의 수정·보완이론으로, 사람들은 같은 대상과 접촉하더라도 어떤 사람은 그를 동일시 대상으로 받아들이지만, 어떤 사람은 그를 동일시 대상으로 받아들이지 않는다고 본다.

13 정답 ①

20세기 중반에는 사회학이 범죄연구와 학계를 지배하고 있었고, 반사회적 행동에 개인적 수준의 원인이 있을 수 있다는 주장은 적대적으로 간주되었다. 이러한 와중에 1970년대 생물학자 에드먼드 윌슨(Edmund O. Wilson)의 「사회생물학」이 출판되면서 범죄에 대한 생물학적 기초가 다시 각광받기 시작하였다.

14 정답 ①

범죄자들도 규범의식을 지니고 있으므로 법위반은 나쁘다는 것을 자각한다. 다만, 중화기술을 발휘해서 비난의식이나 죄책감을 마비시킨다고 본다.

15 정답 ④

시설 내 처우의 문제점을 지적하면서 사회 내 처우의 필요성을 강조하였다.

16 정답 ③

역사적으로 볼 때 실제상 필요에 따라 가석방 시 예측 → 재판 시 예측 → 조기예측 순으로 발전해 왔다.

17 정답 ③

도심에서의 생활처럼 스트레스를 많이 주는 생활조건은 세로토닌의 수치를 크게 낮춰서 비행가능성을 높일 수 있다.

18 정답 ①

목표의 전이에 해당한다.

영역적 전이	한 지역에서 다른 지역, 일반적으로 인접 지역으로의 이동
시간적 전이	낮에서 밤으로와 같이 한 시간대에서 다른 시간대으로의 이동
전술적 전이	범행에 사용하는 방법의 변경
목표의 전이	같은 지역에서 다른 피해자를 선택
기능적 전이	범죄자가 한 범죄유형을 그만두고, 다른 범죄유형을 시작
범죄자 전이	한 범죄자의 활동중지가 다른 범죄자에 의해 대체

19 정답 ④

① 사이코패스와 소시오패스의 개념은 반사회적 성격장애(ASPD)의 하위개념에 포함된다.
② 유전적·생물학적 요인이 더 크게 작용한다.
③ 로버트 헤어(Hare)가 개발한 PCL-R이다.

20 정답 ②

② 상황적 범죄예방은 범죄기회가 주어지면 누구든지 범죄를 저지를 수 있다고 보고, 범죄예방은 범죄기회를 감소시킴
   으로써 성취될 수 있다고 한다. 그러므로 범죄예방모형 중 2차적 범죄예방에 해당한다.
①·③·④ 범죄예방모형 중 1차적 범죄예방에 해당한다.

제18회 정답 및 해설

01 ③	02 ②	03 ④	04 ④	05 ②	06 ④	07 ②	08 ③	09 ②	10 ②
11 ④	12 ②	13 ④	14 ③	15 ②	16 ③	17 ③	18 ③	19 ②	20 ③

01 정답 ③

피해자 없는 범죄에 대한 논의는 형사정책의 중요한 연구과제이다.

02 정답 ②

헨티히, 멘델슨, 엘렌베르거는 새로이 피해자 연구의 필요성을 강조하였고 피해자학 이론발전에 기반을 제공했으므로,
피해자학의 아버지라고 불리고 있다.

03 정답 ④

강간 등은 피해자의 수치심과 명예의 손실 때문에 사실상 조사가 어렵거나 효과가 의문시되고 있다. 살인범죄도 피해자
가 사망하여 존재하지 않기 때문에 피해자조사가 불가능하다.

04 정답 ④

서덜랜드가 제시한 전문 절도범의 특성은 주의 깊게 범죄기획을 하고, 전문적 기술 및 방법에 의존하며, 이동하는 생활
양식을 갖고 있고, **범죄가 유일한 생계수단**이다.

05 정답 ②

② A - 하워드, B - 베카리아, C - 벤담, D - 포이어바흐

06 정답 ④

합리적 선택이론은 현대 고전주의이론인 범죄경제학이론으로, 범죄란 소질과 환경에 의해 조건 지워지는 것이 아니라 합리적 이성을 바탕으로 한 자발적 선택의 산물이라고 인식한다.

07 정답 ②

뒤르켐의 범죄필요설(범죄기능설)의 내용이다.

08 정답 ③

ⓒ-f, ⓜ-e, ⓗ-a
슐싱어는 유전성의 영향이 정신질환에 미치는 연구를 처음으로 하였는데, 그는 처음으로 양자(입양아)연구를 통해 범죄의 유전성까지 탐구하는 연구를 했다.

09 정답 ②

무력성·자신결핍성(자기불확실성)·억울성(우울성) 정신병질은 범죄관련성이 희박하다.

10 정답 ②

코헨 등의 하위문화이론들은 사회적 긴장이론의 범주에 속하고, 애그뉴의 이론이 일반긴장이론이다.

11 정답 ④

구성원 각자가 어떤 수단을 선택하는가는 범죄적·갈등적·은둔적 하위문화 중 어떤 하위문화에 속해 있는가에 따라 달라지는 것이지, 개인의 의지는 작용하기 어렵다고 보는 것이 이 이론의 입장이다. 어느 것을 선택하느냐는 목표를 달성하는 데 합법적 수단과 비합법적 수단 중 범죄수단 학습 및 범죄수행에 관한 기회구조의 차이에 달려 있다고 한다.

12 정답 ②

에이커스의 사회학습이론(차별적 강화이론)에서 주장된 내용이다.

13 정답 ④

현대의 특성이론가들은 단일한 생물학적 속성이나 심리학적 속성이 모든 범죄성을 적절하게 설명할 수 있다고 보지 않는다. 다만, 범죄인은 신체적·정신적으로 독특하므로 각자의 행동에 개별적인 원인이 있을 것이라고 본다.

14 정답 ③

티틀의 통제균형이론에 따르면, 통제는 주로 비행행위의 억제요인으로 작용하나 동기요인으로 작용하기도 한다.

15 정답 ②

ㄴ. (×) 세월이 지나감에 따라 롬브로소의 사고는 변화하였는데, 생물학적 요인보다는 환경적 요인에 더 주목하였다.

ㄷ. (×) 롬브로소는 생래적 범죄인이 존재하는 이유를 격세유전으로 설명하였다.

16 정답 ③

형사사법망의 확대를 초래할 수 있고, 적극적인 교정이 가해지지 않으므로 재범위험성을 감소시키는 효과에 대해서는 검증되지 않고 있다.

17 정답 ③

전문적 범죄자는 주로 마약 중독자가 아니다.

18 정답 ③

㉠ · ㉡ (×) 사회통제이론은 사회통제수단이 제 기능을 발휘하지 못해 통제력이 약화되면 범죄가 발생한다고 보는데, 아노미이론(긴장이론)은 사회적으로 인정받는 목표와 수단 사이의 괴리가 범죄의 원인이라고 주장하는 이론이고, 생활양식이론은 왜 사람마다 범죄로 인한 피해를 당할 가능성이 다른지를 설명하는 이론이다.
㉢ · ㉣ · ㉤ (○) 봉쇄이론(제지이론), 억제이론, 사회유대이론은 사회통제이론과 관련이 있다.

19 정답 ②

고프의 캘리포니아 성격검사(CPI)에 대한 설명이다. CPI는 정상적인 사람의 심리적 특성을 이해하기 위한 것이라고 할 수 있다.

20 정답 ③

블룸스타인이 교도소 과밀화의 해소방안으로 주장한 것은 무익한 전략, 선별적 무능화, 수용인구 감소전략(정문정책·후문정책), 형사사법정책 개선전략, 교정시설 확충전략이다. 집합적 무력화란 유죄확정된 모든 강력범죄자에게 장기형의 선고를 권장하는 것으로, 이는 선별적 무력화에 비해 과밀화를 초래할 수 있다.

[과밀수용 해소방안]

무익한 전략		수용인원이 증가하더라도 별도 대책 없이 자체적으로 증가인원을 소화하자는 방안
선별적 무능화		중·누범자만을 선별적으로 구금하여 교정시설공간을 효율적으로 운영하자는 방안
수용인구 감소전략	정문정책	범죄인의 구금보다는 비구금적 제재로 전환하여 수용인원을 처음부터 줄이자는 방안
	후문정책	기존의 수형자를 형기만료 이전에 출소시켜 수용인원을 줄여가자는 방안
형사사법절차 개선전략		형사절차과정에서 범죄인을 수용할 경우, 교정시설의 수용능력을 고려하여 결정하자는 방안
교정시설 확충전략		교정시설을 증설하여 수용능력을 확대하자는 방안

제19회 정답 및 해설

| 01 ④ | 02 ① | 03 ③ | 04 ② | 05 ③ | 06 ③ | 07 ② | 08 ② | 09 ① | 10 ④ |
| 11 ② | 12 ① | 13 ③ | 14 ① | 15 ④ | 16 ② | 17 ③ | 18 ① | 19 ④ | 20 ① |

01 정답 ④

① 도덕적 관점 → 갈등론적 관점
② 상호작용주의 관점에서는 범죄의 객관적·법률적 측면보다는 다른 사람과의 상호작용에서의 반응이 범죄를 규정하는 과정에 미치는 영향을 중시하며, 범죄정의(definition)에 대해 가장 상대적인 관점을 취한다.
③ 비법률주의적 → 법률주의적

02 정답 ①

② 심신(정신)장애자는 일반적 피해자 유형에 속한다. 일반적 피해자 유형에는 청소년, 노인, 여성, 이민자, 소수자, 신체장애자 등이 있다.
③ 일반적 → 잠재적
④ 명예를 → 신체를

03 정답 ③

카메로에 의하면, 전문적 상점절도범은 훔친 물건을 판매해서 수입의 대부분을 얻는 반면, 아마추어 상점절도범은 가기가 사용하기 위해 상품을 훔친다.

04 정답 ②

ㄴ. (×) 1990년대 이후 현대 생물학적 범죄원인론은 유전자, 염색체, 식사, 호르몬, 환경오염 등을 포함하여 행동에 대한 다양한 영향요인을 조사하였다.
ㄷ. (×) 몇몇 초기 생물학적 범죄원인론은, 범죄성은 가계 내에 있으며 한 세대에서 또 다른 세대로 유전될 수 있다고 제안하였다.

05 정답 ③

베카리아는 사면제도를 반대하였다.

06 정답 ③

㉠·㉫·㉺는 사이크스와 마차의 중화적 기술에 해당하지 않는다.

[사이크스와 마차의 중화기술]

중화기술	내용
책임의 부정	자신이 아닌 다른 사람, 환경 등에 책임을 전가함으로써 합리화 예 나와 같은 처지였다면 누구나 그러한 행동을 했을 것이다.
가해의 부정	자신의 행위는 누구에게도 피해를 주지 않았다고 생각함으로써 합리화 예 물건을 빌린 것이지 훔친 것이 아니다.
피해자의 부정	피해자는 피해를 받아 마땅하고, 따라서 자신의 행위는 정의로운 응징이라고 합리화 예 내가 비록 상점의 물건을 훔쳤지만, 그 상점주인은 정직하지 못한 사람이다.
비난자에 대한 비난	사회통제기관을 부패한 자들로 규정하여 자신을 심판할 자격이 없다고 합리화 예 경찰은 부패한 공무원인데 왜 나를 비난하는가?
상위 충성심에의 호소	친근한 집단을 위한 충성심이나 의리 때문에 저지른 불가피한 행위였다고 합리화 예 나의 범죄는 가족을 먹여 살리기 위한 행위였을 뿐이다.

07 정답 ②

하버드대의 인류학자 후튼은 고링의 연구를 재검토한 뒤 약 14,000명의 수형자와 약 3,000명의 일반인을 비교연구한 끝에 고링의 연구를 반박하였다.

08 정답 ②

글룩 부부에 대한 설명이다.

09 정답 ①

기분이변성 정신병질은 크레페린이 말한 욕동인(欲動人)에 해당하고, 범죄관련성이 가장 높은 정신병질이다.

10 정답 ④

중상류계층은 일반적으로 긴장상태에 빠지지 않고 동조(순응)형으로 적응하는데, 동조형은 주어진 사회구조에 적응을 한다고 보았다. 모든 계층에서 개개인에게 발생하는 스트레스를 비행과 범죄의 원인으로 보면서 미시적·개인적·사회심리학적 관점에서 긴장(압박)이론을 정립한 사람은 애그뉴이다. 애그뉴는 일반긴장이론(general strain theory)을 주장했다.

11 정답 ②

ㄴ. (×) 레이스에 의하면, 소년비행은 사회적 통제와 개인적 통제 모두의 실패로 인한 것이다.
ㄷ. (×) 나이는 청소년의 비행을 예방할 수 있는 사회통제방법을 세 가지로 분류하였다.

12 정답 ①

① 차별적 강화에 대한 설명이다. 차별적 강화라 불리는 직접적 조건화는 다른 사람과의 상호작용 중에 보상 또는 벌에 의해 강화될 때 발생한다.
② 방향의 법칙을 위에서 아래로의 법칙이라고 하듯이, 저위자가 우위자를 모방하는 방향으로 진행된다.

③ 학습이론에 따르면, 범죄적(일탈적) 행위와 인습적(전통적) 행위의 학습과정은 동일하다. 범죄자와 비범죄자 간의 차이는 학습과정의 차이가 아니라 접촉유형의 차이이다.
④ 반대로 기술되었다.

13 정답 ③

③ 저혈당증이란 혈중포도당이 정상적이고 효율적인 뇌 기능에 필요한 수준 이상으로 내려갈 때 나타나며, 이때 뇌의 대사는 둔화되고 기능이 손상된다.
② 알레르기는 외부물질에 대한 몸의 일반적이지 않거나 과도한 반응을 말한다.
④ 진화범죄학자들은 인간의 행위도 다른 동물처럼 자연선택이라는 진화과정을 통해 형성되어 가는 것이며, 범죄성도 자연선택에 따른 적응의 방식으로 이어진다고 본다.

14 정답 ①

레클리스는 긍정적인 자아관념을 비행에 대한 절연체(insulator)라고 주장하고, 우범지역에서와 같이 범죄나 비행을 야기하는 압력요인·유인요인·배출요인 등이 강하고, 열악한 가정환경으로 외부통제가 취약함에도 불구하고 많은 하류계층 소년들이 범죄를 저지르지 않고 정상적인 사회구성원으로 성장할 수 있는 것은 올바른 자아관념이 이러한 비행·범죄에의 유혹이나 압력을 단절시킬 수 있기 때문이라고 보았다. 이 이론은 차별적 접촉이론의 이질적 반응에 대한 설명부족을 보완했다는 평가를 받고 있다.

15 정답 ④

㉠-A **머튼**의 아노미이론은 긴장이론이지만 합의론에 바탕을 두고 있다.
㉡-C **라이스**는 개인의 자기통제력이나 초자아적 통제력이 범죄에 미치는 영향에 대해 연구한 초기의 통제이론가이다.
㉢-E **볼드**의 집단갈등이론에 의하면 피지배집단의 행위가 주로 범죄화된다.
㉣-B **퀴니**의 급진적 갈등이론은 노동자들에 의한 범죄를 적응범죄와 대항범죄로 구분하였다.
참고로, D는 낙인이론가인 슈어에 대한 설명이다.

16 정답 ②

㉠·㉢·㉥·㉦·㉪ 밀러의 하위계층의 주요 관심사
㉡·㉣·㉤·㉧ 코헨의 비행하위문화의 특징
• 밀러(Miller)는 하위계층의 주요 관심사(관심의 초점)로 말썽·걱정·사고치기(Trouble), 강인·완강(Toughness), 교활·영악·영리함(Smartness), 흥분·자극·스릴(Excitement), 운명·숙명(Fatalism), 자율·자립(Autonomy)을 들고 있다.
• 코헨(Cohen)은 비행하위문화의 특징으로 비공리성(비실리성. nonutilitarian), 악의성(malice), 부정성(negativistic. 거부주의), 변덕, 단기적 쾌락주의, 집단자율성의 강조경향을 들고 있다.

17 정답 ③

착취형에 대한 설명으로, 순응형이라는 이름의 유형은 존재하지 않는다.

18 정답 ①

헤이건(Hagan)의 권력통제이론(power-control theory)에 대한 설명으로, 사회의 계급구조와 전통적 가부장제가 어떻게 가정 내에서 자녀의 성별에 따른 차별적 양육방식으로 적용되고, 범죄성의 차이로 이어지는지 설명하고자 하였다.

19 정답 ④

갈등론에 의하면 범죄문제는 사회경제적이고 정치적인 함의를 지니는 문제지 도덕성의 문제가 아니라고 본다.

20 정답 ①

노르에피네프린(Norepinephrine)에 대한 설명이다. 이 호르몬의 수치가 낮으면 주의력 결핍과 과잉행동, 우울증과 저혈압의 증상을 보이게 된다.

제20회 정답 및 해설 ●

01 ③	02 ③	03 ④	04 ④	05 ④	06 ④	07 ②	08 ③	09 ②	10 ①
11 ②	12 ④	13 ③	14 ④	15 ②	16 ③	17 ④	18 ②	19 ①	20 ③

01 정답 ③

거시수준의 연구에 대한 설명이다. 미시수준의 연구는 사람마다 행동에 차이가 있는 이유를 규명하고자 한다.

02 정답 ③

초기 피해자학에서는 범죄자와 피해자의 상호작용을 규명하는 데 초점을 맞추었고, 후기에 와서야 피해자 보호대책 쪽으로 관심이 확대되었다.

03 정답 ④

ㄱ·ㄹ은 갈등론적 관점, ㄴ은 합의론적 관점, ㄷ은 상호작용론적 관점에 관한 설명이다.

04 정답 ④

셀린(Sellin)은 범죄통계의 가치는 형사사법절차의 개입단계가 진행될수록 점점 줄어든다고 보고, 개입이 가장 적은 경찰단계의 통계에서 암수가 가장 적게 나타난다고 주장하였다.

05 정답 ④

베카리아는 배심원제도를 지지하였다.

06 정답 ④

고전주의 범죄이론에 대한 설명이다.

07 정답 ②

아이젠크는 성격을 환경에 대한 개인의 독특한 적응에 영향을 끼치는 인격·기질·지성·신체요소들이 안정되고 영속적으로 조직화된 것으로 본다.

[아이젠크의 성격의 위계모형]

제1수준	구체적 반응 수준으로 단일한 행위나 인지로 이루어진다.
제2수준	습관적 반응 수준으로 습관적 행위나 인지들로 이루어진다.
제3수준	상이한 습관적 행위들 간의 유의미한 상관으로 정의한다.
제4수준	유형수준 특질들 간 관찰된 상관으로 정의된다.

08 정답 ③

아이젠크(Eysenck)는 내향적·외향적 성격 및 자율신경계의 작용과 범죄의 관계를 연구하였으며, 병리적 성격과 범죄의 관계를 연구한 사람으로는 크래펠린(Kraepelin), 슈나이더(Schneider) 등이 있다.

09 정답 ②

무력성·자신결핍성·우울성 정신병질은 범죄관련성이 희박하다고 보았으나, 다른 유형들은 범죄와 관련성이 있다고 보았다.

10 정답 ①

① 부(富)의 성취라는 목표보다는 목표달성과정의 정당성을 강조하는 것이 아니라, **부의 성취만을 중시하는 가치관**이 미국 등 자본주의문화의 큰 병폐이다. 머튼은 이러한 병폐적 문화가 범죄를 조장하는 근원이라고 보았다.
② 아노미이론은 공통가치설을 전제로 한다.
③ 압박(긴장)의 원인이 되는 하위계층의 상황이다.
④ 범죄유발의 동기를 설명한다. 이 명제는 자본주의사회의 기회의 차별성과 하위계층에 있어서 합법적인 기회가 부족함이 범죄의 원인이라는 점을 강조한다.

11 정답 ②

클로워드와 올린의 차별적 기회구조이론에 의하면, 합법적 기회가 차단된 지역이라 하더라도 그 지역의 특성 차이에 따라 다음과 같은 세 가지의 하위문화가 발생할 수 있다. 첫째, 범죄의 학습기회와 수행기회가 많은 지역에서는 범죄적 하위문화가 생성된다. 둘째, 범죄의 학습기회는 없지만 사회통제가 취약하여 수행기회는 있는 곳에서는 갈등적 하위문화가 생성된다. 셋째, 범죄의 학습기회도 수행기회도 제한된 곳에서는 도피적 하위문화가 생성된다.

12 정답 ④

ⓒ (×) 모방은 가까운 사람들 사이에서 강하게 일어난다는 논리는 **거리의 법칙**이다.
ⓓ (×) 버제스와 에이커스는 사회적 상호작용을 통한 학습뿐만 아니라 시행착오적 학습까지 인정하였다.

13 정답 ③

③ 지능과 범죄의 상관성은 일반적인 검증이 이루어지지 않았다.
② 피해자의 나이와 상관없이 19세 이상의 성폭력범죄자를 대상으로 하여 실시하고 있다.
④ **메드닉**은 **자율신경계와 범죄성향**에 대해 연구한 학자이다.

14 정답 ④

제시된 사례는 비난자에 대한 비난에 해당한다.

[사이크스와 마차의 중화기술]

중화기술	내용
책임의 부정	자신이 아닌 다른 사람, 환경 등에 책임을 전가함으로써 합리화 예 나와 같은 처지였다면 누구나 그러한 행동을 했을 것이다.
가해의 부정	자신의 행위는 누구에게도 피해를 주지 않았다고 생각함으로써 합리화 예 물건을 빌린 것이지 훔친 것이 아니다.
피해자의 부정	피해자는 피해를 받아 마땅하고, 따라서 자신의 행위는 정의로운 응징이라고 합리화 예 내가 비록 상점의 물건을 훔쳤지만, 그 상점주인은 정직하지 못한 사람이다.
비난자에 대한 비난	사회통제기관을 부패한 자들로 규정하여 자신을 심판할 자격이 없다고 합리화 예 경찰은 부패한 공무원인데 왜 나를 비난하는가?
상위 충성심에의 호소	친근한 집단을 위한 충성심이나 의리 때문에 저지른 불가피한 행위였다고 합리화 예 나의 범죄는 가족을 먹여 살리기 위한 행위였을 뿐이다.

15 정답 ②

16 정답 ③

슈어(Schur)는 규범위반을 하였다고 바로 낙인이 찍히는 것이 아니고, 낙인이 찍히더라도 이차적 일탈자로 되는 과정이 단계적으로 진행되지 않는다고 보았다. 즉, 낙인과정에서 개인의 적응노력에 따라 어떤 사람은 낙인을 수용하고, 어떤 사람은 여러 가지 협상이나 타협을 통해 낙인을 회피할 수도 있다는 것이다. 이차적 일탈로의 발전은 레머트의 주장처럼 정형화된 발전단계를 거치는 것이 아니라, 그 사람이 사회적 반응에 어떻게 반응하느냐에 따라 외부적 낙인이 자아정체성에 영향을 미칠 수도 있고, 미치지 않을 수도 있다고 한다.

17 정답 ④

폭력적 하위문화가 주류문화와 항상 갈등상태를 형성하는 것은 아니며, 폭력적 하위문화라도 모든 상황에서 폭력을 사용하지는 않는다.

18 정답 ②

청소년기 한정형 범죄자, 생애 지속형 범죄자, 성숙격차(Maturity Gap)는 모피트(Moffitt)의 발전이론과 관련이 있고, 거리효율성은 샘슨(Sampson)의 집합효율성이론을 확장하는 이론으로, 집합효율성을 거리의 개념에서 측정하는 것이다. 이를 거리효율성이라 부르며, 거리효율성이 높은 청소년은 폭력적 행동을 회피하는 것으로 나타났다.

19 정답 ①

전문적 강도범은 강도범죄가 직접적이고 빠르며 많은 이익을 남기기 때문에 생계를 유지하기 위한 수단으로서 강도범죄를 저지른다.

20 정답 ③

③ 카타르시스가설은 폭력물 시청이 감정정화 혹은 대리만족을 유도하여 공격성향을 감소시킨다는 가설이고, 억제가설은 폭력물 시청이 공포심을 불러일으켜 공격성향을 감소시킨다는 가설이다. 따라서 두 가설 모두 매스컴의 순기능성을 강조하는 이론이다.

① 체스니-린드는 여성범죄와 남성범죄가 서로 다르게 증가한다고 주장하였다. 특히 여성의 체포 · 기소 · 구금은 1970년대 이후 매우 증가하였는데, 이는 여성이 남성과는 다른 범죄를 저질렀기 때문이기도 하지만, 남성과 비교하여 차별적으로 처벌받았기 때문이라고 한다.

② 상대적 박탈이론(relative deprivation theory)은 1949년 스토우퍼와 동료들의 「미군(The American Soldier)」 연구에 기초하는데, 그들은 제2차 세계대전 동안 미군의 계급과 만족도 사이에 존재하는 특별한 관계를 설명하기 위해 상대적 박탈감이라는 용어를 만들었다. 또한 머튼에 의하면, 하류계층 사람은 상류계층 사람과의 관계에서 상대적 박탈감을 느끼는 것이 아니라 같은 입장에 있는 사람과 비교함으로써 상대적 박탈감을 느끼므로, 아노미 조건에 대한 개인적 해석의 차이가 가능하고, 이러한 차별적 해석이 개인의 행위에 영향을 미친다.

MEMO